毕业论文写作指导
（第二版）

任鹰　编著

国家开放大学出版社·北京

图书在版编目（CIP）数据

毕业论文写作指导/任鹰编著 . —2 版 . —北京：
国家开放大学出版社，2021.1（2023.1重印）

ISBN 978-7-304-10661-4

Ⅰ.①毕⋯ Ⅱ.①任⋯ Ⅲ.①毕业论文–写作–开放
教育–教材 Ⅳ.①G642.477

中国版本图书馆 CIP 数据核字（2020）第 272702 号

毕业论文写作指导（第二版）

BIYE LUNWEN XIEZUO ZHIDAO

任鹰 编著

出版·发行：国家开放大学出版社

电话：营销中心 010－68180820　　　　**总编室** 010－68182524

网址：http://www.crtvup.com.cn

地址：北京市海淀区西四环中路 45 号　　　**邮编：**100039

经销：新华书店北京发行所

策划编辑：陈 蕊	**版式设计：**何智杰
责任编辑：陈 蕊	**责任校对：**刘 鹤
责任印制：武 鹏 马 严	

印刷：三河市骏杰印刷有限公司

版本：2021 年 1 月第 2 版　　　　　2023 年 1 月第 4 次印刷

开本：787mm×1092mm　1/16　　　**印张：**12　**字数：**265 千字

书号： ISBN 978-7-304-10661-4

定价：24.00 元

意见及建议：OUCP_KFJY@ ouchn.edu.cn

本书是在中央广播电视大学（现更名为国家开放大学）开放办学之初为各专业学生编写的通识课教材，并被列入教育部人才培养模式改革和开放教育试点教材。多年来在教学实践及教学资源评估中，本书以其简明性和实用性特点，受到广大学习者及学界专家好评。同时，本书出版时，同类读物尚不多见，因而作为具有一定的填补论文写作知识的"空白点"作用的读物，也受到各界读者的欢迎。

在以创新为发展基础与动能的现代社会中，创新能力已经成为高素质人才所必备的一项能力，学习者的创新能力的培养则成为学校及各类教学机构都应重视的教育目标之一。当然，培养创新能力的途径与手段是多种多样的，而其中研究型学习及实践性教学环节则无疑是其中最为重要的途径与手段之一。

从国外的情况来看，研究型课程已经普遍进入一些国家的高等教育甚至是基础教育体系。例如，日本的大学大都设有研究班制度，即学生在第一、第二学年修了主要专业基础课程之后，均会根据自己的专业兴趣，选择进入分属不同专业领域的研究班，由学术专长和研究方向各有所异的老师担任指导教师，就专业问题进行深入的学习与探讨，并按要求在不同阶段分别提交研究报告（或小论文）以及毕业论文。学生普遍反映撰写毕业论文是一项十分艰苦的学习任务，但也是很有意义的学习过程，这一过程对于提升学生独立解决问题的能力以及思维能力、写作能力乃至综合素质，均大有益处。为此，学生大都非常重视研究班课程及毕业论文写作，并会在其中投入较多的时间与精力。

在国内高等教育体系改革中，如何使学生的创新能力得到提升，一直是界内人士所关心并着力解决的问题。如何提高实践性教学环节（包括实习、毕业设计、毕业论文写作等相关环节）的合理性及实效性，则更是不容忽视的问题。无须讳言，毕业论文写作虽已纳入大学教学计划多年，然而效果却并不尽如人意。在喧嚣、浮躁的现代社会中，很多学生不愿沉下心来研究问题；在应试教育环境中成长起来的一代人在独立思考等创新素养方面，也是有所欠缺的。正是在这些社会和教育环境中的负面因素的交互作用下，学生写好毕业论文的意愿不强、能力不足，甚或将毕业论文写作视为需要应付的"差事"。于是，诸如抄袭、拼凑等各种学术不端现象屡有出现，更极端的是有的学生居然在网上订购或者下载毕业论文。面对如此现状及种种弊端，有人对某些教学层次（如本科层次）的毕业论文写作的必要性和可行性提出质疑，取消这一教学环节的声音时有出现。不过，在我们看来，因过程出现问题便否定目标，无疑是一种因噎废食的做法。

我们知道，学术研究是以学术创新为宗旨的，撰写学术论文对人的创新意识和能力有着较高的要求。对毕业论文（主要是指本科层次的论文）的创新要求固然有别于用于发表的交流论文，不过既然是论文，就不能不包含创新要素，不能不体现作者对问题的认识与见解，不能不反映作者探求未知的态度与方法。在此意义上也可认为，如果说研究者撰写交流论文旨在为科学的发展、社会的进步做出贡献，大学生撰写毕业论文的一个很重要、很直接的目的则是提升自己的创新意识和能力，检测自己运用所学知识解决实际问题的技能。也正因为如此，毕业论文写作理应在现代高等教育体系中占有一席之地。由此看来，我们所面对的问题并非是否应该取消毕业论文写作这一教学环节，而是如何从政策导向、制度设计、程序管理乃至写作规范等各层面采取有力的举措，推动这一教学环节的切实改进与有效实施。如前所述，毕业论文写作中所出现的问题堪称传统教育体制的"痼疾"与"沉疴"，甚至可以说是各种问题的集中映现，因而问题的解决依然会是一项浩繁的系统工程。在知识的层面上为学生的毕业论文写作提供必要的指导，固然无法从根本上解决问题，但至少有助于学生尽快找到研究和写作的路径，并尽可能将论文写得规范、"得体"，而这正是我们编写本书的初衷，也是我们期盼本书能够继续完成的"使命"。

随着"创新"对社会总体发展及个体自我发展的重要性的日益凸显，与"创新"直接相关的知识产权保护等问题也受到前所未有的重视，这也就意味着在包括毕业论文在内的学术类文章的写作中，学术规范问题应备受关注与强调。事实上，目前，各高校及相关机构在对毕业论文进行评定时，的确是已将原创性视为毕业论文所应具备的初始条件，而原创性的评定标准则正趋于具体化、可操作化；同时，随着信息技术的发展，获取学术信息或者说研究资料的途径、方式也得到进一步拓展与丰富。凡此种种，都是论文作者所应了解的内容。为使学习者能对这些内容有所了解，我们特对本书进行了修订。不过，受时间与资料条件及编者能力所限，书中还是会有一些疏漏与舛误之处，会有一些缺憾，再请老师、同学及各界读者不吝赐教！

在本书的修订中，我们得到了国家开放大学出版社陈蕊女士的大力支持和帮助，在此，谨表最诚挚的谢意！

编者

2020 年 10 月

前　言

当今时代是知识经济的时代，当今社会是呼唤创新意识、注重创新能力的社会，而在知识的创造与传播中，在创新意识和创新能力的培养中，论文写作有着至关重要的作用。也正因为如此，在国内外高等教育教学体系中，论文写作普遍被视为一个不可或缺也不可替代的实践性教学环节，被用作提升并评价学习者的专业素养、实际技能以及科学精神、求实品格的必要手段。近年来，在我国各类高等院校中，毕业论文写作受到了前所未有的重视，同时也出现了一些不容忽视的问题。为规范制度、强化管理，从而切实提高毕业论文写作这一教学环节的质量，教育部近期还曾专门发布通知，要求"各省级教育行政部门（主管部门）和各类普通高等学校都要充分认识这项工作的必要性和重要性，制定切实有效措施，认真处理好与就业工作等的关系，从时间安排、组织实施等方面切实加强和改进毕业设计（论文）环节的管理，决不能降低要求，更不能放任自流"，并就建立有效的质量管理模式等问题提出了若干意见。应当说，论文写作的目标和宗旨同素质教育思想以及现代社会的创新理念是相一致的，这一教学环节的意义必将会为愈来愈多的教育者和学习者所认识，这一教学环节在整个教学体系中的地位也会愈来愈重要。

毕业论文写作的必要性和重要性毋庸置疑，但其实效性目前还很难说确已尽如人意，这主要是在毕业论文写作中，充斥着种种不良现象，譬如抄袭剽窃、拼凑编造，等等。究其原因，很多问题的出现都同当代大学生是在应试教育的背景下成长起来，因而有些人已经形成不愿研究、不会写作甚至不能独立思考问题的痼疾有关。为此，如要真正提高毕业论文写作这一教学环节的质量，从根本上说，就必须将学习者从应试教育的桎梏中解放出来，要使学习者学会在研究中学习、在创造中学习，掌握研究问题的方法，体会有所创造的愉悦。当然，这无疑是一项伟大而浩繁的改革工程，绝非一蹴而就的事情。于是，在当前的社会和教育现状下，如何能在知识与技巧的层面上给学习者以有效的指导和帮助，如何引导学习者尽快迈入专业研究的门槛，尽可能把论文写得规范、"得体"，就成了亟待解决的问题。

"思无定契，理有恒存"，文思没有一定之规，而共同的规律却是永存的。学术论文写作是一项复杂的高度个性化的精神劳动，各种内在的、外在的、智力的、非智力的因素都在起作用，没有一成不变的法则可供依循。同时，规律也是客观的、普遍的，存在于人类一切自觉、自主的活动之中，论文写作也不例外，也是有规律可循的。在整个论文写作过程中，从选题到行文，每一个步骤或环节都有一些具体的方法需要作者了解并运用。譬如，在安排论文结构时，首先就要了解论文的一般结构程序，知道在一篇论文中，应当先写什么，后写什么，应从何处写起，并于何处止笔，哪个部分大致应当写入哪些内容。体式比较规范，结构相对固定，是包括学术论文在内的实用文体的一个特征。在长期的写作实践中，各类实用型文章大都形成了惯用的构成格式或称写作模式，这些格式或模式往往是先为少数人所用，但因其符合人的思维规律，符合写作的实际需要，便固定下来，并逐渐得到推广，成为相对定型化的文章结构程序，人们称之为"写作基本型"。"写作基本型"通常会被作为科学的写作知识加以总结和介绍，有的甚至被国家有关机构或部门以文件的形式加以明确和规定。国家质量技术监督局发布的《科学技术报告、学位论文和学术论文的编写格式》，就以国家标准的形式对学术论文的格式做出比较详尽的说明。从这个角度也可以说，在各类实用型文章中，学术论文应当算是规范化程度较高的文体之一。再如，搜集资料，要了解搜集的途径；选取材料，要了解选取的原则和标准，等等。对于论文作者来说，通过知识的学习，从理论上把握这些方法，无疑会减少独自摸索的时间，减少绕弯路、走错路的几率，从而提高写作的效率。

哲学家、科学方法论者笛卡儿认为：最有价值的知识是关于方法的知识。曾有人向爱因斯坦询问成功的秘诀，爱因斯坦给出的公式是：$A = X + Y + Z$。其中，A 代表成功，X 代表艰苦的劳动，Y 则代表方法，Z 代表少说废话，缺少任何一个项目，这个等式都不能成立。无独有偶，人才学者也大都将方法与天赋、勤奋、机遇一并列为事业成功的要素。人们从事任何活动，都需要采用特定的方法，而且活动的复杂度越高，方法就越重要。正因为方法是不可忽视的，所以本书试图在探寻规律、总结经验的基础上，对论文写作的一般方法做一个比较全面、系统的介绍。除第一章"学术论文及毕业论文概说"是从总体上明确文体性质、特征和要求之外，其他各章基本上是按论文写作的自然顺序编排内容的，对整个写作过程的各步骤均有述及，并特别注重实用性、技巧性内容的讲述。突出实用、讲求实效，是本书编写所依循的基本原则；论文作者"学得会""用得上"，则是我们企盼本书所能达到的效果。

本书是在拙作《文科论文写作概要》（北京大学出版社1991年出版）的基础上修改而成的。《文科论文写作概要》是国内较早出版的专门讲述学术论文写作规律和方法的读物之一，曾受到各界读者的关注，学界专家也曾给予充分肯定，并提出过宝贵的修改意见。对此，谨致最诚挚的敬意与谢忱！

中央广播电视大学严冰副校长、文法部和教务处领导及有关人员对本书的编写所给予的关心和支持，中央广播电视大学出版社编辑来继文、马浩楠女士为本书的出版所付出的热情和劳动，令人难以忘怀！在本书的编写中，曾参考相关著述并引用多篇例文，未能一一注明出处，深表歉意和谢意！

由于本人水平有限，对问题研究得不够充分，书中缺憾与不足乃至舛误疏漏之处在所难免，恳切企盼老师、同学及各界读者不吝赐教！

培根说过：跛足而不迷路能赶过虽健步如飞但误入歧途的人。如果没有掌握良好的方法，就难免在研究和写作中"误入歧途"。愿你在求学之路上，既可健步如飞，又能"不入歧途"！

任鹰

目　录

第一章 学术论文及毕业论文概说

第一节 学术论文的性质与功用

学术论文是最为常见的科研文体之一，它既是人们用来进行科学研究的重要凭借，又是真实、准确、全面、系统地反映研究成果、传播学术信息的主要工具。

通过以上定义，可以看出学术论文的性质和功用主要体现为：

首先，学术论文是用来探讨学术问题、进行学术研究的重要凭借。撰写学术论文，绝不仅仅是文字表达问题。一篇论文质量的高低，也不仅仅取决于行文阶段的工作做得如何。可以说，完整的论文写作过程是同整个研究过程相重合、相一致的，论文写作过程也就是科学研究的过程。论文题目的确定就是研究课题的选择，论文内容的形成也即研究成果的取得，而研究成果的取得是离不开课题研究的，可以说，课题研究是论文写作过程中的关键环节，也是科学研究的主要步骤。论文的执笔写作也并不是研究成果的机械反映，而是研究成果的深化和整理，是科学研究的继续。正因为论文写作同科学研究是密不可分的，所以人们常把论文写作作为培养和考察一个人的科研能力的重要手段。

其次，学术论文是描述科学研究成果、传播学术信息的主要工具。要使科学研究的社会效益得以实现，就必须凭借一定的外在形式将其反映出来，科学研究成果，特别是社会科学研究成果大都是以文献的形式反映出来的，而在所有的学术文献中，可以说，学术论文又是反映研究成果的最简便、最适用的工具。

从社会发展的角度来说，撰写学术论文、记录科研成果的意义主要就体现在知识积累和学术交流两个方面；从论文作者个人的角度来说，通过撰写、发表学术论文，把科学研究成果公之于世，研究者个人的劳动成果才能得到社会的承认，也才能使科学研究的社会价值得以实现。同时，学术论文也是考察一个人的学术水平的依据。一个人的知识积累、思维能力状况等都可在学术论文中得到充分体现，通过学术论文，最容易看出作者的实际学术水平的高低。在现实生活中，人们也确实常把学术论文作为衡量一个人的专业水平的重要标尺。可见，无论是从社会还是从个人发展的角度来说，都不能忽视学术论文的写作。

第二节　学术论文的基本特征

从总体上说，独创性、科学性和理论性是学术论文所应具备的基本特征。

一、独创性

科学研究是处理已有信息、获取全新信息的探索性、创造性活动，学术论文作为用来进行科学研究和描述研究成果、传递学术信息的工具，必然要以独创性为特点。甚至可以说，独创性就是学术论文的生命。失去了独创性，学术论文也就从根本上失去了价值。《科学技术报告、学位论文和学术论文的编写格式》（中华人民共和国国家标准）规定："学术论文是某一学术课题在实验性、理论性或观测性上具有新的科学研究成果或创新见解和知识的科学记录；或是某种已知原理应用于实际中取得新进展的科学总结，用以提供学术会议上宣读、交流或讨论；或在学术刊物上发表；或做其他用途的书面文件。""学术论文应提供新的科技信息，其内容应有所发现、有所发明、有所创造、有所前进，而不是重复、模仿、抄袭前人的工作。"不难看出，以上规定所突出的就是一个"新"字，也就是论文的独创性问题。

所谓独创性，严格地说，是指论文所提出的观点，是对某一个问题的全新认识，是与众不同或前所未有的看法。当然，对于研究能力不是很强或者说研究经验不是非常丰富的普通大学生来说，要拿出一个真正有价值的新的学术观点并非易事，因此，如果能用别人没有用过的材料，或者能以新的研究或论证方法，从一个新的角度，重新对已有的理论观点加以阐释，论文也应当算是带有一定的独创性的。

二、科学性

如果说独创性是学术论文的生命，科学性则应是独创性的前提。撰写论文必须善于创新，但创新并不是故意标新立异、哗众取宠，在保证论文的科学性的前提下的创新，才是有意义的创新。论文失去了科学性，不仅无法起到应有的作用，而且会适得其反，会将人们的认识引入误区。可以说，科学性是一篇论文所应具备的起码的条件。

为使学术论文具有科学性，首先要求论文作者具有科学的工作态度。解决科学问题，必须杜绝一切主观臆想，更容不得半点马虎大意和虚假浮夸，论文作者要善于公正客观、脚踏实地地分析问题、解决问题。其次要求论文作者掌握科学的工作方法。论文作者应当掌握的工作方法主要包括研究方法和写作方法。研究方法是个非常复杂的问题，概括地说，从事实出发、实事求是地研究问题就是科学的研究方法。论文应当包含论点、论据、论证等几个基本要素，论文的科学性就体现在论点的客观正确、论据的可靠充分、论证的周密严谨等几个方面。要使论文具有科学性，在写作时就应当从这几个方面去努力。

三、理论性

学术论文的理论性，首先就体现在论证体系的严整上。一篇学术论文，应当自成一个理论认识系统。从提出问题到解决问题，从论述的展开到观点的明确，要围绕一个中心，要一环紧扣一环。写入论文的所有内容，都应纳入一个缜密的推理过程之中。论文的理论性还体现在其内容的深度上。学术论文所反映的不是一般的现象和过程，也不是浅显的经验法则，而是对事物的本质和规律的深刻认识，是抽象而又具体的科学理论。换句话说，也只有被上升到一定的理论高度的观点和认识，才能成为论文的内容核心。

总之，上面所说的独创性、科学性、理论性，是一篇合格的学术论文所必须具备的特征，因而也可以说是学术论文的必备条件。

第三节　毕业论文的总体要求

依照学术论文的直接写作目的的不同，可将学术论文分为交流论文和学位论文（含毕业论文）两类。所谓交流论文，是指在学术刊物上登载或在学术会议上宣读以及通过其他渠道发表的学术论文；所谓学位论文，是指"表明作者从事科学研究取得创造性的结果或有了新的见解，并以此为内容撰写而成、作为提出申请授予相应的学位时评审用的学术论文"。（中华人民共和国国家标准《科学技术报告、学位论文和学术论文的编写格式》）中学位论文主要包括学士论文、硕士论文和博士论文三个级别的论文，对不同级别的论文，从内容到篇幅都有着不同的要求。本科生所撰写的毕业论文可以作为学士论文提出。

学位论文（包括毕业论文）是学术论文的一个重要门类，是反映学术成果、传递学术信息的工具，应当具备学术文体的一般特征。从以往的情况来看，行政类调查报告、工作总结等事务文书及文学作品等各类非学术文体的文章通常是不能作为毕业论文提出的。不过，近年来，情况似乎有了一些变化。为更切合不同学科、专业的培养目标，也为了能够更真实、合理地反映不同学科、专业的学生的知识水平、创新能力和实际技能，有些教育管理部门或学校规定，研究报告、规划设计、产品开发、案例分析、管理方案、发明专利、艺术作品等各种形态的知识产品均可作为毕业论文提出，并对此设有特定的写作规范和严格的评审机制。其实，无论是传统意义上的毕业论文，还是其他形态的毕业作品，无疑都应达到一定的专业水准，并合乎基本的学术规范，也就是说都应当具备原创性和专业性特征。

在前文已经述及学术论文的一般特征的基础上，在此就将针对学生在毕业论文写作中所存在的问题，对毕业论文的原创性和专业性再做强调。其实，这也就是从一个更为具体的角度对学术论文的独创性、科学性和理论性所做出的阐释。

一、原创性问题

如前所述，学术研究贵在"创新"，独创性是学术论文的生命。对论文的独创性的含义前面一节已做说明，而就学生毕业论文（也包括其他形态的毕业作品）而言，独创性或许更容易直接体现为原创性，或者说，原创性应为最起码、"最低"程度的独创性。简单地说，论文符合原创性要求，至少应当具备以下条件。

首先，论文的核心观点应当出自作者的独立思考，应为作者对问题的认识，或者说应当是作者对问题进行研究的结果。将他人的观点据为己有，无疑是一种严重的学术剽窃行为。当然，使用新的材料或者采用新的方法对已有的证明不够充分的观点加以证明，以使已有研究得到丰富与完善，也是很有意义的研究方式。在此类研究中，对观点的来源及其尚存问题等背景材料必须有所述及。

其次，论文的主体部分应当有别于任何其他文献，应为作者所独立撰写。如果说得更直接、具体一些，那便是研究应是作者自己完成的，文章应是作者自己撰写的。这个问题看似简单，在毕业论文写作中却是最为突出的问题之一。也正是因为如此，目前很多学校的论文审查工作的第一个环节就是"查重"，所谓"查重"就是指借助电脑软件对论文与已有文献的重复率进行检测的工作。"查重"作为检查抄袭等学术不端行为的辅助手段，现已被高校普遍采用。论文通过"查重"检测后，也即论文重复率小于所规定数值，才能进入正式审查程序，由论文答辩委员会等专业人士对论文质量做出评定。

当然，学术研究有其累积性与发展性的特点，一般来说，论文写作是离不开对已有研究成果的借鉴的，文献的引用常常也是论文的一部分内容。不过，需要注意的是，引文不能成为论文的主体，在篇幅上应当大大少于原创文字。同时，无论是直接引用，还是间接引用，引文都应与原创文字有明确的界限，要能使人一看便知，哪些是引文，哪些是作者的论述。关于这个问题，后面还将述及。

说到底，强调论文的原创性，首先就是为了杜绝各种学术不端行为。中华人民共和国新闻出版行业标准（CY/T174-2019）《学术出版规范 期刊学术不端行为界定》，已对剽窃、伪造、篡改等学术不端行为的表现形式做出非常具体的说明。其规范对象虽为期刊论文，但对毕业论文写作也同样具有指导与警示意义。为进一步增强规避学术不端行为的自觉意识，论文作者应对相关内容有所了解。（请参考书后附录）

一篇文章姑且不说质量如何，只要不具备原创性，也就从根本上失去了作为毕业论文提出的起码条件。广而言之，不仅论文如此，其他形态的知识产品也同样如此。

二、专业性问题

顾名思义，学术论文必须具备学术性。我们知道，包括毕业论文在内的学术论文也常被称为"专业论文"，可以说，专业性是论文的学术性的基本构成要素，而毕业论文的学术性更是主要就体现为是否具有专业性特征的问题，学术性或者说专业性应是毕业论文区别于其他应用类文章的本质特征。

在接触大学生的毕业论文时，人们时常会有"不够专业"的感觉，也即论文在专业性上有所欠缺。一般来说，毕业论文都应当可被划归某一学科领域或交叉学科范畴，无论是从内容到形式，都应合乎特定的学科规范。论文是否具有专业性，同论文写作从选题到行文的各个环节均有关系，以下几个环节尤需多加注意。

首先，研究课题的选择要注重专业价值。学术性是学术论文之本，而课题具有专业价值又是使学术论文具有学术性的基础。每个学科都有其发展历史和学科体系，作者选题时要认真了解学科发展的历史和现状，充分考虑课题在整个学科体系中的地位，以免把毫无研究意义的问题选做论文题目。

要使研究课题具有专业价值，至少以下两类问题是不宜选取的：一是已经完全得到解决的问题。学术研究是一项探索性活动，独创性是学术论文的生命。虽然对本科生的毕业论文的独创性的要求，通常不像对专门用于学术交流的交流论文那么严格，但毕业论文毕竟不同于平时作业，应当写出一定的新意，应当包含新的研究成果，应当具有独创性。如果研究的问题已有通说定论，自己的论文只是已有研究成果的简单归纳或梳理，研究或写作就没有太大的意义了。二是缺乏理论色彩的常识问题。学术论文所反映的不是一般的现象和过程，也不是浅显的经验法则，而是对研究对象的理论认识。本身不具备任何理论探讨价值的问题，是难以对其形成理论认识的，因而不能作为学术论文的论题。文章所探讨的问题是一个真正的专业问题、学术问题，对问题的认识能够上升至理论的高度，学术论文才有可能具有较强的学术性。

其次，内容的表述要注重专业知识的含量。撰写毕业论文既是一项科研活动，同时也是学习过程的一个步骤，是整个教学活动的有机组成部分。要求大学生撰写毕业论文，不仅是为了传播学术信息、推进学科的发展，更重要的目的还在于总结学习成果，考查学生运用所学专业知识解决实际问题的能力，并培养学生的专业研究素养。也正因为如此，毕业论文的选题一般要求以所学专业课的内容为主，而不应脱离自己的专业范围。同时，与纯粹的交流论文相比，毕业论文的知识含量较大，其中不仅要写入自己的研究成果，还要有背景知识的描述和评介，以便充分反映自己对本门学科的基础理论及其他专门知识的掌握程度。最为重要的是，在问题的分析中，要注意运用专业知识，要以专业术语、专业理论阐释问题，而不能泛泛地谈论问题。

再次，结构的安排要注重逻辑框架的严整。学术论文包含观点和材料，但绝非观点和材料的简单罗列，学术论文是一种逻辑构成，所有的观点和材料都应当纳入一个逻辑框架之中。从文体归属上看，学术论文是议论文的一种，并且是比较复杂的议论文。说服性是议论文所应具备的特点，论题、论点、论据和论证则是议论所不可缺少的要素。论题即研究课题，是论文所要解决的问题；论点即观点，是作者对问题的看法；论据是证明论点所用的材料；而论证便是运用论据证明观点，从而把论点与论据联系起来的过程和方法。论证的过程也就是进行逻辑推理的过程，是建立逻辑框架的过程，各种逻辑推理形式和方法在其中起着重要的作用。论文重在一个"论"字，作者不能空发议论，更不能随意地下结论、做判断，每一个观点的提出、每一条材料的使用，都应是逻辑推理的步骤之一。

另外，对论文的总体构成格式也有明确的要求，一篇完整、规范的毕业论文应当具备哪些项目，正文部分的结构应当如何安排，也都有一定的规则，在撰写论文时必须遵从这些要求和规则。

最后，语言的运用要体现语体特征。语体是语言的功能变体，是指语言的使用方式因不同的表达需要，在不同的交际领域所具有的一系列体制化、凝固化的特点。语言的使用应受语体的制约，在不同的场合应当采用不同的方式。人们一般先把语体分为两大类，即用于口头表达的谈话语体和用于书面表达的书卷语体，而书卷语体又包括文艺语体、公文语体、政论语体和科学语体等四种语体。事实上，语言表达所用的材料和构造没有本质的区别，因而在谈话语体和书卷语体之间很难划出一条非此即彼的界限，口头表达常常需要使用书卷语体，书面表达有时也会用到谈话语体，二者往往是相互渗透的。正如在不同的口头表达场合，谈话语体特征的体现方式有所不同一样，在不同的文献中，书卷语体特征的体现方式也会有所不同。同其他几类书卷语体相比，科学语体的书卷语体特征是最为凸显的，也就是说，科学文献的语言应当最具书卷语体特点。科学语体是现代汉语的基本语体之一，科学语体的特征是对各种学术文献相对稳定的语言特点的一种概括。其中，学术论文应该算是比较典型的学术文献，学术论文的语言无疑最能集中、突出地反映科学语体的特征。简单地说，精确、明晰、平实、典雅，多用专业术语，多用严整句式，不用或者少用感情色彩、修辞色彩过于浓烈的语句等，都是科学语体所应具备的特征，学术论文的语言必须充分体现这些语体特征。

以上几个方面的问题后面还将具体述及，在此对之加以强调，就是为了引起人们对毕业论文的专业性问题的重视。

每一种文体都有其自身的写作规范，合乎文体规范，应是一切写作活动都必须依循的一项基本原则。归根结底，毕业论文的专业性问题也就是文体规范问题，不具备专业性或者说学术性有所欠缺的文章是不合乎毕业论文的文体规范的，因而是不能算作合格的毕业论文的。

从文章构成的角度来看，文章是内容和形式的统一，而观点和材料是最基本的内容要素，结构和语言则是最基本的形式要素。要使文章的总体质量有所提高，就必须使各个构成要素都能合乎要求。观点新颖、明确，材料翔实、有力，结构完整、谨严，语言通顺，是对毕业论文各构成要素的总体要求。

总之，本节述及原创性和专业性问题，主要就是为了针对现状，明确要求，也即对毕业论文所应具备的最基本的特征再做强调。也可以说，原创性和专业性是学术文体的一般特征在毕业论文中直接、具体的呈现。

第二章　毕业论文的选题

第一节　选题的意义

课题是论文作者所要解决的问题，是科学研究的主攻方向。选择并确定研究的课题，是论文写作的第一个步骤，也是非常关键的一个步骤。

选题决定着论文的价值，也关系到论文写作的成败。有人说，选对了题目，论文就等于完成了一半。这种说法很有道理。所谓"选对了题目"，包括两层含义：一是指选题与客观需要相符合，二是指选题与研究者状况相适应。前者可以保证选题具有实际意义。而选题有意义，研究者对课题的研究才会有意义，反映研究成果的论文也才会有价值；后者则可以在一定的程度上保证研究者有能力、有条件对问题展开研究，可以保证研究工作能够顺利进行，并取得成功。

从最直接的意义上说，选题则是一项具体的科学研究活动开始的标志，它为整个活动确立了明确的目标。科学研究是一项目的性极强的活动，漫无目的的研究是不会有什么结果的。从提出问题到解决问题，是一个合乎逻辑的过程，有了问题，才谈得上问题的解决，对问题认识得越清楚，对问题的解决也就越容易。

无论从哪个角度来说，选题的意义都是不可低估的。撰写论文，必须重视选题，第一步就要争取"选对题"。

第二节　课题的类型

前面说过，毕业论文的选题应以学生所学专业课的内容为主，不应脱离专业范围。而专业范围通常是十分宽泛的，在每一个专业领域中，可供选择的题目类型都有很多种，究竟哪些题目可以作为毕业论文的题目，恐怕很难说得非常明确。

从总体上看，学术研究有两大类：一类是开创性研究，另一类是发展性研究。所谓开创性研究，就是对别人没有研究过的问题进行研究；所谓发展性研究，就是在已有研究成果的基础上，对别人曾研究过的问题做进一步的研究。与此相对应，研究课题也就分为开创性研究的课题和发展性研究的课题这两大类。

一、开创性研究的课题

开创性研究的课题，也就是别人没有研究过的问题。在每个学科领域中，都有一些早已存在，但却长期被人们所忽视，或者由于条件的制约，一直无法进行研究的问题；也有一些在社会和人类认识的发展中，不断产生出来的新问题。解决这些问题的研究就是开创性研究，这些问题就是开创性研究的课题。

进行开创性研究，一般没有太多的资料可以利用，也没有现成的方法可供借鉴，难度大，困难多，要求研究者具有较高的研究水平和较好的意志品质。

二、发展性研究的课题

发展性研究的课题，是需要进一步研究的问题。有些问题，虽然曾有人对之做过研究，但随着时间的推移，客观情况有了变化，或者研究条件有了改善，已有的研究成果或显得陈旧落后，或暴露出种种不妥之处，因而有了重新对之加以研究的必要，这样的问题也可以被作为科学研究的课题。

发展性研究的形式有很多种，常见的有下面几种：

（一）深化、补充已有的观点

这是指在已有研究的基础上，进行更加广泛、深入的研究，使已有的研究成果得到丰富和发展，已有的理论观点得到深化和补充。譬如，在论及意境的美学特征时，人们大都把探索的目光停留在情景交融这一点上。而张少康《论意境的美学特征》（《北京大学学报》1983年第4期）一文中指出："只讲意境是情境是情景交融，主客观统一的艺术形象，还并没有揭示出意境的特殊本质。"为此，论文更进一步，指明构成意境的特殊本质的美学特征。再如，人们评价司马迁的经济思想，一般只就《货殖列传》和《平准论》的内容谈问题，而张大可的《司马迁的经济思想述论》（《学术月刊》1983年第10期）一文则突破旧的框子，把司马迁的经济思想放到广阔的历史背景下去考察，就其来源、价值和局限，展开广泛、深入的研究。显然这比就文章谈思想的研究有了发展，层次要更高一些。

在学术研究中，一种观点的形成、一种理论的完善，往往要经历一个从不够成熟到比较成熟、从不够深入到比较深入的发展、演化过程。一个复杂的学术问题，很难一下子就得到彻底解决。学术观点就是在反反复复的研究中，不断得到深化和补充的，最后升华为一种常规性的科学理论。

（二）批驳、修正已有的观点

研究同一个课题，得出不尽相同甚至截然相反的结论，在学术研究中是常有的现象。

批驳、修正已有的观点，主要有以下两种情况：

一种情况是参加学术争论，就一个正在讨论、尚有争议的问题，发表自己的看法。认识条件、认识方法和认识水平的差异，都会导致认识成果的不同。在对同一课题的研究中，不同的认识成果并存，就会产生学术争论。譬如，中国语言学界曾有过几次重要的语法问题大讨论，1955—1956年关于主语和宾语问题的讨论，就是其中规模较大的一次讨论。讨论围绕着汉语的主语和宾语的划分标准这一问题展开，形成了主张意义标准和主张形式标准这样两种对立的观点。应当说，学术争论是非常便于澄清问题、深化认识的，因而是非常有利于学术理论发展的。

另一种情况是修正或推翻"通说定论"。所谓"通说定论"，是指在一定的时期内已为人们所普遍接受、认同的理论学说。如果发现这样的理论学说有错误、有偏颇，要大胆地予以纠正。纠正"通说定论"的学术论文通常具有较高的学术价值，往往会对一系列学术问题的探讨产生影响，容易带来学术研究的突破，也比较容易产生社会反响。

修正或推翻"通说定论"，要求论文作者具有大胆、积极、实事求是的科学探索精神和较强的创造性思维能力，因为打破常规、提出异论需要勇气，也需要才识。正如巴特菲尔德教授所指出的："思维活动中最困难的是重新编排一组熟悉的资料，从不同的角度着眼看待它，并且摆脱当时流行的理论。"[①]

（三）赋予已有理论以新的社会意义

有些问题早已有了众所周知的结论，仅从科学发展的角度来看，已失去了重新研究的意义，但从社会需要的角度来看，确有一些问题有重新提出并加以研究的必要。结合社会发展实际挖掘原有理论的现实意义，能够调整人们的认识，并且能为国家的政治生活、经济生活的发展提供必要的理论基础和学术借鉴，也有助于增强科学研究的现实意义，有助于充分发挥理论的实际效用。

在科学研究特别是社会科学研究中，为适应新的社会需要而研究一个旧的问题的情况并不少见。譬如，"实践是检验真理的唯一标准"应当说是个早有定论的哲学问题。而在"文化大革命"结束之后，在国家处于拨乱反正、轻装前进的历史关头之时，如何认识过去，如何看待历史，就成为一个重大的现实问题。正是在这样一种社会形势下，学术界展开了关于真理标准问题的讨论，重新探讨、明确这一问题，由此给国家的政治生活以有力的影响。

第三节　选题的原则

为做到选题得当，课题的弃取必须有一个标准和根据。选题的原则，就是衡量课题、决定弃取的标准和根据。课题有意义、作者有见解，是写出高质量论文的两个决定性因素。选择课题，主要应当考虑这两个方面的因素。

---

① 贝弗里奇. 科学研究的艺术［M］. 陈捷，译. 北京：科学出版社，1979：110.

一、选择客观上有意义的课题

课题有意义，是使论文有价值的一个前提。就其直接意义而言，课题的客观意义包含两项内容：一是社会意义，二是学术意义。就其本质而言，这两项内容又是统一的。

（一）要选择具有社会意义的课题

选择具有社会意义的课题，主要是指选题要着眼于社会的需要，要以满足社会的需要为出发点。从根本上说，国家建设的总目标、人类发展的现实和未来需求，是各行各业做好各项工作的出发点，学术研究也必须围绕着这些内容进行，而不能与此相背离。无论是解决重大的理论问题，还是解决某一方面的具体问题，也无论是直接还是间接，只要有利于国家建设的总目标的实现，能够服务于人类发展的需求，就是具有社会意义的研究课题。

在同总目标、总需求相一致的前提下，立足于现实，选择具有现实针对性的问题进行研究，能够最大限度地实现学术研究的社会价值。为加强选题的现实针对性，论文作者应当做到：一要深入现实生活，密切注意社会形势的变化，及时抓住在社会的发展中所出现的新问题，善于从各种社会需要中找到选题的着眼点；二要认真领会党和国家重要的方针政策，并将其作为确定选题目标的一个依据。正确的方针政策反映着社会实践的需要，预示着社会生活发展的方向，同党和国家的方针政策的基本精神相一致的选题，通常是比较切合实际的选题，是与社会生活直接相关的选题。

当然，不同的学科有其不同的特点和规律，服务于社会的形式也是多种多样的。有些学科的研究成果可以直接应用于社会实践，甚至可以直接在国家建设中发挥作用，因而选题也比较容易反映社会现实的需要。有些学科从表面看来，似乎同社会现实关系不大，甚至看不出有何联系，但如果从发展的眼光或者更为全面的眼光看问题，就会发现这些学科的研究成果可能也会通过一些中介因素，较为曲折地对社会产生作用。总而言之，无论是哪个学科的研究，在选题时都必须重视社会的需要，重视研究成果的社会功用。

（二）要选择具有学术意义的课题

选择具有学术意义的课题，主要是指选题要考虑学科建设和学科发展的需要，选择那些有利于学科的自身完善的课题去研究。

怎样才能选取具有学术意义的课题呢？一是要了解本学科、本专业的研究动态，在学术研究的"前沿阵地"选题。科学发展的过程，是一个知识长期积累的过程。在已有的研究成果的基础上，选择前沿性的问题加以研究，容易达到新的高度，会为学科的发展做出贡献。二是要了解本学科、本专业的研究历史，着力解决比较重要的基本理论问题。有些问题的研究，似乎远离社会现实，或者说似乎现实意义不大，甚至看不出有何社会作用，但从整个学科、专业发展的角度来看，却是至关紧要的，因为它的研究和解决会对其他问题的解决，乃至会对学科体系的严整化产生影响。选择这样的课题进行研究，无疑有着非常重要的学术意义。譬如，词的产生是一个十分重要的文学现象，词的起源问题则是文学史研究中的一个重大理论问题。文学论文《论词之起源》（《中国社会科学》1984 年第 6 期）以大量的资料为依据，对词的起源问题进行了考证，引起了学界的广泛关注，产生了比较深远的学术影响。当然，这类题目研究的难度较大，通常要求研究者具有深厚的知识积累和丰富的研究经验，而要想有所突破，较高的理论修养和较强的创新能力也是不可或缺的。

实际上，将课题的客观意义区分为社会意义和学术意义两个方面，只是看问题的角度有所不同。从根本上说，一切学术研究的最终目的都是服务于社会，课题的社会意义和学术意义是无法割裂开来的。

二、选择主观上有见解的课题

课题有意义，只能说课题研究的进行是必要的，而究竟能否写出一篇高水平的论文，还要看作者能否完成课题研究，能否提出有价值的学术见解。对学术见解的产生及其价值有着制约作用的因素很多，其中比较重要的是作者的能力、兴趣和某些外在条件，选题时应对这些因素有充分的考虑。

（一）要选择有能力完成的课题

科学研究是一项高度个性化的精神劳动，研究者的能力差异会带来研究质量的差异。研究者选择有能力完成的课题，是保证课题研究取得成功的首要前提。人们常说，尺有所短，寸有所长，每个人都有自己的长处和不足，在科学研究这种带有明显个性特征的复杂精神劳动中更是如此。进行同一项课题研究，面对同样的资料，有的人可能毫不理会；有的人只是把它储存起来，补充已有的知识结构；有的人则可能受到触发，产生联想，迅速调动头脑中的各种知识要素，形成新的排列组合，做出新的创造。显然，后一种人的能力特点更适合于这个课题的研究。在选择课题时，研究者要充分考虑自己的能力特点，使创造才能得到最大限度的发挥。

科学研究是知识性劳动，知识结构是构成科学研究能力系统的基础，知识结构是否优化，各种知识的"构成比"是否合理，是选题时必须重视的因素之一。另外，智能结构是构成科学研究能力系统的另一个要件。科学研究离不开研究者的智能活动，研究者的智能活动的差异是使科学研究带有明显个性特征的原因之一，选题必须对此有所考虑。就一般情况而言，课题"对路子""合口味"，同自己的能力特点相适应，研究者就能得心应手、高效率地完成研究任务。

（二）要选择有兴趣完成的课题

选择有兴趣完成的课题，是保证课题研究取得成功的必要条件。兴趣是人对事物的选择性态度，是一个人积极探究某种事物的认识倾向。在科学研究中，它往往表现为研究者对某一个课题始终如一、坚持不懈的探求精神。科学研究是一项异常艰苦的劳动，研究者对自己所研究的问题感兴趣，就会不计个人得失、执着地研究下去，直到取得成功。在此意义上可以说，兴趣是完成科学研究的一种巨大的推动力。同时，兴趣还可以调动研究者心理活动的积极性，使研究者的思维处于异常活跃的状态，达到一个较高的水平。另外，从兴趣产生的原因来看，按照兴趣的指向选题，有时也是简便可行的选题方法。兴趣往往是研究者对课题的客观意义和个人的研究能力深刻认识的结果，一位有社会责任心和学术洞察力的研究者，是不会对毫无实际意义或自己根本没有能力完成的课题发生兴趣的。

（三）要选择有条件完成的课题

这里所说的条件是指为完成一项学术研究所必需，同时又不以研究者的意志为转移的外在条件。一个课题无论多么有意义、有价值，如果不具备研究的可行性，也就是说不具备研究的条件，也是不能选做毕业论文的题目的。在毕业论文的写作中，考虑一个题目是否合适，是否可以选取，主要应当考虑以下几个方面的条件。

1. 资料条件

资料条件是最为重要因而也最值得重视的条件。

资料是进行科学研究的凭借，是学术见解产生的基础。撰写论文、从事研究，不能没有资料，而资料又不是随手可取的，资料条件并不是对于每个人来说都是均等的。科学研究资料的种类很多，获取资料的途径也是多种多样。就以最常用的文献资料为例，每个人都处于特定的生活环境之中，可以经常利用的图书情报机构有限，而任何一个图书情报机构都不能无所不包，为此，选题时就要考虑能否拿到自己所需要的文献资料，经过努力之后，得到的资料是否齐全、够用。另外，实验、调查也是获取论文写作资料（特别是原始资料）的重要途径，而实验、调查的进行更是需要一定的时间、空间甚至物质保障的，选题时对此也应做必要的了解与考量。

2. 时间条件

时间条件及后面将要谈到的导师指导条件也是选题时需要考虑的因素。

论文的写作是一个过程，是否具备充足的时间条件，直接关系到论文能否完成以及完成的质量。毕业论文通常要求在限定的时间内完成，这就更要求作者在选题时充分考虑时间条件，根据时间条件衡量课题的大小是否适中以及难易程度是否恰当。

为使论文写作的时间尽可能充裕一些，选题应当尽可能早一些。但是，这也并不是说越早越好。选题过早，对自己所学专业缺乏深入的了解，专业知识的储备没有达到一定的程度，选题就会带有一定的盲目性，也就很难找到一个真正理想的题目。究竟在什么时候选择并确定论文的题目为妥，要视作者的专业课学习情况而定。以四年学制的本科生为例，大多数人应当从第四、第五学期开始考虑论文题目，至少应当先有一个大致的研究方向，然后在学习的过程中不断思索、不断积累，待准备工作成熟之后，再用两三个月时间集中撰写、完成论文。很多高校都把大学生的毕业论文写作安排在最后一个学期，而且仅给十周左右的时间，如果从选题到行文的全部工作都在这段时间内完成，显然是不够现实的。另外，论文题目的选择并不都是一次到位的，有时会有变动或调整，这就更需要在时间上留有余地。

3. 导师指导条件

导师指导条件对于青年学生及所有缺乏研究经验的人来说，都是在选题时所应考虑的一项非常重要的条件。如果学生感到自己缺乏研究经验，没有独立完成课题研究的把握，就必须格外重视导师指导条件。任何一个学科的专家都不可能样样皆通，无所不能，在导师所熟悉的专业领域内选题，容易得到更为具体、细致的指导。

毕业论文指导教师的主要任务是引导学生确定论文题目，开列参考文献目录，帮助学生制订写作计划，审阅开题报告及论文提纲，解答疑难问题，提出论文修改意见，评审论文，等等。有经验的指导教师总是能够非常到位地指导学生做好每一个阶段的工作，使学生的潜能得到最大限度的发挥。

总之，选择客观上有意义的课题去研究的选题原则，决定了完成论文的客观必要性；选择主观上有见解的课题去研究的选题原则，决定了完成论文的现实可行性。只有同时符合这两条原则的课题，才是可选的课题。

第四节　课题的最后确定

一、确定课题的几种形式

在学术研究中，课题的发现和确定主要有下面几种不同的情况：

第一种情况是研究者在平时翻阅资料时无意中受到触发，注意到某个问题，并产生了研究的兴趣和欲望，进行一番权衡之后，认为这个问题可以作为研究的课题，进而将之确定下来。

第二种情况是研究者在研究其他问题或在平时学习中，对某一问题有了一定的认识，产生了独到的见解，由此决定把这个问题作为研究的课题。也就是说，研究者在发现课题的同时，已经初步形成了对问题的看法。在深入的研究中，最初选定的课题得到限定，最初的认识得到验证或调整，从而形成了成熟的学术观点。从最初的认识到最终的学术观点的发展，可能会有两种情形：一是通过课题研究，证实了最初的认识，最初的认识和最终的观点大致重合，后者只是前者的深化和明确；二是系统、深入的研究推翻了最初的认识，最初的认识和最终的观点完全不同，在课题研究中，不成熟的认识被纠正。

值得注意的是，为了帮助缺乏研究经验的学生找到一个可写的论文题目，有时学校或老师可能会给出一些可供选择的研究题目。其实，这种做法是不值得提倡的，只能算是无奈之举，高质量的毕业论文一般不会是"命题做文"。论文作者应当尽可能自己寻找并确定论文题目，因为发现问题本身就是一种创造性活动，就是研究工作的一个步骤，自己所发现的问题通常也就是自己所感兴趣并有体会的问题，对这样的问题进行研究更容易产生创见。另外，学校或教师给出的研究题目一般不会是现成的真正意义上的论文题目，大都只是一个选题范围。即便从中选取论文题目，学生也要注意做好题目的限定工作，选准适合自己的研究或者说切入的角度。

当然，在现实生活中，有关机构或部门有时也会在充分考虑研究者业务专长的情况下，将某一个研究题目以下发科研任务的方式分派给某一位研究者，研究者纯粹以给定的课题为出发点，安排全部科学研究步骤。与缺乏研究经验的学生不同，高水平、有经验的研究者通常是有能力完成"命题做文"的。不过，在这类科研活动中，严格地说，是不存在课题的选择与确定问题的。

二、确定课题的方法

课题的确定是一项比较复杂的工作，最后确定一个研究课题，需要做好许多方面的工作。其中，下面两项工作是必不可少的。

（一）要做好课题的调查工作

1. 课题调查的主要内容

一是调查课题研究的历史。通过调查，着重了解前人是否对此问题做过研究，做过哪些研究，研究的程度如何，已经取得了哪些成果，还存在着哪些问题。只有完全弄清楚这些问题，才能确定自己是否可以对这个问题进行研究。学术研究是一项创造性行动，探索未知是学术研究的任务，而探索未知的前提是了解已知，因为只有了解了已知，才知道哪些问题仍处于未知状态，才能掌握哪些问题尚未得到解决。

在毕业论文写作中常有这样的情况出现：有的同学找到了一个自己非常感兴趣，同时似乎也很有意义的问题，并为此做了一些准备工作，但在进一步的研究中发现，实际上这个问题早已彻底解决，甚至已经成为一个常识性问题，已无继续探讨的必要，因而不宜再做毕业论文的题目。学术研究最忌简单重复，如果在确定题目之前能对课题研究的历史非常熟悉，那么就可以避免简单重复的情况出现。

二是调查课题研究的现状。通过调查，着重了解目前是否有人对自己所要研究的问题进行研究，以及研究的进度、研究的角度、研究的方法如何，以便找到研究的突破口。如果说调查课题研究的历史是一种纵向的了解，那么调查课题研究的现状则是一种横向的比较。通过这种比较，可以做到知己知彼，可以了解自己的研究与他人有无不同或者有何不同，自己的研究是否会有超越他人的地方。

三是调查相关研究的状况。有时，解决一个问题，不仅需要利用某一方面的知识、某一领域的研究成果，也需要利用其他学科或专业领域的知识与成果。综合运用各种知识，合理利用不同领域的研究成果，往往有利于创造性地解决问题。为提高研究成果的质量，可以有意识地了解一下相关领域的研究状况，看看哪些成果可资借鉴，特别是哪些研究方法是可以借用的。

学术研究的方法是相通的，借鉴和借用其他专业领域的研究方法，很可能使自己的研究呈现出一种全新的面貌，为自己的研究带来某些突破。譬如，语言学领域的结构主义、功能主义的研究方法都曾对文学研究产生过重要影响；现代语言学的一些研究方法也曾被成功地运用于古代汉语研究中，并取得了一些很有价值的研究成果。随着社会的进步和科学的发展，学术研究也在走向多元化、综合化，各类边缘学科、交叉学科受到了前所未有的重视，学科的交叉点已经成为学术研究的新的"生长点"。在选题时，如果能够放宽视角，拓宽关注范围，也许会有意想不到的发现和收获。

2. 课题调查的途径

上面所谈的是课题调查的内容，那么调查主要是通过哪些途径进行呢？简单地说，进行课题调查的途径主要有两条：

一是查阅文献资料。科研成果保存与传播的形式多种多样，而文献是保存与传播社会科学研究成果的主要载体，通过文献资料的查阅，最容易全面了解课题研究的状况。

二是访问专家学者。对于毕业论文的作者来说，多同指导教师沟通，多听指导教师的意见，无疑是了解课题研究情况的有效方法。一名称职的论文指导教师应对学生所涉及的专业领域比较熟悉，应对已有的研究状况有较全面的把握，而且应有一定的研究经验，能就学生的选题提出良好的意见或建议。

（二）要做好课题的限定工作

研究题目的大小是否合适，直接关系到写作的成败及论文的质量。对不同级别的毕业论文的篇幅，通常有着不同的规定。而从总体上看，毕业论文的篇幅相对较长，为此，如果研究的问题太小，则难有展开的余地，写出的论文常会有显繁冗、庞杂，给人"大题小做"之感。相反，如果题目过大，而作者的研究能力及研究经验不足，则无法把问题研究得非常深入、透彻，写出的论文常会流于肤浅、空泛，给人"大题小做"之感。应当说，毕业论文的题目过大或过小，都不利于写出高水平的文章。相比较而言，对于青年学生，特别是大学生甚至硕士研究生来说，"小问题"要比"大问题"更容易驾驭，"大题小做"要比"大题小做"更好一些。

为防止"大题小做"，做好课题的限定工作是非常重要的。通过课题的限定，把所要解决的问题集中到一点上，有利于深入分析，广征博引，把问题谈深谈透，把文章写得更有深度。

清人魏禧说过：善作者能于将作时删意，未作时删题。在论文写作中，"删题"就是删掉可有可无的问题，把全部研究和论证都集中到一点上。有些缺乏研究经验的学生不懂得如何限定题目，常把一个大得惊人的问题作为论文题目。例如，有一位同学只是对鲁迅散文的某一方面的特点感兴趣、有见解，但写出的文章却为《鲁迅创作论》。显然，在一篇大学生的毕业论文中，完成这么大的一个题目是很不现实的。既然是《鲁迅创作论》，文章内容就要面面俱到，对有关鲁迅创作的各个方面的问题都要进行论述，至少要有所涉及，结果自己对问题的某一方面的见解反而得不到充分阐释，甚至被淹没，文章内容显得平淡无奇。假如作者能对课题逐层加以限定，就可能会得到一个较为合适的题目：鲁迅创作论——论鲁迅散文——论鲁迅散文的艺术特色——论鲁迅散文深沉含蓄的艺术特色。假如觉得把鲁迅先生所有的散文作品作为研究对象仍有一定的困难，还可以只把突出地体现这一艺术特色的散文集《野草》作为研究对象，最后把研究题目定为"论《野草》深沉含蓄的艺术特色"，这样更便于作者集中研究，写出有见解的文章。

一般来说，一个具体的研究题目，不会一下子就确定下来，常常是先有大致的研究方向，然后划定研究范围，最后确定具体的研究题目。课题的限定过程，也就是问题逐渐明确、集中的过程。

在课题的调查与限定的过程中，作者的思维应当保持高度活跃的状态，要不断根据选题原则对各种情况、各种想法加以分析、判断，直到找到一个比较理想的研究课题为止。

课题确定下来之后，最好能把课题内容浓缩为简短的文字，通常是用一句话写出来，以便时时提醒作者，使所有的工作都紧紧围绕着问题的解决进行。

第五节　写作计划的制订和开题报告的撰写

一、写作计划的制订

（一）写作计划的作用

人们从事一项活动必定有着一定的动机和目标，如果动机与目标已经明确，那么，就有可能对活动的内容、步骤和方式方法等做出安排，这种安排落实到书面上，就形成了计划。计划的用途广泛，种类繁多，论文作者所制订的写作计划就是一种专门对某一项学术研究、某一篇学术论文的写作做出全面安排的专项计划。

"凡事预则立，不预则废"，在一项活动的完成中，计划有着重要的作用。而且，活动的目的性越强，复杂程度越高，计划的作用就越大。学术研究的进行、学术论文的完成绝非一件轻而易举的事情，而是要经历一个复杂的过程。论文作者假如没有一个通盘考虑，对将要着手去做的工作未做任何安排，在进入正式的工作过程之后，就会陷入忙乱与被动之中，就会表现出极大的盲目性。为此，在选定了课题之后，就有必要制订论文写作计划。

具体地说，论文写作计划的作用主要体现在两个方面：

第一，进一步明确研究动机，增强工作的目的性。动机与目的不仅是人们从事某项活动的内部动因，还是全部工作的凝聚点，是调动人们心理活动的积极性，促使人们克服困难把工作进行到底的巨大动力。行动始于动机的产生，研究的动机没有产生，相应的研究活动也就不能开始，动机与目的贯穿并引导着整个学术研究过程。研究的动机与目的应随着课题的确定而确立，写作计划的制订也要以研究的动机与目的为依据，但是，这里有一个模糊与明确、笼统与具体的区别问题，通过写作计划的制订，可以把研究的动机与目的以书面的形式表述出来，而在形成文字的过程中，也就使之更加明确、具体了。另外，视觉化的东西对人也更有约束力。

第二，明确工作程序，减少工作的盲目性。写作计划要对每一步的工作都做出安排，这样就能避免盲目摸索，使所有的工作都能按部就班地进行。完整的论文写作过程要由若干个阶段组成，如果每一阶段的工作都能如期完成，那么，整个论文写作工作无疑是会顺利进行并取得成功的。

写作计划要起到应有的作用，就必须符合科学、合理、具体、完备的要求，一句话，就是要具有较强的可行性，要能够切实指导论文写作工作的进行。

（二）制订写作计划的方法

1. 制订写作计划的条件

写作计划制订于课题选定之后，由于在选题时研究者已对所要解决的问题及解决问题的条件做过细致、深入的考察，所以就为制订一份切实可行的写作计划提供了必要的前提条件。具体地说，写作计划的制订需要具备以下条件：

第一，对研究课题要有全面的把握。如前所述，研究课题就是所要解决的问题，把握住问题，才能合理地、有针对性地安排解决问题的步骤和方法。

第二，对研究目的要有充分的认识。对研究目的的认识同对研究课题的把握是相互联系着的，如果说对课题的把握所强调的是对研究对象的了解，对目的的认识所强调的则是对研究动机、目标等的明确。

第三，对研究条件要有足够的了解。计划的实施通常是以各种有利条件的利用、不利因素的克服为保证的，在制订写作计划前，如果对各种制约条件未做认真、周密的考察，只凭主观意愿办事，制订出来的写作计划就很可能不切实际，因而缺乏可行性。以这样的计划指导工作，不仅无助于工作效率的提高，无法保证工作的顺利进行，还会把工作引入歧途，导致工作走向失败。

以上条件其实都是在选题中就应解决的问题，如果选题工作做得较好，那么，随着论文写作题目的确定，这几个问题也就应当基本得到解决；反之，假如课题已经确定，这几个问题却并未得到解决，则说明选题工作做得不好，其中还有某些不足或失误。

2. 写作计划的主要内容

制订写作计划通常采用分条分项的条文式写法，写作计划的内容也就是指写作计划所包括的项目。

任何一份工作计划都必须反映"做什么"和"怎么做"等两个方面的问题，或者说，必须包含目标、措施和步骤等三项内容，这是计划的三个必备要素。在不同类型的计划中，目标、措施和步骤等有着不同的含义和呈现方式，这也就使得各类计划的具体构成项目是有所不同的。论文写作计划大致应当包括以下项目：

（1）课题的提出与阐释

明确研究对象并对之做出必要的界定，对相关问题做出必要的说明，应是写作计划首先写的一项内容。

（2）研究目的和具体目标的说明

在写明研究课题的基础上，应对该研究所要达到的目的或者说预期目标做出简要说明。

（3）时间的估定

整个论文写作过程的起始时间，也就是从选题到论文的最后完成的期限，需要在此写明。至于每一阶段的工作所需要的时间，应随着工作步骤的安排加以落实。

（4）工作步骤的安排

该项内容是整个写作计划的主体部分，要尽可能写得详细一些。由于论文写作过程比较复杂，环节较多，所以这个大的项目还往往包括若干小的项目。按照论文写作自身的程序，可以对工作步骤做出如下安排：一是搜集、占有资料。要写明获取资料的基本途径以及所需要的时间。这一项内容写得越细越好。二是阅读、整理、研究资料。要写明准备采用的阅读方式、研究方法等。三是拟定提纲，起草论文。要写明从行文的准备到文章的定稿大致所需时间，对每一个环节的工作都应有具体的打算。

工作步骤的安排要合乎规律、切合实际，前后相续的工作环节的顺序及衔接、各个阶段的时间的分配要合理，在确保每一阶段的工作都能得到重视的前提下，也要适当突出重点，在重要环节的安排上多下功夫。

在工作步骤的安排中，论文作者在各个阶段所要采取的相应措施也应基本得到落实。对在这一项目中所无法涉及的具体措施，要专门加以说明。

（5）物力、财力的预算

如果需要物力、财力，如实验设备、研究经费等，要有具体的安排或预算。

（6）分工的说明

如果是集体合作研究项目，也就是说论文的作者不止一个人，还要对分工情况有所说明。当然这通常是就规模较大的科研项目而言的，毕业论文应当独立完成，一般不会涉及这项内容。

以上所列项目是一份论文写作计划的基本内容，实际上，写作计划内容的详略，要视课题的大小、写作的复杂程度而定。课题不同，写作计划的写法也会有所不同。学术研究的创造性，论文作者的创造力，也应体现在论文写作计划的制订中。

同所有的计划一样，写作计划也是事先制订出来的，在计划的执行中，难免会有一些没有预料到的情况出现，或发现计划本身有不尽完善、合理之处，这就要根据实际情况，对计划加以调整、修订，否则，计划就会失去可行性。

二、开题报告的撰写

（一）开题报告的用途

开题报告是论文作者在确定研究题目，并对课题研究的历史和现状进行深入的考察，对即将开始的研究工作进行比较周密的考虑之后，向指导教师及其他有关部门或人员提交的全面反映课题研究的总体思路和情况的书面报告。可以说，一份开题报告也就是一项学术研究的论证报告，在此应对课题研究的必要性和可行性做出详尽的阐述和分析。

从总体上看，开题报告的内容同论文写作计划虽然有相通或相近之处，但两者的主要用途和写作角度还是有所不同的。论文写作计划的主要用途是为自己的研究和写作活动提供一个依据，因而应当侧重于工作步骤的安排；开题报告的主要用途是为了取得他人对自己将要进行的研究和写作活动的认可，因而应当侧重于选题缘由和意义以及准备情况、预期目标的说明。

目前，很多学校都把撰写开题报告作为毕业论文写作过程的一个必要环节，要求学生在提交并通过开题报告之后，才能正式进入论文写作程序。

（二）开题报告的主要内容

大学生和研究生所撰写的开题报告通常包括以下内容：

（1）题目

（2）学科门类及年级

（3）指导教师的姓名和职称

（4）选题及研究背景

简述课题研究的历史、现状及相关课题的研究状况。

（5）选题的缘由、目的和意义

在简述研究背景也即已有研究状况，并指明问题的基础上，说明为什么要对该课题进行研究，从社会和专业的角度明确该项研究所要达到的目的及其意义所在。

（6）课题研究的方法、措施与步骤

写明研究角度与理论方法、资料搜集的范围和方式等。如需进行调查或实验，还要写出调查或实验设计方案。

（7）准备情况

这里所说的"准备情况"，主要是指资料准备情况或实验设备等必要设施的准备情况。

（8）预期目标

指明预期的突破点及预想的难点。

（9）大致进度和完成时间。

开题报告一经通过，便要进入整个论文写作过程的主体阶段——课题研究阶段，问题主要应在这一阶段得到解决，写作计划应在这一阶段得到实施。

第三章 课题的研究（一）——资料的搜集与整理

第一节 课题研究的意义和内容

一、课题研究的意义

选择课题是论文写作过程中极为重要的一步，随之而来的课题研究则是具有决定意义的环节。在写作中，有人在选题时非常慎重，充分考虑了各方面的因素，可以说找到了一个比较理想的题目，可是，由于对问题研究得不够深入，或者由于研究工作本身存在失误，最终未能写出一篇高质量的论文，甚至根本就无法完成论文。可以说，能否取得有价值的学术见解，从而写出一篇水平较高的论文，主要取决于课题研究的成败，课题研究是学术论文写作的关键。

古人说过："有一派学问，则酿出一种意见；有一种意见，则创出一种言语。无意见则虚浮，虚浮则雷同矣。"（袁宗道《论文》）有了"学问"，才会形成"意见"；有了"意见"，才有表达意见的"言语"。我们知道，内容和形式是构成文章的两大要素，完整的写作过程不仅是指形式的谋求也即内容的表达，而且包括内容的形成，就论文写作而言，后者显然要更为复杂、重要。

"无本不立，无文不行"，从内容出发选择表达内容的形式，是一切文章写作的共同规律。写任何文章，都必须把内容的形成放在第一位，否则，就是舍本逐末。学术论文是传播学术信息的工具，学术论文之"本"就是新的学术信息，而课题研究正是以处理已有信息（阅读资料）、获取全新信息（产生创见）为目的的活动，没有课题研究，就没有新的学术信息，论文的写作也就无从谈起。在此意义上说，课题研究是学术论文产生的基础。在论文写作过程中，人们花费时间和精力最多的往往就是课题研究这一环节，课题研究阶段应为论文写作过程的主体阶段。

总之，无论从哪个角度来说，都必须高度重视课题研究。

二、课题研究的内容

就其本质而言，课题研究是一项认识活动，是一个动态的认识过程。认知心理学以信息加工的观点来分析人类的认识活动，认为人在获取信息之后，可以在头脑中对信息进行加工、处理，或者说信息可以在人的头脑中发生转换和变化，正是在这种转换和变化中形成了认识成果。人所获取信息的状况以及人本身所具有的信息加工能力，决定着认识活动的水平和认识成果的质量。可见，人是学术研究的主体，一切深刻的学术见解都是人脑对客观事物概括的、本质的、能动的反映，是主体思维同外界信息相互作用的结果，主体思维和外界信息是学术见解产生的两个必备要素，缺少其中任何一个要素，课题研究的进行和完成都是不可能的。因此，研究者要取得课题研究的成功，就必须从这两个方面入手，进行积极的努力。说得具体一些，在课题研究这一认识过程中，认识成果是新的学术见解，外界信息主要是指研究者所获取的各种资料，人所具有的信息加工能力则主要体现为研究者的思维能力。由此看来，资料工作与研究者的思维活动实际上是决定课题研究成败的两大关键因素。既然资料工作与研究者的思维活动决定着课题研究的成败，那么，谈论课题研究问题就必然要涉及两项内容：一是如何做好资料工作，二是如何提高研究者思维活动的水平，而掌握正确、有效的思维方式，又是提高研究者思维活动水平的基本途径。

其实，把这两项内容分开来谈，只是为了便于说明问题。在课题研究中，既没有不需要研究者的思维活动介入的资料工作，也没有完全脱离资料，不以资料内容为凭借的思维活动。资料工作的进行同思维方法的运用往往是无法截然分开的，二者交织在一起，贯穿于课题研究过程之中。

首先，在搜集、整理资料的过程中，一刻也离不开研究者的思维活动，研究者搜集、整理资料也就是在对资料进行思考、研究。人在认识外界事物时，并不是被动地接受、消极地存储，而是以积极的思维活动对外界输入的信息进行加工。应当说，离开研究者的思维活动，资料工作就不能卓有成效地进行。研究并不是在资料工作完成之后才开始进行的，边搜集资料，边思考问题，才是合理的工作方式。

其次，资料也是思维的对象和凭借，研究者思维活动的水平同资料的数量和质量密切相关。创造性思维不同于主观臆测，即便是想象和联想，也不同于一般的幻想，也要以一定的资料内容为基础。完全脱离开资料，研究者的思维活动通常是难以展开的。

总之，在课题研究中，资料工作的进行同研究者的思想方法、思维方式的运用并不是两个不同的阶段或步骤，也不是依次进行的两项工作，而是有机地统一于一个动态的过程之中的。在此把课题研究中的工作分成两个部分来谈，只是为了能够更清楚地说明问题，这是对一个动态的过程做出的一种静态的划分，是对一个过程的分解。

第二节　资料的作用

在学术论文写作中，作者所搜集、占有的所有与课题相关的材料，都可统称资料，其中既包括写入文章的材料，也包括未写入文章的材料。

资料是一切科学研究的基础，没有一定数量的资料，科学研究就无法进行；资料是构成学术论文的基本"元素"，没有资料，文章就失去了"血肉"。资料对于学术论文写作的作用，主要体现在两个方面。

第一，有价值的学术观点只能从资料中产生。学术观点是学术论文的内容核心，学术观点的价值在很大程度上决定着学术论文的价值。而一切有价值的学术观点都不是研究者凭空杜撰出来的，是研究者在充分占有资料的基础上，对资料认真分析、研究的结果。

从资料出发，实事求是地研究资料，从而发现规律、得出结论、提出观点，是一切科学研究的共同历程。达尔文说过："科学就是整理事实，以便从中得出普遍的规律或结论。"① 赫胥黎也曾指出："我要做的是叫我的愿望符合事实，而不是试图让事实与我的愿望调和。你们要像一个小学生那样坐在事实面前，准备放弃一切先入之见，恭恭敬敬地照着大自然指的路走，否则，就将一无所得。"② 自然科学探索的对象是自然界，社会科学探索的对象是人和社会，虽然二者的研究对象不同，但基本的研究规律还是相同的。一切科学研究都必须从事实出发，在具体的研究工作中，就是要从资料出发。是真正从资料出发，实事求是地得出结论，还是从观点出发，为证明头脑中先入为主的看法寻找有利的资料，是鉴别一个研究者是否具有正确的思想方法的首要标准，也是衡量一项科学研究是否具有高度的科学性的重要条件。

例如，马克思的《资本论》是一部具有划时代意义的经济学巨著，其中剩余价值等一系列理论学说的提出，都源自马克思对各类资料的深刻分析。为了撰写《资本论》，马克思阅读过 1 500 多种书籍，并做了大量的笔记。在 1861—1863 年短短的两年间，他仅在大英博物馆摘记的资料就写满了 23 本笔记。为了写"英国劳工法"一节，马克思研究了英国图书馆有关英国和苏格兰调查委员会的工厂视察报告的全部"蓝皮书"。另外，为了占有资料，马克思还经常深入社会各阶层进行考察，对此许多文献都有记载。马克思在《〈资本论〉第一卷 第二版跋》中指出："研究必须充分地占有材料，分析它的各种发展形式，探寻这些形式的内在联系。"③

当然，自然科学研究离不开假说，社会科学研究也常常需要假设，但是，假说或假设绝非研究者的空想，必要的资料是形成假说或假设的前提和基础。同时，假说或假设也并不等于最后的结论，它们是否正确或者能否成立，还要以各种资料加以验证。

第二，有说服力的学术观点只能靠资料支撑。刘勰在《文心雕龙·附会》中说："夫才童学文，宜正体制，必以情志为神明，事义为骨髓，辞采为肌肤，宫商为声气……"在文章中，思想观点如同"神明"，事实材料如同"骨髓"，言词文采如同"肌肤"，声音韵律如同"声气"，这是刘勰对文章的构成要素所做的形象说明。

"不使事难于立意"，"立意之要在于有物"，不使用材料，就无法确立观点，确立观点的关键在于有具体的内容。观点与材料是构成文章内容的两大要素，看一篇文章的内容如何，不但要分别看其观点和材料，而且要看观点与材料是否有机地统一在一起。而观点与材

---

① 贝弗里奇. 科学研究的艺术 [M]. 陈捷，译. 北京：科学出版社，1992：96.
② 贝弗里奇. 科学研究的艺术 [M]. 陈捷，译. 北京：科学出版社，1992：53.
③ 中共中央马恩列斯著作编译局. 马克思恩格斯选集：第 2 卷 [M]. 北京：人民出版社，1972：217.

料相统一的基本内涵就是观点统帅材料、材料支撑观点，这是一切文章的共性。

学术论文属于说服型文章，撰写、发表论文的一个直接目的，就是使自己的观点为他人所接受，为社会所承认。而人们看一篇学术论文的观点能否成立，首先就要看支撑观点的资料是否可靠、充分。如果没有资料的支撑，观点就无法成立，无从表现，更不要说取信于人了。撰写学术论文，必须注意让资料说话，缺乏客观依据的观点，是不能在论文中提出的，不仅立论式论文如此，驳论式论文也要做到这一点。批驳一种观点，要善于使用与这种观点相悖的资料，要在对资料的分析中，引出相反的结论。例如，文学论文《白居易评价中的一个问题》（《文学遗产》1982 年第 3 期），就白居易赞成、支持永贞革新的观点提出了疑问。作者在文章中使用了很多材料，有力地证明了前述观点的不可靠，其中提到《为人上宰相书》《与元九书》《哭刘尚书梦得二首》等文献资料，还就白居易的思想倾向和生平活动进行了考证。作者的观点是否正确姑且不论，单就这种让事实说话、用材料支撑观点的研究和写作方法，就是十分可取的。

在完整的论文写作过程中，从资料到观点，再从观点到资料，是合乎认识与表达的一般规律的程序。具体地说，在动笔之前，应从资料到观点，观点要从资料中产生；在动笔之后，则是从观点到资料，作者要根据表达观点的需要，选取、使用资料。可见，论文写作是一刻也离不开资料的。

第三节　资料的种类

撰写学术论文所需要的资料是多种多样的，而且从不同的角度，可以把这些资料划分为不同的类型。比如，按其自身性质及其与研究对象的关系的不同，可以把资料划分为原始资料和研究资料；按其来源和形态的不同，可以把资料划分为直接的感性资料和间接的情报资料；按其在科学研究中所起作用的不同，可以把资料划入三个不同的层次。此外，还可以从其他角度对资料进行分类，这里就不一一述及了。

一、原始资料和研究资料

按资料的自身性质以及资料同研究对象的关系的不同，可以将其划分为两种类型，即原始资料和研究资料。

（一）原始资料

所谓的原始资料，是指只反映研究对象的实际状况而不反映人们对研究对象的认识的资料，或者说是其本身就可以直接被看作研究对象的资料。

在科学研究中，原始资料对于形成并确立独特的学术观点，有着非常重要的作用。从原始资料出发对问题进行独立思考，有利于摆脱已有观点的束缚，做出新的发现或创造。在学术论文中，多用一些原始资料，有利于支撑观点，容易使他人接受自己的观点。

原始资料形态多样，来源广泛。从观察、实验与调查中得到的资料，大部分是原始资料。例如，社会学研究现代家庭的结构，要对许多家庭的构成情况进行调查，在调查中所取得的资料就是原始资料；经济学研究社会消费结构的变化，通过市场观察，可以取得原始资料；心理学研究视错觉现象，则要在实验中获取原始资料。在某些专业领域的研究中，占有原始资料的主要途径就是观察、调查和实验。

另外，实物资料通常也是一类原始资料。例如，在古代史、文学史等专业的研究中，人们经常把历史文物、考古发现等，作为宝贵的原始资料使用。

值得注意的是，在社会科学研究中，原始资料还往往包括大量的文献资料。社会科学所直接面对的研究对象是人、是社会，这就决定了社会科学研究常常会以文献资料为原始资料。

首先，文献资料是人的精神劳动的产品，因而最能真实、全面地反映人的精神世界，以人为研究对象，当然要充分利用那些能够说明人的状况的文献资料。例如，研究墨家学派的创始人墨子，《墨子》一书就是最值得利用的原始资料；研究古代思想家孟轲，记述其言行的《孟子》就是最好的原始资料。在这种课题研究中，以此类原始资料为出发点，能够对研究对象做出客观的评价。以上是就对个体的人的研究而言的，对人类总体的研究，也同样脱离不开文献形态的原始资料。

其次，文献资料所蕴含的内容是社会的精神财富，是现实世界的一个组成部分，也可以说是一类特殊的社会现象，社会科学以整个社会及各类社会现象为研究对象，当然也不能不涉及这部分内容。如果是以文献为研究对象，那么研究对象同原始资料之间就没有一条明确的界限，二者往往是相重合的。例如，在先秦诸子散文研究中，《老子》《庄子》《韩非子》等既是研究对象，同时也是最为重要的原始资料；在"红学"研究中，各种版本的《红楼梦》则既是研究对象，又是原始资料；探讨鲁迅中篇小说的艺术特点，《阿Q正传》等作品就既是研究对象，又是必用的原始资料。总之，在文学研究中，文学作品往往既是研究对象，又是原始资料。再如，研究现代汉语中的"把"字句，通常需要检索比较典型的口语文献，找出最能体现"把"字句特点的例句，获取一定数量的语料，这些语料既是研究对象，也是原始资料。总之，在语言学研究中，语料往往既是研究对象，也是原始资料。

最后，文献资料是社会历史的见证，自有文字以来，社会的一切发展、变化几乎都会在文献中留下印迹，因此，研究一般的社会现象，特别是研究存在于以往的社会形态中的社会现象，也要以文献资料为原始资料。研究现存的社会现象，可以通过观察、调查等途径得到原始资料，而研究已不复存在的社会现象，则需要从有关的文献记载中了解情况，找到根据。例如，研究原始社会人类的生活状况，就必须把《淮南子》《山海经》等历史典籍中所留存的古代神话作为原始资料。神话虽然是人类幻想的产物，但这种幻想毕竟要以一定的生活经验为基础，是当时的社会生活状况及原始人的生活观念的曲折反映，通过原始人所创造的神话，可以间接地了解原始人的生活状况。

应当说，在社会科学研究中，仅把原始资料理解为从现实生活中直接获取的资料，是不够全面也不切实际的。如前所述，研究文学家、文学现象，文学作品等是最重要的原始资料；研究语言现象，从各类文献中获取的语料是最重要的原始资料。在史学领域中，文献资料更是不可缺少的原始资料。研究历史人物，不能脱离历史人物的著作或其他史籍中的有关记述。例如，研究孔子，《论语》是必备的原始资料，此外，其他史籍中有关孔子言行的记述文字也是有价值的原始资料。研究古代的社会现象，当时的各种典章制度和经史子集中的有关内容，都有可能被作为原始资料使用。例如，史学论文《略论夏商周帝王的称号及国家政体》（《历史研究》1985年第4期）在谈到当时"王"和"后"相互通用时，主要以《尚书·尧典》《尚书·吕刑》和《诗经·商颂·玄鸟》等篇章作为立论依据，这些文献都应算作原始资料。能否得到原始资料，能得到多少原始资料，直接决定着史学研究的选题方向和史学论文的质量，因此，这也成为研究者选题的一个依据。

在法学、社会学、心理学、教育学等社会科学的各分支学科中，都有大量的文献资料是人们在研究中必用的原始资料。例如，法学家赵理海先生曾详细讲述过自己在撰写论文时使用原始资料的经验："一般说来，写毕业论文最好能够使用原始资料（original sources），否则，只好求其次，用第二手资料（secondary sources）来补充。我曾引用过的原始资料有：（1）直接从政府档案馆找来的。1942年，当我在哈佛大学写毕业论文时，就曾到华盛顿的档案馆（对外开放）搜集了一些有关中美关系的原始文件。（2）各国政府发表的官方文件，如外交部编的《中华人民共和国条约集》《中华人民共和国政府官员和印度政府官员关于边界问题的报告》（红皮书），美国国务院编《美国对外关系文件集》等。我写的《乌克兰和白俄罗斯是怎样取得联合国的创始会员国资格的》一文，就是根据《美国对外关系文件：马耳他和雅尔塔会议，1945年》以及美国总统杜鲁门，英国首相丘吉尔，美国国务卿赫尔、斯退丁纽斯、贝尔纳斯等人的回忆录而写成的。（3）国际会议的正式记录，如《第三十四届联合国大会正式记录》（第六委员会）、《第三次联合国海洋法令会议正式记录》等。此外，《联合国记事月刊》《美国国务院公报》等期刊，也是我经常翻阅的原始资料。"[①]

对于任何学科的论文写作来说，原始资料都是最有价值的资料，而可以用作原始资料的文献资料更是不可忽视的资料。

（二）研究资料

所谓研究资料，是指反映已有的研究状况和研究成果，包含着人们对研究对象的认识的资料。

在科学研究中，研究资料有着非常重要的参考作用，因而通常也是不可缺少的一类资料。古代哲学家荀子说过："吾尝终日而思矣，不如须臾之所学也；吾尝跂而望矣，不如登高之博见也。"英国古典物理学家牛顿则说：如果说我所见较远，那是因为我站在巨人的肩

---

① 赵理海. 给国际法研究生的一封信——漫谈论文写作 [M]//王力，朱光潜. 怎样写学术论文. 北京：北京大学出版社，1981：91.

上。充分占有研究资料、有效地利用已有的研究成果，就如同"登高而望"或"站在巨人的肩上"，这是完成科学研究的必备条件，是取得新的研究成果的基础。

具体地说，研究资料的占有对于科学研究的意义主要体现为：

首先，充分占有研究资料可以避免重复劳动。在自然科学领域中，课题研究重复，会浪费大量的人力、物力、财力，会直接造成经济损失，所以容易引起人们的重视。在社会科学领域中，对课题进行不必要的重复研究，常常只是无端地耗费研究者的时间和精力，可能不会直接造成经济损失，所以常为人们所忽视（当然，有些课题研究，也需要花费一定的物力和财力，这种情况姑且不论）。其实，时间是最可宝贵的财富，时间的浪费是最大的浪费，而其他一切浪费都可以归结到时间的浪费上。认真阅读研究资料，了解已有的研究成果，找到解决问题的突破口，并以前人认识的终点为起点，才有可能超越前人，取得有价值的成果。关于这一点，"选题"一章也已有所涉及。

其次，充分占有研究资料，可以从中受到启发，拓展思路，并借鉴他人的经验，使得研究工作能够顺利进行。有时，面对一个问题，冥思苦想却不得要领，或者面对大量的原始资料却感到无从下手，这时，如果读一读他人的著作或文章，也许马上会有豁然开朗之感，甚至能够迅速找到一种行之有效的研究方法，解决问题的思路也随之明晰起来。

最后，充分占有研究资料，也是产生新的学术见解和选取文章材料的重要条件。在全面地搜集和深入地分析研究资料的过程中，在各种学术信息的相互作用中，新的学术见解会逐渐产生、成熟。另外，原始资料的数量毕竟有限，在大多数论文中，仅靠原始资料支撑、表达观点是不够的，写入文章的材料也需要从研究资料中选取。

当然，利用研究资料，绝不是研究成果的盲目套用，更不是学术内容的照抄照搬，在研究资料的搜集、整理中，要善于提出疑问，也要善于发现其精彩之处。培根说过："读书时不可存心诘难作者，不可尽信书上所言……而应推敲细思。"[①] 积极地思考、客观地分析，是有效地利用研究资料的前提，否则，就无法发挥研究资料的作用，甚至会陷入一个固定的框子中，使自己的思路受到束缚。贝弗里奇在谈到有人认为已有的知识会构成研究的障碍时指出："解决这个问题的最好方法是批判地阅读，力求保持独立思考能力，避免因循守旧。过多的阅读滞碍思想，这主要是对那些思想方法错误的人而言。若是用阅读来启发思想，若是科学家在阅读的同时积极从事研究，那就不一定会影响其观点的新鲜和独创精神。无论如何，多数科学家都认为：研究一个问题时，对该问题已经解决到什么程度一无所知，是更为严重的障碍。"[②]

另外，在论文中究竟应当怎样使用研究资料，或者说应当怎样合理地吸收他人的研究成果，是一个非常值得重视的问题。从量的角度来说，论文的主体部分应是作者对问题的阐释，是原始资料的引证，而不应是研究资料的引述。对这个问题，"第一章"在谈到毕业论

---

① 贝弗里奇. 科学研究的艺术 [M]. 陈捷，译. 北京：科学出版社，1979：4.
② 贝弗里奇. 科学研究的艺术 [M]. 陈捷，译. 北京：科学出版社，1979：4.

文的原创性问题时已有述及，这里就不展开去谈了；从使用方式的角度来说，引述研究资料，不能是资料的简单罗列或堆砌，也不能是资料的生搬硬套。而要把所用资料纳入自己的论证体系，要能对所用资料的内涵和功用做出说明，对所用资料与自己所论证的问题的内在联系加以揭示。如前所述，论文应当具有原创性，研究资料的有效利用与生搬硬套以及拼凑甚至抄袭、剽窃之间有着非常清楚的界限，在论文写作中必须注意这一点。

二、直接的感性资料和间接的情报资料

把资料划分为直接的感性资料和间接的情报资料，主要是着眼于资料来源和资料自身形态的不同。

（一）直接的感性资料

直接的感性资料，是指研究者直接从社会生活和科研实践中获取的资料，是通过实地观察、调查和实验等途径所耳闻目睹的情况、所得到的实物等。这类资料往往具有一定的直观性，不依靠任何媒介，不需要任何传输手段，就可以为人的感官所直接感知。

直接的感性资料具有其他资料所无法比拟的特点。首先，这类资料的内容是研究者"身之所历，目之所见"的事物，是其他人不曾研究过的东西，其本身就带有独特性，在此基础上展开研究，容易产生新的见解。其次，这类资料还具有新颖、生动的特点，它直接来源于研究者的实践活动，在资料与资料的占有者之间，没有任何中间环节，因而这类资料一般现实性极强，而且是非"公有化"的，写到论文里，易于吸引读者，使读者产生新鲜感。

直接的感性资料虽然有其突出的优点，但也有不可克服的局限。仅仅使用这类资料，难以提出深刻的学术观点并构建完整的论证体系。

（二）间接的情报资料

实践是认识的源泉，但也并不是说每一门学科的每一种理论都是直接源于实践的。人类的认识可以分为总体认识和个体认识。总体认识是指人类对直接经验思维的结果，只能来源于实践，来源于社会生活。个体认识就其本源来说，也只能来源于实践，遵循"实践—认识—实践"的规律形成、发展。但是，个体认识的对象和形式要比总体认识更加丰富。就一个人所拥有的知识来说，多数还是属于间接经验，是通过各种传授或传播渠道得到的知识。在认识形成的过程中，特别是在以认识事物的本质、揭示客观世界的规律为目的的科学活动中，要求人们事事都亲身经历，亲自考察，不仅是不现实的，而且是不必要的。一种知识，对于今天的人来说是间接经验，在前人那里却是直接经验，今人的直接经验，对于后人来说，又成了间接经验。知识的本源是实践，而具体知识的掌握则有各种途径。

人的生命有限，而宇宙无限，认识对象无限，如果只相信直接经验，排斥一切间接经验，那么终其一生，一个人也只能掌握数量极少的零散知识。假如每一代人都是如此，就会导致人类文明的停滞乃至倒退。钱学森先生在《科技情报工作的科学技术》中指出："今天

作为一个认识主体，来认识客观世界，那么，打交道的还不光是客观世界，我们一开始就要同精神财富打交道。"（《情报学刊》1983 年第 4 期）在社会科学研究中，特别是在某些基础学科的研究中，研究者所用的资料大部分是来自各种传递渠道的资料，是间接的情报资料。

按照情报资料的传递渠道和载体形式的不同，可以将其划分为两大类，即非文献类的情报资料和文献资料。

1. 非文献类情报资料

非文献类情报资料，是指未以文献的形式记录下来的情报资料，如通过交谈、听课、参加学术讨论等各种渠道得到的资料。

非文献类情报资料具有文献资料所不具备的一些优点。首先，这类资料的获取直接、简便、迅速、及时，从情报的生成到情报的使用，间隔时间短，中间环节少，据此可以掌握最新的学术信息。其次，这类资料的获取往往还具有针对性强的特点。妥善地选择谈话对象，或者有目的地参加专题性学术会议，能够集中得到自己所急需的情报资料，或者了解到一些资料的线索，可以避免文献检索的盲目性。最后，非文献类情报资料的某些传递方式，如同行间的交谈、学术讨论等，还具有自由、灵活的特点，为充分阐释问题提供了较大的余地，便于不断澄清问题、消除疑问。此外，非文献类情报资料一般要在特定的场合中传递，容易给人留下深刻的印象。有的非文献类情报资料还包含着文献资料所无法反映的细节，再加上传递中的各种表意手段，如手势、表情等对有声语言、文字语言的补充，就大大增加了资料的信息含量，也为人们准确、迅速地理解情报内容提供了方便。

对于撰写毕业论文的学生来说，导师的指导无疑是获取信息的重要渠道之一。因此，把握好每一次导师指导的机会，即事先做好充分准备，考虑清楚自己的疑问与困惑在哪里，自己最想得到的帮助是什么，对有效地获取情报资料，从而顺利地完成毕业论文，是非常重要的。反过来，如果在接受指导时，根本无法提出任何希望解决的问题，那么就只能被动、机械地接收信息，有时，导师甚至只能泛泛而谈。而指导缺乏针对性，学生就很难会有实际收获。

另一方面，同文献资料相比，非文献类情报资料也有其自身的不足。例如，非文献类情报资料所包含的知识，常常是零散的、不完整的，人们不可能据此得到关于某一学科或某一问题的系统、完备的知识；从此类资料中所获取的信息往往带有一定的模糊性，有的会给人一种似是而非之感，还需要进一步查证；这类情报资料的很多传递渠道是非正式的，因而就具有较大的局限性和不固定性。总之，非文献类情报资料尽管是不容忽视的一类资料，但终究不能代替文献资料，成为科学研究资料的主体。

2. 文献资料

顾名思义，文献资料就是以文献为存在和传播载体的资料，是固化于一定的物质载体的资料。

"文献"一词出现得较早，随着时代的发展，其含义也在发生变化。《论语·八佾》中有这样一段话："夏礼吾能言之，杞不足徵也；殷礼吾能言之，宋不足徵也；文献不足故也。足，则吾能徵之矣。"朱熹注："文，典籍也；献，贤也。"当时文献是指典籍和宿贤的言论。后来，"文献"一词专指图书资料，而且人们习惯于用来表示以文字、图表等为载体的具有历史价值或与某一学科有关的图书资料，如历史文献、医学文献等。随着现代科学的进步、信息技术的发展以及信息载体的多样化，人们对"文献"一词的含义又有了新的认识，一般认为"文献乃是用文字、图形、符号、声频、视频等技术手段记录人类知识的一种载体"①。了解了"文献"一词的含义，便可大体把握文献资料的作用及其范围。

文献资料是科学研究资料的一个最为重要的类别，进行科学研究，通常是无法避开这类资料的，特别是在一些基础理论学科的研究中，研究者所使用的资料大部分是文献资料。而且在社会科学研究中，研究人员所要面对的文献资料的数量一般要多于自然科学研究人员所面对的文献资料的数量，同自然科学研究相比，社会科学研究的文献资料工作可能要更为复杂一些。

文献资料不仅极为重要，而且其构成非常复杂。依照不同的分类标准，可以把文献资料划分为不同的类型。按照载体形式的不同，把文献资料分为印刷型、缩微型、声像型（或称视听型）、计算机阅读型等几种；按照文献性质以及对其加工、处理情况的不同，把文献资料划分为一次文献、二次文献、三次文献等三种类型。以上两种分类方法比较常见，此外还有一些分类方法，但其实用性不是很大，也不是很常见，这里就略去不谈了。

先看具有不同的载体形式的文献资料。

文献资料必须具有特定的载体形式，而随着信息技术的发展，载体形式愈来愈多样化。在传统的单一的印刷型文献仍被普遍使用的同时，又出现了缩微型、声像型和计算机阅读型等几种具有特殊的载体形式的文献资料。

缩微型文献资料主要是指以感光材料为载体，并利用光学记录技术，使印刷文献缩小了许多倍的文献资料。

声像型文献资料也叫视听型文献资料或直感型文献资料，这是一种以录音、录像和摄影技术等形式直接记录声音和图像的文献资料，一般包括录音带、录像带、唱片、影片、幻灯片等。目前，声像型文献资料的使用已经比较普遍，而且，在某些学科的研究中，这类资料受重视的程度和所起的作用有时甚至不亚于传统的印刷型文献资料。这类文献资料能被广泛采用主要是因为：首先，声像型文献资料具有其他资料所不具备的直观性特点，利用这类资料，能够充分发挥人的感官作用，提高获取信息的效率。其次，声像型文献资料的传递渠道较多，人们可以通过大众传播媒介、出版发行单位、情报机构等各种途径得到这类资料。例如，中央电视台曾经播放的《世界史画廊》《卢浮宫》等多种历史资料片，以直观的形式为人们提供了专业知识，是非常珍贵的历史研究资料。另外，许多图书馆除为读者提供印刷型

---

① 严怡民. 情报学概论［M］. 武汉：武汉大学出版社，1983：96.

文献资料服务之外，还提供声像型文献资料服务，除备有供人们阅读印刷型文献资料使用的阅览室之外，还备有声像资料视听室。声像型文献资料由于具有以上特点，所以从出现到普及，发展得异常迅速。

计算机阅读型文献资料主要指将文字和图像转换加工成二进制数字代码，存储在磁带、磁盘等计算机内存及外存设备上的文献资料。这类资料的阅读必须借助于电子计算机，因而具有一定的局限性，不过，随着信息技术的发展及计算机的普及，这类资料的使用已不再是一件难事。目前，利用计算机，不但可以阅读磁性载体上的资料，更重要的是还可以通过互联网检索、搜集资料，互联网已经成为人们获取各种外界信息的一个重要途径。

其实，我们这里所说的计算机阅读型文献资料已不限于以计算机为载体或阅读工具的资料，手机等智能设备也已成为阅读电子化、数字化资料的重要工具。

上述三种类型的文献资料，是现代科学高度发展的产物，它们的出现打破了人们对"文献"的传统认识，并且其本身所具有的特色也使其愈来愈受重视。但是，由于同印刷型的文献资料相比，其自身具有无法克服的不足和局限，所以这几类文献资料似还无法取代作为文献主体的印刷型文献资料的地位。

印刷型文献资料是一种传统型文献资料，是以各类印刷物为载体形式的文献资料，过去人们所说的文献资料，通常仅指这类文献资料。印刷型文献资料的使用便捷、灵活，具有其他类型的文献资料所不具备的长处，因此，即便是在科学技术高度发达的现代社会中，印刷型文献资料仍是文献资料的主体，是记录、存贮科学研究成果的主要工具，是人类获取知识的基本渠道。就一般情况而言，论文作者接触最多或者说在论文写作中用处最大的文献资料，至少在今后一个相当长的时期内，仍然会是印刷型文献资料。

按所含知识内容和出版形式的不同，还可以把印刷型文献资料分为以下三类：

（1）图书

图书也叫书籍，是一种规模较大的成卷册出版物。书籍在我国的历史源远流长，据史料记载，早在四千多年前的夏代，就已经有了书籍。《尚书·多士》提到："惟殷先人，有册有典。"西周以后，书册日益增多，国家开始专设管理书籍的官吏和存放书籍的府库。千百年来，图书的数量激增。人们常说，现代社会是信息社会，当今时代是知识爆炸的时代，知识在呈几何级数增长，作为知识主要载体的图书数量的增长肯定也会异常迅速。

社会发展至今，不仅图书的数量有了惊人的增长，书籍的品种也更为繁多了。仅从书籍的内容和功用来看，就有供人们系统阅读的图书，如专著、教材等，有供人们作为工具使用的图书，如参考性工具书（包括字典、辞典、百科全书、手册等）和检索性工具书（包括目录、索引等）。

各类图书特别是其中的专著，一直是社会科学研究的主要资料源之一。已有统计资料证明，在自然科学研究中，研究者主要把精力放在期刊论文和科研报告等单篇文章的查阅和使用上，而在社会科学研究中，研究者则要在专著的阅读和分析上花费较多的时间和精力。

（2）连续性出版物

连续性出版物是一类以固定的名称，定期或不定期地连续出版，内容不重复的出版物。周期短、内容新是这类出版物的最大特点，人们由此可以获取最新的情报资料，但知识的系统性不强，有些内容可能还不够成熟、完善，又是这类出版物的不足，人们难以由此得到完整的专业基础知识。

报纸是连续性出版物的一种，是以刊载新闻和评论为主的定期出版物。在我们国家，报纸是报道国内外新闻、反映社会生活的变化、宣传党和国家方针政策的重要工具。社会科学研究与社会生活密切相关，与党和国家的方针政策密切相关，研究者必须时时关心国家大事，注意了解社会动向，以使自己的研究能同国家建设的总目标、实际生活的需要一致起来。其实，每一位社会成员要想跟上时代的步伐，摸准社会的脉搏，就不能不养成经常读报的良好习惯。

另外，有的报纸还经常报道各种学术动态，或者刊载一些较有影响的社会科学论文，这更是研究者直接获取最新研究资料的一个重要渠道。例如，《光明日报》曾交替刊载经济、文学、历史、科学社会主义等学科的专业论文，有的就学科的研究方向、研究重点的变化提出看法，有的就学科的研究方法、研究手段的革新发表意见，有的就某一重大问题或争议较大的问题展开研究，表明见解。对论文作者来说，这些文章无疑是非常重要的资料，应当受到重视。

期刊也称杂志，对于论文写作来说，是一类最为重要的连续出版物。期刊一般有固定的刊名和开本，每期标有序号，同时刊载多位作者的文章。目前，期刊已成为传播学术信息、发布研究成果的主要媒介。可以说，在论文写作中，期刊是最为重要的资料源。

学术期刊有综合性期刊和专业性期刊两种。综合性期刊同时刊载不同学科的文章，其特点是内容广泛，栏目多样，如《中国社会科学》《学术月刊》《齐鲁学刊》《晋阳学刊》《江淮论坛》《社会科学战线》等都是这类期刊，各高等院校的学报是很重要的综合性期刊。专业性期刊专门刊载某一学科的专业性文章，反映某一学科的研究动态，其特点是内容集中，查阅方便。专业性期刊的出现，符合专业发展的需要。随着知识的快速增长和科学分工的日趋精细，专业性期刊的种类会越来越多，专业性也会越来越强。在社会科学领域中，影响较大的专业性期刊有很多种，如《文学遗产》《文学评论》《哲学研究》《心理学报》《历史研究》《世界历史》《考古》《中国史研究》《中国语文》《世界汉语教学》《方言》《文艺研究》《法学研究》等，这些期刊分别反映了某一学科或某一专业的研究成果、研究动态，是十分重要、可靠的资料源。撰写论文必须认真查阅专业性期刊，特别是其中的核心期刊（刊载与各自学科、专业或研究领域有关的论文数量最多、质量最高的期刊）。

除报纸、期刊之外，还有其他一些连续性出版物，如有连续卷号的丛刊、学术机关的集刊、论文集、年报等，这类连续性出版物也具有很高的资料价值。

（3）特种文献

特种文献一般单独成册，不公开发行，并且没有固定的出版形式。这类文献首先包括会议文献，即各种学术会议的报告、会议录和论文集等，内容新颖、学术性强，能够反映某一学科专业的最新研究水平和发展动态，是会议文献的最大特点。其次，特种文献还包括政府机关内刊，即各国政府部门及其专设机构所印制的出版物等，其中主要是一些行政文件，如政府法令、方针政策、规章制度等，也有一些统计资料等。及时阅读这类文献，便于了解党和国家的各项方针政策，了解社会形势和社会需要，对于社会科学研究，特别是对于应用学科的研究来说，这也是一个很重要的资料源。另外，未公开发表的学位论文也属于特种文献，这是本科生和研究生为获得各级学位而撰写的论文。学位论文通常写作时间较长，准备充分，所用资料比较齐全，文章篇幅长、信息量大，具有较高的参考价值。

需要说明的是，按载体形式的不同，将文献资料区分为传统的印刷型文献及缩微型、声像型和计算机阅读型等载体形式的文献，只是基于文献的初始形式做出的区分。从目前的情况来看，事实上是很难做出严格的区分的。例如，有的印刷型图书在以纸质形式出版、发行的同时，还会转为电子化、数字化文献。也正因为如此，以出版印刷型图书为主的出版机构在与图书作者签署出版合同时，往往也会涉及数字出版及网络传播的版权问题；很多期刊、报纸及特种文献不仅有纸质形式，而且还有电子版，有些更是已经进入各类数据库，供使用者检索、阅读；有的机读文献则集文字、声像及缩微资料等于一体，是一种名副其实的多媒体文献。在此，将文献按载体形式做出区分，只是希望人们能更全面地理解文献资料的含义。

再看具有不同的内容特点的文献资料。

按照文献的内容特点和对其加工情况的不同，可以把文献资料划分为一次文献、二次文献和三次文献等几种。

一次文献是指未经情报机构加工、处理，以作者本人的研究成果为依据而撰写的原始文献，其中主要包括研究专著、期刊论文、学位论文、会议文献、科研报告等。一次文献是全面、系统、真实地反映研究成果的主要工具，学术论文中的引文一般应当直接来源于一次文献，至少应同一次文献即原文进行过核对。

二次文献是在对一次文献进行加工、整理的基础上而产生的文献，其中主要包括书目、提要、文摘、简介、资料通报等。二次文献不仅可以快速传递学术信息，还可以用作检索工具，为读者进一步查找一次文献提供线索。随着知识增长速度和社会生活节奏的加快，人们对二次文献有了更为广泛的需求。

三次文献是经过对一次文献和二次文献的综合分析而编写出来的文献，其中主要包括综述、评论、述评、书评等。

二次文献和三次文献的内容是对一次文献内容的浓缩，因而具有简明扼要、概括性强、信息容量大的特点，有利于读者集中查找和快速阅读资料。利用二次文献和三次文献，通常既能集中得到较多的资料，又能找到新的文献检索途径；既能节省时间，又能防止漏掉有用的资料。有效地利用这两类文献，是提高论文写作中的资料工作效率的重要手段。

以上根据资料的来源和自身形态的不同，将其划分为直接的感性资料和间接的情报资料这样两大类，直接的感性资料还有具体来源的不同，间接的情报资料又有非文献类的资料和文献资料两种，文献资料形式多样，种类繁多。论文作者应对资料的不同来源和形态有全面的了解。

三、三种不同功用的资料

这种分类方法同前面两种分类方法有所不同，前面两种分类方法是按资料自身状况的不同做出的类别划分，而这种分类方法是按资料在论文写作中的具体作用的不同做出的层次划分。同前面两种分类方法相比，这种分类方法不仅具有较大的相对性，而且具有一定的假定性和模糊性，但这种分类方法也有助于论文作者增强资料工作的自觉性，因而具有一定的实用意义。

实际上，论文作者所用的资料在论文写作中的作用有着很大的区别，或者说分属不同的层次。

（一）含有比较完整的知识体系的文献资料

通过系统地阅读含有比较完整的知识体系的文献资料，形成稳固、宽厚的知识基础，是展开研究的前提。在整个资料系统中，这类资料应当算是处于较深层次的资料，其作用主要表现在两个方面：一方面，其本身就具有科学研究资料的一般特性和功用，可以用作形成并支撑新的学术观点的依据；另一方面，这一层次的资料也是感知、理解、使用其他资料的基础。

为便于主动、有效地占有这类资料，论文作者应对其主要来源有所了解。

一般来说，文献资料中的图书是提供系统的专业知识的主要渠道，其中尤以大学教科书和专著最为重要。

这里所说的教科书主要是指高等院校的教科书。教科书是教学用书，其内容准确、严整、稳定，阐述全面、系统、规范，大都侧重于基础知识、基本理论的阐释和介绍，通常是对一个时期以来某一学科或专业领域已有的研究成果的总结，从中能够看出某一学科或专业领域的总体面貌，把握某一学科或专业领域的基础知识、基本理论及其已经达到的研究水平。

专著是对某一方面的问题进行研究和论述的专门性著作。专著所涉及的知识面通常要比教科书狭窄，但内容更加精深，并且是融作者的见解与已有的知识于一体，集理论观点的创造性、成熟性、全面性于一身。通过阅读学术专著，能够深入、透彻地了解有关某一专业领域或某一研究课题的基础性、前沿性知识，能够获取较多的学术信息。

为适应研究的需要，在论文作者的知识贮存中，不但要有足够的专业知识，同时也要有必要的非专业知识，这就要求论文作者不但要认真研读本学科的专业书籍，同时也要适当涉猎同论文题目有关的其他各类专业书籍。而且要想真正使其他学科的专业知识在自己的研究中产生作用，就不能满足于一知半解、零零散散的知识记忆，要在专著、教科书等类型的文献资料的系统阅读中掌握各类知识。

阅读图书是获取资料系统中较深层次的资料，也就是掌握系统、完善的知识体系的重要手段。占有这一层次的资料，应当算是整个资料工作的开端，以此为基础，才能做好其他资料的搜集与研究工作。为此，要想提高自己的研究能力，提升自己的专业素养，首先就要通过专业书籍的阅读，形成良好的知识基础，这也就是所谓的"打好底子"。

（二）含有前沿性学术信息的最新资料

在集中、定向的搜集中，获取最新资料，掌握前沿性的学术信息，是完成课题研究的必备条件。科学研究贵在创新，创新要以使用新的方法或掌握新的资料为前提。了解本学科发展的最新动态，及时获取新的学术信息，有利于进行科学创造。新的资料是资料系统中比较活跃的浅层资料，一般来说，资料越新，用处越大。论文作者不能只满足于专业知识体系的把握，还必须紧紧围绕着研究课题，有计划地定向搜集新的资料，论文写作中的资料工作，甚至常常专指这部分工作。

新的资料来源多样，就其总体倾向而言，专业书籍虽然能够提供比较系统的专业知识，但由于它的总结性强，而且出版周期长，报道不及时，其中所含的知识内容有些难免一般化，有些甚至已经陈旧过时，变成"老化"了的知识，远远不能满足科学创造的需要。而各类学术期刊上的文章专题性强，写作周期短，大都是最新学术成果的描述和最新学术动态的反映，查阅学术期刊是占有最新研究资料的主要手段。此外，论文作者阅读论文集、参加学术会议、接受导师指导、同专业人员交谈以及亲自进行观察、调查和实验等，也都是掌握新情况、获取新信息的有效途径。

（三）触发性资料

及时捕捉触发性资料，往往是产生新的学术观点、完成课题研究的重要契机。有时，论文作者掌握了大量的资料，并对这些资料做了充分的研究，但对究竟如何排列资料，哪些资料之间存在联系，却总是百思不得其解。这时，偶尔接触到的一点信息，也许会同原有的信息在头脑中发生碰撞，灵感的火花骤然闪出，于是，事物间的联系清晰起来，对问题的看法趋于明确，甚至写作的思路也大体形成。这种起触发作用的资料，通常是以偶然形式出现的必然性资料。此类资料的出现无法预测，似乎只能在偶然的机会中得到。但是，只要认真钻研，深入思考，在大脑皮层上形成"优势灶"或称"兴奋点"，使思维处于极其活跃的临界状态，触发性资料就有可能出现。应当说，对已有资料的潜心研究决定了触发性资料出现并被及时捕捉的必然性。触发性资料并不是人人都能注意到的，起作用的程度更是因人而异。

触发性资料多种多样，各种形态、各种性质的资料都有可能成为触发性资料，各种信息传递途径都有可能成为取得触发性资料的渠道。

以上三种资料分别是处于一个系统的深层、浅层和表层的资料，正是这些不同层次、不同功用的资料构成了完整的论文写作资料系统。在课题研究中，同一层次及其不同层次的资料不断地产生作用，发生联系，新的学术见解就是在资料的相互作用、相互联系中形成的。

从不同的角度，按不同的标准，把论文写作资料划分为不同的类型，是为了帮助人们全面认识各类资料的特点，从而增强资料工作的主动性、科学性、有效性，提高搜集、整理和利用资料的水平和效率。

第四节　获取资料的途径

概括地说，观察、实验、调查以及利用图书情报机构、利用计算机网络，是获取论文写作资料的基本途径。

一、观察

观察是知觉的一种形式，是对客观对象有目的、有计划、比较持久的主动知觉的过程，在心理学中，人们称其为"有意的知觉"或"思维着的知觉"。观察的主要目的是认识某一过程或某一现象所发生的变化。

课题研究中的观察是从课题研究的需要出发，采用一定的方法，对处于自然条件下的客观事物进行的系统、能动的考察。观察是直接获取生动的感性材料的基本途径之一，成功的观察能为课题研究提供可靠、有力的事实依据。在自然科学研究中，观察很受人们的重视，巴甫洛夫曾经指出："不学会观察，你就永远当不了科学家。"[①] 在社会科学研究中，观察也常常是不可忽视的研究方法，特别是在有些学科（如心理学、社会学、教育学等）的研究中，观察更是有着非常重要的作用。通过观察搜集资料的好处就在于观察是在自然条件下进行的，因此可以保持观察对象的常规性，有利于取得真实的资料。而不利之处就在于，由于观察不能人为地控制条件、纯化环境，所以很难精确地判定一种自然或社会现象产生、发展和变化的真正原因。

一次成功的观察应当具备客观性、系统性和准确性。为确保观察的成功，观察者必须注意以下几点：

一要明确观察目的，确定恰当的观察对象。观察不是被动注视，而是主动知觉，漫无目的地浏览算不上观察。课题研究中的观察，更是一项目的性极强的活动。在观察之前，必须明确观察目的，考虑清楚为什么要进行此项观察活动，需要观察哪些内容，再从特定的目的出发，确定具体的观察对象。在观察中，要时时铭记观察目的，牢牢抓住观察对象，防止脱离观察目的和观察对象进行毫无意义的广泛注视。明确观察目的，确定恰当的观察对象，是使观察取得成功的先决条件。

二要采取实事求是的态度，尽量做到客观地观察。观察的目的是了解事物的真相，取得真实的事实材料，为达到这一目的，就必须坚持客观地观察。所谓客观地观察，是指严格地

---

① 张厚粲，彭聃龄，高玉祥，等．心理学［M］．北京：中央广播电视大学出版社，1986：152.

按照事物的本来面貌去观察事物，而不是按照个人意愿有意改变事物的特征，或者片面地取舍情况，即只希望看到某些符合个人的主观意愿的情况，回避与个人的主观意愿相悖的情况。如果没有实事求是的工作态度，就不能保证观察的客观性，所获取的资料也就会失去真实可靠的特性。以此为出发点进行研究，是难以得出科学的结论的；以这样的资料为论据写文章，是不会有足够的说服力的。相对而言，对自然现象的观察比较容易采取纯然客观的态度，而对社会现象的观察则容易夹杂个人的认识倾向，容易带有主观色彩。

三要采用科学的观察方法，努力提高观察的质量。观察是一项系统性很强的活动，在观察中不能想到什么看什么，而要严格地按照事先确定的程序，有计划、有步骤地完成这一活动，以免漏掉应当观察的东西。观察也是一项精确细致的活动，在进行观察时，注意力要高度集中，密切注意观察对象的一切细微差异或变化。如果只着眼于大处而忽略了细节，就难以观察到具有特殊意义的东西。"观察"是"观"与"察"的统一，观察不只是"眼看"，也包括"心虑"，观察者的思维在其中起着重要的作用。只有边观察边思考，才能抓住特征性的东西，也才能够透过现象发现本质。

二、实验

实验是根据课题研究的需要，人为地创造条件，控制研究对象，观察、分析研究对象的状态和变化，从中找出规律、得出结论的活动。

自然科学研究离不开实验，社会科学研究也常常会用到实验，有些学科（如心理学、教育学、语言学等学科）研究，经常需要采用实验的方法获取研究资料。

实验的方法具有强化和纯化客观对象的作用，它能够排除外界干扰，使事物的某种状态或运动规律在非常特殊的情况下明确地显露出来，为人们所认识。采用实验的方法，可以人为地控制条件，这就为揭示一种现象产生、发展、消亡和变化的原因创造了条件；实验还可以人为地重复进行，这也有利于研究者排除事物的偶然性因素，抓住其必然性。

实验的形式主要有两种，一种是实验室实验，一种是自然实验。顾名思义，实验室实验是在实验室内进行的实验，即在依靠仪器并加以精确控制的条件下，精密观察和记录某一现象的产生、变化情况，并分析其原因。自然实验是在正常的自然或生活环境中，适当控制条件，结合其他日常活动而进行的实验。自然实验兼有实验和观察的长处。从总体上看，实验室实验在自然科学研究中比较常用，自然实验则在社会科学研究中用得较多。

通常实验的目的不外乎两个，正如美国科学家雷内·杜博斯所总结的那样："实验有两个目的，彼此往往互不相干：观察迄今未知或未加释明的新事实；以及判断为某一理论提出的假说是否符合大量可观察到的事实。"[①] 观察新事实做出新发现和通过事实检验理论，是一切科学实验的基本目的，不但自然科学研究中的实验如此，社会科学研究中的实验也是如此。

---

① 贝弗里奇. 科学研究的艺术 [M]. 陈捷，译. 北京：科学出版社，1979：14.

根据实验事实提出新的理论，是实验的目的之一，为达到这一目的而进行的实验是创新型实验。例如，加拿大脑外科医生彭菲尔德博士为探明记忆的原理，设计了一个奇妙的装置，即把两条铂线一端与电池相连，另一端接触在准备接受手术的患者露出的脑部上，观察患者的反应，患者竟觉得就像亲眼看到了过去的事情。实验结果使彭菲尔德大吃一惊，他由此发现人们在 10 年、20 年间的所见所闻全部能被记得清清楚楚，根本不会忘记，只要给予适当的诱发因素，是可以回忆起过去的许多事情的。彭菲尔德通过从外部向大脑施加电流使人回忆起往事的实验事实，提出了新的记忆理论。

根据实验事实检验已产生的理论观点也是实验的一个目的，为达到这一目的而进行的实验是检验型实验。人们对客观事物的认识往往是非常曲折复杂的，一个设想、一种方法，即便有足够的理论根据，但究竟能否在实践中推广，是否会有实际效果，还需要以事实来检验。如果把未经检验的理论直接在生活中广泛应用，就有可能会由于理论的失误而造成重大损失。而实验的规模小、周期短，是一种简便、经济、可靠的检验理论的方法，采用这种方法，可以避免轻率地应用一种理论所带来的不必要的损失。

例如，黑龙江省曾进行过以"注音识字，提前读写"为内容的小学语文教学改革实验，实验周期三年，实验范围限制在黑龙江省一市两县三个小学一年级的六个班内，实验对象共计 246 人。施行该实验项目的目的就是验证"注音识字，提前读写"的小学语文教学结构的科学性和可行性，根据实验结果确定是否应当推广这种新的教学方法。这种做法十分慎重、稳妥，通过实验，既检验了研究成果，又取得了实践经验，即便发现其中有不尽合理或不够完善的地方，也可以改进、提高，而不会由此造成严重的后果。

根据事实提出理论，再根据事实检验理论，符合理论从实践中来，再到实践中去的思想。在科学研究中，特别是在应用学科中，人们常常采用实验的方法检验一种新理论、新设想的实效性，从而判定一项课题研究的成败和价值，并获得新的资料。

总之，实验能为研究者提供重要的原始资料，而且这些资料是无法通过其他途径得到的。

三、调查

调查是获取论文写作资料的又一条重要途径。所谓的调查，就是亲自深入到实际生活中，有目的、有步骤地对某一客观对象进行认真考察，了解某一方面情况的行为方式。

调查是一项需要周密计划的工作，在调查的过程中，对各个环节的工作都要给予充分的重视。

（一）在调查前必须做好准备工作

课题的内容不同，准备工作的内容也应有所不同，但共同的原则或要求还是需要依循的。以下几项就是在任何一项调查中都应受到重视的工作：

一要明确调查的目的。在接触调查对象之前，就应真正弄清自己要在调查中解决什么问题，希望得到哪些资料。

二要做好必要的知识准备。在进入调查之前，应当先对问题有一个初步的研究，对将在调查中遇到的问题及解决问题的办法有所考虑。

三要明确调查对象。这里所说的"明确调查对象"，不仅是指要清楚调查对象是什么，更重要的是指对调查对象要有比较全面的了解，要能根据调查对象的特点安排具体的工作步骤，设计合理的调查内容。

四要制订调查计划和调查提纲。在周密准备的基础上，最好写出一份调查计划，列出调查目的、调查内容、调查对象、调查步骤以及拟采用的调查方法和方式等项目，如有必要，还要写明所需人力、物力、财力等。然后再拟出调查提纲，把所要调查的问题，也就是调查项目，按照一定的规则排列出来。这有助于避免盲目调查，也有助于调查工作的顺利进行。

（二）在调查中必须采用恰当的调查方法和方式

1. 调查方法

调查方法主要有普遍调查和非普遍调查两大类。

（1）普遍调查

普遍调查简称普查，是指在一定的范围内，对所有的对象逐一进行调查的方法。这种调查的准确性较高，由此得到的资料也最为真实可靠。但是，如果研究的课题较大，调查的范围过广，进行普遍调查就需要花费大量的人力、物力、财力，难度极大，所以在课题研究中一般不宜采用这种调查方法。就目前的情况来看，在社会科学研究中，人们最常用也最有用的调查方法还是重点调查、典型调查和抽样调查等三种非普遍调查的方法。

（2）非普遍调查

非普遍调查是指在一定的范围内，选择部分对象进行调查。这是一种通过个别看一般，通过部分看整体的调查方法。

非普遍调查还包括重点调查、典型调查和抽样调查等三种常用的方法。顾名思义，重点调查是指在一定的范围内选取重点样本，只以重点样本为对象进行调查；典型调查是指在一定的范围内选取有代表性的典型样本，只以典型样本为对象进行调查；抽样调查是在一定的范围内抽取部分样本，以之为对象进行调查。这三种调查方法各有其长处和不足，例如，采用重点调查和典型调查的方法，容易对调查对象有深入、细致的了解，有可能在较短的时间内，得到较多的资料。然而，调查对象的确定容易带有一定的主观性，而如果重点和典型确定得不够妥当，调查结果则难免会有片面性，甚至完全不能反映总体的情况。相比之下，抽样调查的科学性和实用性则要更强一些，所以乐于采用这种调查方法的人越来越多。

2. 调查方式

调查方式有很多种，人们常用的有开会、采访和问卷等几种。

（1）开会

开会调查又称集体访谈，是一种比较重要的调查方式。开会调查的方式不限于一种，调查者既可以专门召集知情人开调查会，也可以利用其他会议顺便了解情况。应当说，开会是一种人们所熟悉的传统的调查方式，对这种调查方式的使用，毛泽东同志在《农村调查》的序言和跋中曾谈过下面一段话："开调查会，是最简单易行又最忠实可靠的方法，我用这个方法得了很大的益处，这是比较什么大学还要高明的学校。到会的人，应是真正有经验的中级和下级的干部，或老百姓。我在湖南五县调查和井冈山两县调查，找的是各县中级负责干部；寻邬调查找的是一部分中级干部，一部分下级干部，一个穷秀才，一个破了产的商会会长，一个在知县衙门管钱粮的已经失了业的小官吏。他们都给了我很多闻所未闻的知识。使我第一次懂得中国监狱全部腐败情形的，是在湖南衡山县做调查时该县的一个小狱吏。兴国调查和长冈、才溪两乡调查，找的是乡级工作同志和普通农民。这些干部、农民、秀才、狱吏、商人和钱粮师爷，就是我的可敬爱的先生，我给他们当学生是必须恭谨勤劳和采取同志态度的，否则他们就不理我，知而不言，言而不尽。开调查会每次人不必多，三五个七八个人即够。必须给予时间，必须有调查纲目，还必须自己口问手写，并同到会人展开讨论。因此，没有满腔的热忱，没有眼睛向下的决心，没有求知的渴望，没有放下臭架子，甘当小学生的精神，是一定不能做，也一定做不好的。必须明白群众是真正的英雄，而我们自己则往往是幼稚可笑的，不了解这一点，就不能得到起码的知识。"[①] 这段话既谈到了开调查会的好处，也谈及在开调查会时所应注意的问题。

从实际情况来看，这种调查方式有利也有弊。好处是开会调查，调查对象集中，便于同时听取各方面的情况，在一次调查中可能会得到很多资料。不利之处则是许多人聚集在一起，调查对象容易心存顾虑或感到拘谨，不能畅所欲言，反而难以了解到真实的情况，影响调查的效果。采用这种调查方式，还要求调查者具有一定的组织能力和控制局面的能力，否则调查就很难按预想的步骤进行。

（2）采访

采访也是常见的调查方式。采访也叫个别访谈，是一种向个别人了解情况的调查方式。个别访谈问答方便，采访对象容易把情况谈得深入、细致，采访者能够集中得到特定的采访对象所提供的资料。

采访看似简单，其实是很有技巧的，要想真正把采访做好，并不是一件很容易的事情。在整个采访的过程中，采访者应当对以下事项加以注意。

在采访前，首先必须认真选择采访对象，考虑对方能否提供有用的资料，能够提供哪一方面的资料。还要了解采访对象的详细情况，并根据采访对象的特点安排采访内容，先想好准备提出的问题，再仔细琢磨一下问题提得是否妥当，难易程度如何。既不要把自己就能解决的问题提出来，也不要把对方根本无法回答的问题列为采访内容，免得使采访对象反感或为难。问题初步确定下来之后，可以将其一一列出，写在纸上或记在心里。最后，要提前跟采访对象取得联系，约好采访时间，尽量不要在未经预约、采访对象毫无准备的情况下，突

---

① 毛泽东.农村调查［M］.北京：新华书店，1949.

然上门采访。

在采访时，首先要出示介绍信或其他证件，并说明采访的目的和理由，交代清楚打算怎样使用在采访中得到的资料、为什么选择对方作为采访对象等事项，态度要诚恳、谦虚，要能使对方产生亲切感、信任感。即便进入正式采访阶段，也不要只提问题，中间可以适当插入其他话题，以营造一种轻松愉快的谈话氛围。如果有时采访对象的谈话过于偏离话题，就要想方设法，巧妙地把话题引回，而不要粗暴地打断对方。提出的问题要尽可能具体、明确，不要让采访对象感到无从说起或难以应答。在对方谈话时，一定要认真倾听，如果中间出现没有听清或没有听懂的地方，可以适时请求对方重述或加以解释。边听边快速地做好笔记也很重要，笔记既要真实地记录对方的谈话内容，也可以随时把自己的想法记录下来，但对二者要加以区别，切忌相互混杂。目前人们在进行采访时，常会使用各种录音工具，这有利于确保采访内容的准确、全面，同时，也能减轻笔记负担。不过，需要注意的是，如需录音，一定要征得采访对象的同意；未经对方同意，是不能擅自录音的。在即将结束采访时，还要仔细想一下，是否有遗漏的问题，是否有需要澄清的问题，在确认不存在这些问题后，便可以礼貌地结束采访，即向采访对象表示由衷的谢意后告辞。

采访结束后，要及时整理采访笔记，补上漏记的地方，并注明采访日期、地点和采访对象的姓名等。如有录音，要马上把录音资料整理出来。录音资料的整理，必须完全忠实于谈话内容，不能按照自己的意愿进行取舍或改动。即便有听不清或有疑惑的地方，也不能凭印象猜测，最好向采访对象求助，核实有关内容。

进行个别采访，容易使调查对象消除顾虑，放松情绪，从而把问题谈深谈透，一般效果较好，但需要花费的时间、精力较多，如果调查对象过多，就很难逐一进行。

（3）问卷

问卷是一种书面调查的方式，即以一定的卷面形式提出若干问题，让调查对象填写回答。

问卷调查的长处主要就在于：首先，这种调查适于在较大的范围内、较多的调查对象中进行，因而获取的资料较多，信息量较大；其次，卷面格式固定，便于调查者进行统计、分析，便于进行计算机信息处理；最后，由于问卷调查不是面对面地口头询问，也容易了解到真实情况，得到比较可靠的资料。正因为问卷具有传统的调查方式所不具备的一些长处，所以目前已经成为一种最受重视的调查方式。甚至可以说，在现代社会中，问卷是人们最常接触也最有效率、最为科学的一种调查方式。

问卷调查的不利之处就在于：由于卷面格式过于固定，调查对象只能机械填写，因此，通常只能了解到一般情况，难以获得内容深入、具体的调查资料。为弥补这种调查方式的不足，在设计问卷时，就要精心安排，非常合理地提出问题。

在问卷调查中，问卷的设计是一个至关紧要的环节。问卷的构成项目通常包括：一是封面语或卷首语。其作用是说服被问者认真填写问卷，需要写入调查者的身份、调查内容与目的、被问者的选取方法、收交问卷的时间和办法及谢辞等内容。二是指导语。指导语可以自成一个部分，单独放在封面语或卷首语之后，也可以分别放在相关问题之前或之后。三是问题。问题是问卷的主体部分，可分封闭式和开放式两种。封闭式问题的答案已在问卷中给出，被问者只需在其中进行选择。开放式问题的答案则没有在问卷中给出，被问者可以随意回答。无论是哪种形式的问题，都必须做到简明、客观、集中，便于被问者回答。

以上简单地介绍了调查的方法和方式，在调查中，究竟采用哪种方法和方式，调查者要根据主观需要和客观条件来确定。

如果说观察和实验在自然科学研究中用得更为普遍一些，那么，对于社会科学研究来说，调查则更为重要，用得也要更多一些。在社会科学领域内的许多学科中，社会调查的方法已被作为一种重要的研究方法广泛应用。

社会现象错综复杂，变幻莫测，在社会科学研究中，调查有时不仅是一项不可缺少的工作，同时也是一项极为艰苦的劳动，正因为如此，人们才会感到某些成功的调查活动是非常难能可贵的。

例如，美国心理学家特尔门采用追踪调查的方法，研究智力超常儿童的才能发展，成为科学史上的一段佳话。在 1921 年至 1923 年，特尔门选择了 1 528 名中小学生作为研究对象，其中男生 857 人，女生 671 人，他们的智商都在 130 以上，智力发展属于聪明、超常或"天才"水平。特尔门对所有的研究对象都做了学校调查和家庭访问，了解教师和家长对其智力的评价，还对三分之一的人做了身体检查。1928 年，特尔门再次访问他们的家庭和学校，了解他们进入青少年时期以后的智力发展和变化情况。1936 年，研究对象已长大成人，分别走上了不同的工作岗位。特尔门采用通信调查的方式，继续掌握他们的才能发展情况。1940 年，他把研究对象邀请到斯坦福大学座谈，并且做了一次心理测验，此后他继续每隔五年做一次通信调查。特尔门逝世后，美国心理学家西尔斯等人继续进行这项研究。1960 年，研究对象的平均年龄已达 49 岁，但被调查人数仍是开始时的 80%。1972 年，西尔斯再次做通信调查，被调查人数保持在原先的 67% 左右，研究对象的平均年龄已超过 60 岁。

经过长达 50 年的追踪调查，研究者积累了大量的资料，这些宝贵的事实资料证明：早年智力超常并不能保证成年以后具备出众的才能；一个人能力的大小同儿童期智力高低的关系并不很大；有成就的人并不是教师和家长认为十分聪明的人，而是持之以恒、精益求精的人。由于这项研究在心理学科及其他相关学科产生了较大的影响，1976 年被美国心理学会授予卓越贡献奖。

在这项复杂的调查中，特尔门等心理学家运用了多种调查方式。也有人认为，从总体上看，这项活动应该算是一项特别的观察，只是在观察中，研究者使用了一些具体的调查方式，了解观察对象的情况。即便如此，调查的方式在这项研究中所起的作用也是无可否认的。不管怎么说，这项研究的成功进行和完成是与研究人员对各种调查方式的合理运用分不开的。

观察、实验和调查是研究者获取真实可靠、新鲜生动的事实材料的主要途径。在实际应用中，这三种方法既可以被单独使用，也可以被综合运用，还可以相互包容，融合在一个过程之中。比如，为了深入了解观察对象的情况，可能要做一些必要的调查。在实验中，必须密切观察实验对象的情况，所以人们常说，实验离不开观察，实验也就是在控制条件下进行的观察。在某些实验项目中，特别是在一些自然实验中，实验者还常常要以各种方式做调查，以便更全面地掌握情况。

四、利用图书情报机构

图书情报机构是指图书馆、情报所、资料室等各种专门向读者或用户提供图书情报服务的单位或部门。

情报资料的主体是文献资料，图书情报机构的主要工作是文献工作，利用图书情报机构是获取文献资料的基本途径。在信息就是财富、信息就是资源的现代社会中，与信息直接相关的行业发展得异常迅速，各类图书情报机构不断涌现。能够有效地利用图书情报机构，已成为每一位有文化的社会成员都应具备的一种能力。

（一）要了解图书馆的职能

最近几十年来，我国的图书情报机构正日臻完善，不仅其数量激增，种类也在增加。但就目前的情况来看，人们所经常利用的图书情报机构还是图书馆。当然，这里所说的图书馆不仅是指传统的实体图书馆，也包括目前已为人们所广泛利用的数字化图书馆。

比较正规的图书馆主要有以下几种职能：

1. 选择、收藏文献资料

图书馆收藏的范围很广，各种类型的文献资料都是收藏的对象。图书馆内不仅有书籍库，还有报刊库，有的还设有特种文献库。一些规模较大的图书馆不仅收藏印刷型的文献资料，同时也收藏其他载体形式的文献资料。

2. 组织、整理文献资料

这项工作既包括对文献资料进行登记、分类，也包括编制索引和其他检索工具。

3. 外借文献资料

外借文献资料是图书馆直接为读者服务的主要形式，是图书馆读者工作的主要内容。文献外借的手续一般在外借处办理，外借处通常和目录厅、文献库相连接。

文献借阅的第一个步骤大都是文献检索，文献检索主要在目录厅内进行。目录厅内设有专供读者使用的各类卡片目录，并备有目录的使用说明。除了卡片目录，图书馆一般还都设有计算机检索系统，即将馆藏文献的名称、编号等相关信息输入计算机，供读者进行检索。计算机检索往往要比卡片检索更为简便、快捷，乐于使用的人越来越多。有些图书馆的目录厅内还设有咨询服务处，解答读者在资料检索中所遇到的问题，进行必要的文献检索知识辅导，有时还能为读者提供所需资料的线索。

规模较大的图书馆的外借处通常分为普通外借处、分科外借处、分读者外借处三种。在普通外借处，可以借到综合性图书；在分科外借处，能够找到分属各学科或各知识门类的图书；在分读者外借处，则易于得到针对性极强的文献资料。

外借的方式主要有个人外借、集体外借和馆际互借等几种。

4. 报道文献资料

陈列新书，举办专题展览，开展图书评论活动，编写馆藏书目、索引、新书通报，以及介绍新的学术成果等，都是便于读者了解并及时借阅资料的宣传报道方式。

5. 提供阅览场所

图书馆大都设有不同类型的阅览室，如普通阅览室、分科阅览室、专题阅览室、报刊阅览室、内部资料阅览室等。阅览室内备有一定数量的常用参考书、工具书等，供读者学习和研究之用。

6. 咨询服务

咨询服务是图书馆直接为读者、为社会服务的一种方式。大型图书馆常常会配备文献知识或专业知识比较丰富、外语或古汉语水平较高的专家，专门从事咨询服务工作，以口头或书面形式为读者解答在学习、工作和研究中所遇到的疑难问题。

按照咨询内容的不同，可以把图书馆的咨询服务分为事实咨询和书目咨询两种。事实咨询主要指向读者提供事实、数据，解释概念，说明背景知识等；书目咨询则主要指向读者提供所需情报资料的线索。

7. 其他服务设施和项目

为读者复制资料，制作幻灯片、录音带和录像带等各种声像资料，以及组织学术报告会、专题讨论会等，都是图书馆职能范围内的工作。

图书馆的类型多样，既有综合图书馆，又有专业图书馆，既有公共图书馆，又有专用图书馆，国外还有特种图书馆。不同的图书馆，在服务对象、收藏范围和资料数量等方面都会有一定的差异，具体的职能也就有所不同。论文作者根据自己的需要，选准、找好图书馆，就会大大提高资料工作的效率。

（二）要熟悉图书分类法

德国柏林图书馆的大门上刻着这样一句话：这里是人类知识的宝库，如果你掌握它的钥匙的话，那么全部知识都是你的。图书分类法，就是一把打开图书馆这个知识宝库大门的钥匙。

分类，是指按照一定的标准，把在某一方面相同的事物归在一起。图书分类就是根据图书内容的学科性质或其他特征，划分图书类型，并将其系统地组织起来，给予必要的揭示。对于图书馆工作人员来说，分类是图书管理的基础，也是直接为读者服务的措施；对于读者来说，分类是查阅图书的前提，没有经过分类的图书资料，是不便于查找和使用的。

任何一种事物的分类都要有所依据，也就是说要有分类的标准。图书分类同样不能凭空进行，而必须以特定的图书分类法为依据。目前，国内图书馆的图书分类主要依照《中国人民大学图书馆图书分类法》《中小型图书馆图书分类表草案》《中国科学院图书馆图书分类法》《武汉大学图书分类法》和《中国图书资料分类法》《中国图书馆图书分类法》等几种分类法。这几种分类法虽然体系不同，但结构基本相同，即都由类目表、索引和编制说明等几个部分构成。国外比较有影响的综合性图书分类法，主要有《杜威十进制图书分类法》《展开式分类法》《美国国会图书馆图书分类法》《国际十进制分类法》《书目图书分类法》等几种分类法。

在国内流行的几种图书分类法中，尤以《中国图书馆图书分类法》（简称《中图法》）的使用范围最广，影响最大，编制得也最为成功。在国外各种图书分类法中，最有影响的是《杜威十进制图书分类法》（Dewey Decimal Classification，DC 或 DDC）。1876 年，美国图书馆学家麦尔威·杜威首次在图书分类体系中采用十进位号码制，以号码代替类目，创造了相关排列法，这在图书分类史上影响深远。美国 90% 以上的图书馆采用这种分类法，世界其他各国的图书馆也广泛应用，因此，熟悉《杜威十进制图书分类法》，从加强国际间的文化交流、继承人类共同的文化遗产的角度来说，是很有必要的。此外，《国际十进制分类法》（Universal Decimal Classification，UDC）也是世界各国通用的文献资料分类法，这种分类法具有最大限度地细分文献资料的能力，实用性很强。

图书馆除了使用分类目录，一般还同时使用书名目录、著者目录和主题目录。这几种目录各有自己的特点和用途，分别适用于不同的场合，指示着不同的检索途径。例如，在查阅文献时，如果只知文献名称，不知所属类别和著者姓名，就要查书名目录；如果只知著者姓名，而确切的书名和所属类别不详，就要查著者目录；确定了研究方向或研究课题，通过分类目录，能够全面、系统地掌握相关的资料，而且由此既可以得到已知的资料，也可以找到未知的资料，有利于课题研究的进行；如果既不知所需文献的归类，又不知书名和著者，而要查找关于某个专题的资料时，就要查主题目录。这几种不同的目录纵横交错，形成了一个文献检索网络，可从不同的角度为读者提供资料线索，有效地利用这些目录，能够减少漏检误检现象，从而获取更多的有用资料。

（三）要善于使用检索工具

检索工具主要是指各类以提供文献资料线索为主的检索性工具书，人们常用的检索工具有目录、索引和文摘等几种。

1. 目录

这里所说的目录不同于图书馆所用的检索目录，是指标示图书或其他出版物外表特征的系统化的检索工具。

按照目录的来源和收录范围的不同，还可以将其分为国家书目、出版社书目、书店目录、馆藏目录和联合馆藏目录等几大类。

2. 索引

索引又称引得或通检，这个词是由英语的"index"翻译来的。索引是一种揭示文献外表特征或内容特征的检索工具。同书目相比，索引能更细致地把文献的篇目或内容摘记排列出来，因而也便于查找散见于书籍、报刊的资料。

按照著录项目的详略，可以把索引分为两类：一类是篇目索引，著录项目只包括文献题目、著者和出处；另一类是内容索引，这类索引除了有篇目索引的著录项目外，还常常加上简介或摘要，以使读者在找到文献线索的同时，还能大略了解文献内容。

3. 文摘

文摘是文献内容的摘要，是一种不但标示文献的外表特征，而且揭示文献的主要内容的检索工具。

文摘主要有两类：一类是指示性文摘，其功用是简要介绍文献内容，使读者了解文献的主题，从而决定是否需要阅读原文。指示性文摘一般比较简短。另一类是报道性文摘，其功用是介绍文献的具体内容，以使读者无须查阅原文，就可以据此了解文献的主要见解和基本内容。文摘具有报道迅速、内容明确的特点，能使读者在较短的时间内获取较多的信息，因而越来越受重视。

为适应文献量的急速增长和人们对各种文献资料的广泛需求，国内编制出版的检索工具在最近几年发展得很迅速，数量大，种类多，类型各异，能满足社会各方面的需要。以专门报道期刊的检索工具为例，目前，不仅有报道公开期刊的检索工具，而且有报道内部期刊的检索工具，如《内部期刊篇名目录》《国内内部期刊索引》等；不仅有报道中文期刊的检索工具，而且出现了许多报道外文期刊的检索工具，如《外国报刊目录》、《外文现期期刊征订目录》、《全国西文期刊联合目录》及其《续篇》、《全国日文期刊联合目录》等，这些检索工具为人们获取国外的科学研究资料，提供了极大的方便。

在上面几种检索工具被广泛运用的基础上，前些年又出现了一种新的综合性检索工具，即把目录、索引和文摘合而为一，有的还同时登载一些重要论文的读物。例如，中国人民大学书报资料中心编纂的专题资料汇编，把各类报刊每个月发表的学术论文分类编排，其中有索引，有文摘，也有复印的论文全文，还间或报道一些重要的学术活动和研究动态。该刊在报道文献时，分别根据文献的不同情况，采用不同的报道方式，形式灵活多样，适应面极广，很受读者欢迎。

以上介绍的是国内编制、出版的文献资料检索工具的大致状况。为了开阔视野，也为了能够更加及时地引进并更好地利用国外的学术研究成果，也应当对国外编制、出版的一些影响较大的文献检索工具有所了解，如美国鲍克公司出版的《美国在版图书》、英国图书馆根据英国出版物缴送本编制的国家书目《英国国家书目》、日本国会图书馆编辑出版的国家书目《图书年鉴》等，都是能够全面反映一个国家的图书出版情况的大型书目。另外，还有其他一些较有代表性的检索工具，如美国的《人文科学索引》《乌利希国际期刊指南》等，这些检索工具收录量大，涉及范围广，所能提供的资料线索很多。

以上介绍的目录、索引和文摘等是几种用于文献检索的工具书，即检索性工具书。附带说明一下，检索性工具书只是工具书的一个类别，此外还有其他各类提供一定的知识内容，供人们在学习和研究中参考的工具书，主要包括字典和词典、百科全书、类书和政书、年鉴和手册、年表和历表、图录等，这些工具书通常被称为参考性工具书。简单地说，参考性工具书就是供人们随时翻检查阅，以解决各种疑难问题的资料性工具书。论文作者在研读、处理文献资料时，许多疑难问题都可以通过工具书得到解决，所以说，善于选择、使用各类工具书，是一个人独立从事工作或研究所必备的一项基本功。

（四）要选用合理的检索方法

检索文献资料的方法主要有三种：

1. 追溯法

追溯法是以已掌握的文献资料后面所附的参考文献目录为线索，追溯查找其他文献的检索方法。这种方法不需要专门的检索工具，只是根据文献后的参考文献目录逐个查找所需资料，再通过新发现的文献所附的参考文献目录扩大查找范围，以此类推，不断地跟踪查找下去。在缺少检索工具或检索工具不够齐全的情况下，可以使用这种检索方法，但每种文献所附的参考文献都是极其有限的，因此仅使用这种方法查找资料，漏检的可能性较大。

2. 常用法

常用法是利用工具书查找文献资料的检索方法。如果在搜集资料时，能够找到必要的检索工具，就要采用常用法，以便迅速、准确地找到比较齐全的文献资料。

常用法还有顺查法、倒查法和抽查法之分。

顺查法是利用检索工具，由远及近地查找文献资料的方法，即从研究课题产生的起始年代查起，按照时间的先后顺序，逐年向近期查找。采用这种检索方法，能够有效地防止漏检资料，而且可以借此摸清问题的来龙去脉。但如果问题产生的时间过久，研究历史过长，则工作量极大，要花费很多时间和精力才能完成这项工作。

倒查法是利用检索工具，由近及远地查找文献资料的方法，即从近期的文献查起，逐年向前推移，当已经查够所需要的文献资料时，就不必继续向前查找了。后期的文献资料能够反映课题研究的最新水平，而且其中常常包含着前期文献资料的内容，能够集中体现已有的研究成果，所以，采用倒查法查找资料，可以节省时间，提高效率，在一定的时间内，得到较多的有价值的资料。不过，同顺查法相比，采用倒查法，漏检的可能性要大一些。

抽查法是在全面了解本学科或特定的课题研究的发展状况的基础上，选定其中的学术研究最为繁荣、文献发表最为集中的重要年代，进行资料的重点检索的方法。采用抽查法的好处是可用较短的时间得到较为丰富的资料，前提则是必须准确把握学科发展或课题研究的总体状况，正确确定重点时期。

3. 循环法

循环法也叫混合法，这是一种把追溯法和常用法结合起来使用，循环查找文献资料的检索方法。使用循环法的一般顺序是，先利用检索工具，也就是通过常用法，找到一些文献资料，再利用这些文献资料所附的参考文献目录追溯查找资料。常用法和循环法交互使用，既利用检索工具，又利用文献中的参考文献目录，容易找到自己所需要的文献资料，检索效率极高。如果已经有了基本的检索工具，又占有了一定数量的文献资料，就可以采用循环法。

追溯法、常用法和循环法是几种重要的检索方法，在实际应用中，究竟选用哪种检索方法，要根据自己的需要、课题的特点以及占有资料和检索工具的情况来确定。

五、利用互联网

互联网的出现和发展，为人们快速检索信息、查阅资料提供了便利条件。有目标地进入一些门户网站、专业网站，可以获取非常丰富的资料，所以通过互联网搜集论文写作资料的人越来越多。其中，数据库的使用更是很受重视。数据库又称"电子化文件柜"，顾名思义，数据库也就是按照数据结构来组织、存储和管理电子化资料的"仓库"，或者说是收藏电子化资料的"橱柜"。

目前国内规模最大的学术文献数据库应该就是"中国知网（CNKI）学术文献总库"，入库文献包括电子期刊、学位论文、报纸、年鉴、工具书、会议文件等各种类型的资料；所涉学科涵括马列哲学、政治法律、工商经济与管理、文学与新闻传播、语言学、艺术、数学与统计、物理与空间科学、生物化学与医学、电子电气工程与计算机等众多领域；可供访问的数据库包括中国学术期刊网络出版总库及中国博士学位论文全文数据库、中国优秀硕士学位论文全文数据库、国际会议论文全文数据库、CNKI学术图片知识库、中国专利全文数据库、中国科技项目创新成果鉴定意见数据库（知网版）、CNKI外观专利检索分析系统、中国高等教育文献总库、国学宝典数据库、中国法律知识资源总库、中国引文数据库、中国国家标准全文数据库、中国年鉴网络出版总库、中国重要报纸数据库、中国学术辑刊数据库、中国经济与社会发展统计数据库、商务印书馆-精品工具书数据库、汉语大词典及康熙字典（知网版）、中国重要会议论文全文数据库等收录对象不同的专门性数据库。就学术研究和论文写作而言，比较常用的应为中国学术期刊网络出版总库，这是一个动态的中国学术期刊全文数据库。

除了"中国知网"这样的超大型综合性数据库之外，还有一些收文类型相对集中的大型数据库，例如，在人文社会科学领域影响较大的《复印报刊资料》（中国人民大学书报资料中心编辑出版）不仅有纸质版，同时也有可在网上使用的数据库。《复印报刊资料系列数据库》选辑国内公开发表的人文和社会科学领域中各学科、专业的重要论文和重要动态资料，内容涵括哲学、政治与社会、法律、经济与经济管理、教育、文学艺术、语言、历史、文化信息传播等专业领域，覆盖人文和社会科学的主要学科门类。该数据库作为系列数据库，由数字期刊库、精选人文社科学术文献数据库、专题研究库、报刊摘要库、报刊索引库、目录索引库等数据库构成。为对文献资料进行精细化、专业化管理，有的数据库还下设子数据库，如数字期刊库就包括哲学、政治社会、法学、文艺、教育等九大子库。信息量大，分类比较科学，应是该人文社会科学数据库的特点。

此外，各学科也大都建有各具特色的专业性数据库，例如，撰写语言学论文，常会需要使用语料。语料的来源多种多样，利用语料库则是很便捷、高效的搜集语料的方式，北京大学中国语言学研究中心的现代汉语语料库（CCL 语料库）、北京语言大学的汉语语料库（BCC 语料库）等都是研究者比较熟悉也比较常用的语料库。撰写法学论文，常常需要查阅法律文件，中国法律资源全互动数据库（北大法意网）等就是收录法律文件及其他法学资料的数据库。其他学科也大都建有可供查找研究资料的专业数据库，这里就不一一介绍了。

正如图书馆要按图书分类法对图书进行分类，并能为读者提供有效的检索途径，数据库中的数据同样也不是随意存放着的，而要按特定的规则有序地存储和管理。了解数据库的构成特点，并按自己的需要选择便捷、恰当的检索方式，是高效、合理地利用数据库的条件。当然，对于普遍熟悉互联网并已掌握一定的信息技术的年轻学生来说，数据库的使用并不是一件难事，为此，这里就不再具体说明数据库的使用方法。

需要注意的是，互联网也并不是无所不能，而是存在着一些局限。譬如，受各种因素的制约，网络数据库的收录范围及其管理者的视野毕竟是有限的，无论多么庞大的数据库，也很难做到无所不包。如果仅靠网络搜集资料，有时也会漏掉有用的资料；另外，数据库通常是开放的、动态的，管理者和用户可以对其中的数据进行添加、删除、更新等各种操作，这有助于保证资料的新颖、全面，但有时也会影响资料的准确性，因而对互联网资料的真实度、可信度往往需做查证。总之，在论文资料的搜集中，对互联网既要高度重视又不能过度依赖，对互联网资料应当做到慎重对待，合理利用。

第五节　资料的阅读和整理

前面说过，在科学研究中，人们所接触的资料有很多是文献资料，而就目前的情况来看，印刷型的文献资料仍是文献资料的主体，因此，这里所说的资料的阅读和整理，主要是指印刷型的文献资料的阅读和整理。

一、阅读资料的基本方式

（一）略读、细读、精读

人们在阅读资料时，不宜采用一种方式，而要善于根据课题研究的需要和资料自身的状况，灵活、妥当地选用阅读方式，以便提高阅读效率。可供人们选用的基本的阅读方式主要有三种，即略读、细读和精读。

培根说过：有些书只需要尝一尝，有些书可以吞下去，少数的几部书需要咀嚼消化。实际上，所谓的"尝一尝"，就是随便翻翻，粗知大概即可，这相当于人们所说的"略读"；所谓的"吞下去"，是指认真地通盘阅读，但不过分推敲琢磨，这是"细读"的方法；"咀嚼消化"就是所谓的"精读"，抓住重要文献或文献中几处关键的地方，反复揣摩，认真研究，直到完全理解、消化为止。略读、细读和精读各有自己的特点和用途，论文作者在阅读资料时，应当合理地交叉使用这几种不同的阅读方式。

1. 略读

阅读文献资料，略读常常是一个不可缺少的环节。

首先，略读是细读和精读的基础，只有通过略读，才能确定一种文献资料是否需要细读，其中哪些部分应该精读。否则，拿过资料，不管内容如何，就一字一句地仔细推敲，既浪费时间又不会有太大的收获。正如培根所言：我们必须确定知识的相对价值。略读就是大致了解文献所反映的知识内容对于课题研究的重要程度，也即其相对价值的有效方法。

其次，略读也是开阔视野、广泛接收信息的手段。兴趣广泛，知识渊博，才能触类旁通，有所创造。然而，最近几十年来，社会信息量激增，各类出版物的品种和数量在呈几何级数增长，据统计，至 20 世纪 80 年代初，世界每年的图书出版就已超过 65 万种，期刊已达 13 万种。应当接触、涉猎的文献资料实在太多，而各种主客观条件又不允许人们通通细读精思，只有善于略读，才有可能在社会信息量激增和个人阅读能力有限的矛盾中，求得一定的平衡。一个有经验的研究者通过略读，可以迅速把握本学科、本专业或某个课题研究的发展动向，全面了解有关资料的情况。

最后，略读还是把握文献资料的总体面貌的重要方法。略读的目的是掌握大意、抓住要点，其特点是虽然不求甚解，但要对所读资料有个总体把握，这样就可以避免在阅读中出现只见树木、不见森林的现象。有的研究者对资料的每个句子、每个词语都钻研得很深很透，但却忽视了对资料的整体把握，这样就难以得其要领，得到的东西也只是只言片语，不成体系，有时甚至会曲解资料的本来意思。

略读的功用是不可忽视的。虽然二次文献和三次文献的大量出现，为论文作者快速获取学术信息创造了方便条件，但是，完全依赖经过加工了的二次文献和三次文献，也有很大的局限，不能满足课题研究的需要。只有自己掌握了略读的技能，才是最为方便、可靠的办法。

善于略读，主要是指对文献的关键词句及重要段落具有敏锐的感受力。具体地说，读一本专著，要认真读标题、序言、目录、提要、参考文献目录等，在此基础上确定重点。

标题一般是对文献内容的高度概括，稍加推敲，便可以从中领会文献的主旨。有些标题是对论述问题的揭示，据此可以了解文献的内容范围。

序言分作者自序和他人作序两类。作者自己写的序言，大都用以说明写作缘由、写作宗旨，有的还为读者提供必要的阅读知识；他人所写的序言一般用以说明文献的特点和得失，也有的以谈自己的阅读体会为主，无论哪种性质的序言，都是为了便于读者阅读文献而撰写的。

目录其实就是文献的各个部分的标题，有些文献的目录很细，是三级目或者四级目，目录越细，越能全面地揭示文献的内容。阅读目录，主要是为了了解书籍或者其他长篇文献的逻辑构成和基本内容，也是为了确定进一步阅读的范围，根据自己的需要，有的章节需要仔细读，也有的章节可以略过不读。

提要是对文献内容的扼要介绍，通过提要比较容易掌握文献的内容要点。

参考文献目录通常是学术文献的一个有机组成部分。阅读参考文献目录，便于了解文献的写作情况和作者思路形成的过程，以及观点的来龙去脉，同时从中也可以找到许多相关的文献资料的线索。

读一篇学术论文，首先要读标题、提要、开头段、结尾段以及正文各段的关键词句（特别是段中主句）、参考文献目录等，这样就能大致掌握一篇论文的基本内容了。

2. 细读

细读是指全面地阅读，是不加删减、不加选择地读完文献的全文，在阅读的过程中，并不过多地停留、推敲，只求得对整个文献内容有一个系统、全面、细致的了解。如有需要进一步钻研之处，就做好记号，留待下一步精读。在每个学科和专业中，都有一些经典著作、教科书以及其他一些与论文题目的关系非常密切的文献，需要论文作者细读。

3. 精读

精读就是深入地阅读。精读很少是通读，一般是选读，即通过略读和细读，确定需要精读的内容，然后再开始精读。精读的内容或者同自己的研究课题密切相关，或者是整部文献资料中最为重要、最有价值的部分。

精读要仔细读、认真想，一遍不行读两遍，自己有不甚明了的地方，还可以查阅工具书及其他参考资料，或者向专家同行请教，直到真正读懂读透、融会贯通为止。著名学者华罗庚提出读书要想读深读透，就要经过"由薄到厚"再"由厚到薄"的过程。先是"由薄到厚"，"比如学一本书，每个生字都要查过字典，每个不懂的句子都进行分析，不懂的环节加上了注解，经过一番功夫之后，觉得懂得了，同时觉得书已经变得更厚了。有人认为这样就算完全弄懂了。其实不然，每一章每一节，每一字每一句都懂了，这还不是懂的最后形式"①。接着还有一个"由厚到薄"的阶段，"必须把已经学过的东西咀嚼、消化，组织整理，反复推敲，融会贯通，提炼出关键性的问题来，看出了来龙去脉，抓住了要点，再和以往学过的比较，弄清楚究竟添了些什么新内容、新方法。这样以后，就会发现，书，似乎'由厚变薄'了。经过这样消化后的东西，就容易记忆，就能够得心应手地运用"②。"由薄到厚"，再"由厚到薄"，实际上就是精读的过程，一次文献精读的过程必须经过反复研究、深入理解、消化领会几个阶段才能完成。

学术研究中的文献资料的阅读还不同于平时泛泛地读书，前者是为了使用而进行的阅读。要想正确、合理地使用资料，就必须充分领会、消化其内容，所以说，学术研究资料的阅读，是离不开精读的。英国史学家马考莱说过：把一页书好好地消化，胜过匆忙地阅读一本书。这是对精读的意义的一种说明，确有一定的道理。

（二）速读的技能

为了提高阅读的效率，除了掌握上述几种阅读方式之外，还应当学会速读。

---

① 华罗庚. 和青年学生谈学习［N］. 羊城日报，1962-12-08.
② 华罗庚. 和青年学生谈学习［N］. 羊城日报，1962-12-08.

速读也就是快速阅读，是一种在较短的时间内，接收较多的信息的阅读方式。速读是一种阅读技能，或者说应当算是一种特殊的阅读方式。

阅读是一项综合性的认识活动，影响阅读速度的因素很多，其中既有生理因素也有心理因素，既有主观因素也有客观因素。提高速读能力，主要是指阅读主体自身的各种因素的改善。

阅读首先是个生理过程，眼睛要感知文字材料，并把感觉到的东西向大脑传递。阅读的感知阶段涉及眼球移动、视读广度、回视、扫视等一系列问题。实验证明，阅读者的眼球转动次数与阅读速度成反比，适当地减少眼球转动次数，有助于加快阅读速度。在阅读时，人的眼睛并不是平稳地向前移动，而是经常出现短暂的"眼停"，只是在眼停的瞬间，才能感知文字材料。在一定的时间内，眼动的次数减少，眼停的时间加长，感知的文字材料也就会相应地增多了。在每次眼停时，眼睛所能接受的文字数量因人而异，数量越多，阅读的速度也就越快。阅读能力强的人一般视读广度都比较大，而初学阅读者，往往一个字、一个字或一个词、一个词地读，熟练之后，就可以整句，甚至整片、整页地读了。在阅读的进行中，还经常出现回视现象，就是说阅读者的眼睛并不是不断地从一个定点移向另一个定点，有时，由于没有看清楚词句，或者没有完全理解内容，眼睛还要返回已读过的地方，重读一遍，这就是所谓的倒读。不断回视，经常倒读，非常影响阅读速度。有人提出，在练习速读时，为了防止回视，可以准备一张同书页大小相同的白纸，看过一行，遮住一行，这样就能避免倒读，时间一长，也就习惯于一次性阅读了。总之，眼球转动次数过多，视读广度小，不断回视，都是影响阅读速度的不良因素，而这些因素又都可以经过努力，逐渐得到克服。

阅读也是一个心理过程，读者已有的知识储备和语言感受能力、理解能力、记忆力、兴趣、意志品质等各种智力与非智力因素都直接影响阅读速度。

另外，为了加快阅读速度，应当采用默读的方式阅读。默读是一种眼脑直映的阅读方式，即不借助发音器官，直接把视觉器官感觉到的材料反映到大脑中，文字符号的感知和向意义单位的转化几乎同步进行。严格地说，默读应当不手指、不动口、不心诵。在默读时，阅读者的注意力高度集中，思维比较活跃，便于迅速理解文献内容。无论从生理的角度，还是从心理的角度来说，默读都是有利于加快阅读速度的。

二、资料的记录与整理

记录并存储资料的方式很多，比如剪贴、复印、扫描等，但记录方式无论有多少种，笔记作为最基本的记录方式，仍然具有其他记录方式所不具备的灵活性和实用性。为此，这里谈资料的记录与整理，主要就是谈笔记的使用。而且这里所说的笔记并不限于资料笔记，泛指各类读书笔记。

另外，需要说明的是，顾名思义，"笔记"也就是"用笔记录"的意思，"笔"和"纸"是传统的记录工具。而随着电脑、智能手机等电子产品的普及，电子笔记大有取代纸质笔记的趋势。应当说，从资料的录入到资料的整理，电子笔记的确都要更显便捷，现在人们更乐于选择电子媒介"记录"资料。不过，电子资料的保存、调配是需要必要的物质和技术条件的，电子工具一旦出现故障或在操作中出现差错，就有可能面临资料错乱甚至灭失的风险，因而做好管理及备份工作是很重要的。其实，电子笔记与纸质笔记的区别主要就在于载体的不同，其作用、种类是没有太大的区别的，为此，下面所述及的内容虽然主要是针对传统的"笔记"而言的，但主要内容同样也适用于电子笔记。

（一）笔记的作用

笔记是在阅读文献时，对有价值、有意义的内容所做的记录，其中有录自读物的资料，也有自己的心得、体会等。

笔记是学习与研究的园地，是阅读的重要辅助工具，古今中外很多名人学者都很重视读书笔记的使用。古人有一条很重要的治学经验：读书要做到"眼到、口到、心到、手到"。"手到"就是要做好读书笔记。著名教育家徐特立老人曾经说过："不动笔墨不读书。"明代学者李时珍为写《本草纲目》，手抄笔录一千多万字。近代学者顾颉刚一生研究历史，写下笔记二百多本。当代著名作家、学者钱锺书先生留下大量很有价值的读书笔记，有些已整理出版，杨绛先生在《〈钱锺书手稿集〉序》中回忆说："许多人说，钱锺书记忆力特强，过目不忘。他本人却并不以为自己有那么'神'。他只是好读书，肯下工夫，不仅读，还做笔记；不仅读一遍两遍，还会读三遍四遍，笔记上不断地添补。所以他读的书虽然很多，也不易遗忘。"名人学者的治学经验说明，做好笔记是成功的治学之道。对学习者及研究者来说，笔记应成为最可宝贵的财富。

具体地说，读书笔记的作用主要体现为：

1. 帮助记忆

人们常说，"眼看十遍不如手写一遍"，"好记性不如烂笔头"，在书写的过程中，可以不知不觉地记住主要内容。许多人都有这样的体会，读过一遍，印象不深，但写过一遍，印象则会加深许多，回想起来的时候，甚至哪句话在哪个位置，都仿佛历历在目，清晰可见。

2. 帮助理解

做笔记不仅有助于记忆文献内容，而且有助于理解文献内容。只读不记，就难免浮光掠影，一带而过，对所读内容未能深切感受，认真领会。而在做笔记的过程中，则能字斟句酌，全面、深入地理解文献的内容。边读边写，人的注意力可以高度集中，思维也更容易活跃起来，这就为深入理解文献内容创造了条件。

3. 存储资料

存储资料，以供作者动笔撰写论文时使用，是做好笔记的最重要的目的之一。人的记忆力是十分有限的，对任何一个人来说，把所有有用的资料完全记入脑中都是不可能的，也是不必要的。在阅读文献资料时，为减轻大脑记忆的负担，克服大脑记忆的局限，也为保证资料内容的准确性、完整性，作者就要把撰写论文时可能需要使用的资料记录下来，随用随取，极为方便。另外，笔记还可以帮助研究者把一些暂时用不上却很有价值的资料积累起来，留待今后使用。

4. 引发思考，记录发现

笔记对于思维与发现的作用主要体现在两个方面：一是阅读、整理笔记，能够激发论文作者创造性思维的活力，会引发灵感的产生。在课题的研究中，论文作者常常需要反复比较、分析做好的笔记，在比较和分析中看到新的问题，发现新的联系。创造性思维的进行要有所凭借，而资料笔记所记录的内容往往就是论文作者进行创造性思维的最好凭借。二是笔记可以帮助论文作者捕捉灵感，及时记下创造性思维的成果。论文作者在阅读资料时，受记录内容的启发，脑子里常常会闪过一些有趣的念头，而这些有趣的念头也许就是一个新观点的萌芽，就蕴含着新的发现或创意，如果不及时把它们记录下来，就有可能转瞬即逝，错过一次创造与发现的良机。

做好笔记绝不意味着简单地抄录一下文献的内容，笔记的质量往往是一个人的知识水平、思维水平和文字水平的综合体现。即便是为了研究同一个问题，阅读相同的文献，不同的人所做的笔记也不会完全相同。"记"的过程也就是"想"的过程，高水平的研究者，常常会轻而易举地找到并妥善地记录最有价值的东西；反之，如果一个人的专业水平不高，就很难做出高质量的笔记。

撰写论文需要时时做笔记、读笔记。勤做并会做笔记，是论文作者所应当具备的一项基本功。

（二）笔记的种类

阅读文献资料，需要记录的内容很多，对于不同的内容，可以采用不同的方式加以处理。这样，按照记录内容和记录方式的不同，就可以将笔记划分为不同的种类。常用的笔记有以下几类：

1. 摘录笔记

在阅读资料时，遇到重要的段落和关键的语句，如文献的论点和结论、数据和史料以及其他具有重要价值或者可以直接引用的内容，应当如实摘抄下来。摘录笔记应当包括阅读者所加的标题、原文及其出处等几项内容。例如：

创造的过程

约瑟夫·罗斯曼（Joseph Rossman）用调查表的方式考察了 710 名发明者的创造过程，把沃拉斯的四阶段扩展为七个步骤：

（1）对一种需求或难点的观察；

（2）对这种需求的分析；

（3）对所有可利用的情况的通盘考虑；

（4）对这些解决方式之利弊的批评分析；

（5）新意念的诞生——创造发明；

……

——〔美〕阿瑞提：《创造的秘密》，钱岗南，译，19 页，辽宁人民出版社，1987。

选择摘录的内容，要从论文写作的实际需要出发，既不能漏掉有用的资料，也不要记下太多用处不大的内容，摘录笔记要尽可能做得精当、实用。

2. 摘要笔记

在充分理解文献内容的基础上，按照原文的顺序，把文献中的一些观点依次摘抄下来，就形成了摘要笔记。例如：

论中国经济增长的结构性约束

在西方经济学理论中，"消费者主权"与"生产者主权"共同对经济生活构成影响。"消费者主权"基本上是建立在满足人的自然需要的基础上的，它适应于商品供应还不丰裕和消费者收入水平还较低的阶段；"生产者主权"基本上是建立在满足人的心理需要的基础上的，它适应于商品供应比较丰裕和消费者收入水平已较高的阶段。总体上落后的生产力水平，决定了我国仍然处于社会主义初级阶段，"消费者主权"将比"生产者主权"在经济生活中起着更大的作用。现实生活中由于消费者需求结构的低层次引致的投资需求扩张迟缓证实了这一点。

中国经济增长的结构性约束还来自供给方面。长期以来，中国经济发展始终存在着生产结构趋向的问题，它不仅表现在宏观层面的重复建设、争上项目，也表现在微观层面的产品结构雷同。从表面上看，中国市场已不存在供不应求的商品，社会供给总量全面超出需求限制，问题仿佛主要出在需求方面，但深入分析发现，中国市场上无效供给能力过剩，而有效供给则严重短缺，或言之，供给结构出了问题。以中国轿车工业的整体实力而言，研制投产适应现阶段平民大众买得起的经济型家庭用车并非难事，问题的关键在于生产厂商的营销理念。统计显示，1999 年上汽集团生产 25 万辆轿车赢利 50 亿元，降价空间仍然存在。

中国在需求量的增长和质的提高上，都有极大的发展空间和市场潜力，这是中国经济的优势所在，也是中国经济能够长期保持快速增长的基础性因素之一。但潜在总需求不等于现实总需求，总供给与有效供给是两个不同的概念。就中国经济特殊的转轨期而言，我们不应忽视需求与供给的结构性缺陷对中国经济增长的约束作用，政府政策的制定与实施应充分考虑这一点。

——《高等学校文科学报文摘》，2001（2）

做摘要笔记，要注意忠实于原文，要尽可能全面、客观地反映文献的观点。

3. 提要笔记

读完文献之后，对文献的主要内容加以全面概括，把它写成一个简短的纲要，就形成了提要笔记。做提要笔记不必照抄原文，除用自己的语言概括文献内容之外，还可以对文献略做评论。例如：

《20世纪西方经济学发展历程回眸》(《中国社会科学》2001年第3期。作者：郑秉文)

这是一篇极具信息价值和理论深度的学术述评。文章的前言部分首先对20世纪西方经济学的发展状况和主要功能做出总体评价，表明对西方经济学所应采取的正确态度。主体部分共包括四个大部分，每个大部分之内还包含着若干小的部分，分别对20世纪西方经济学在各个时期、各个领域中的进展情况做出详尽的描述和深刻的剖析，对几个重要的学派、几次重要的革命及其比较重要的研究成果均有介绍和评价。此外，还对研究方法和研究角度的变化及其得失，进行了比较系统的评述。

还有一种写法相对复杂一些的提要，即逐章逐节甚至逐段地写出读物的内容要点。例如：

《大众传播学》（李彬主编，中央广播电视大学出版社，2000年6月）

该书在充分吸收传播学研究成果的基础上，对大众传播所涉及的问题进行了全面、系统、详细的阐述。通过该书的阅读，掌握了大众传播学的基本概念、基本理论。全书共分九章。

第一章《绪论》什么是大众传播学？大众传播学的学科性质、研究对象、基本理论是什么？它要解决什么问题？第一章　主要对这些问题进行解说，涉及以下内容：一是历史线索的勾勒，如说明人类传播活动的演化，传播工具也即"媒介"的进步，以及传播研究逐渐形成一门当代显学的过程等等。二是基本概念的辨析，对信息、传播、媒介、信息社会、大众传播等概念加以阐释。三是传播研究的概述，述及传播学及大众传播学的研究对象与领域，不同的研究学派及其特征，科学的指导思想即马克思主义传播观等。

做提要笔记有助于深入理解文献内容，也可为日后查阅、使用该资料提供方便。

4. 提纲笔记

在阅读书籍或篇幅较长的论文时，对全文的总观点、每个部分或层次的观点以及说明观点的主要材料，加以高度概括，并把它们依次排列出来，写成一个能够反映读物的基本结构框架的大纲，即为提纲笔记。例如：

《20世纪西方经济学发展历程回眸》(《中国社会科学》2001年第3期。作者：郑秉文)

前　　言

西方经济学在20世纪也得到了长足的发展，呈现出一种此前任何一个世纪都未曾达到的高度。

对西方经济学所应采取的正确态度。

一、国家与市场：一条永恒的主线

早在经济学作为一门独立学科诞生之初，就已经出现主张国家干预与主张自由放任两大思潮之间的分歧与论战。20世纪西方经济学的发展依然是紧紧围绕着这个主线展开的，所不同的仅仅是双方各自的学派更为繁杂，争论的范围与内容更加泛化。

（一）战前关于国家与市场的论争及凯恩斯主义的诞生

（二）战后凯恩斯主义与货币主义和供给学派等的论争

二、主流经济学的三次革命

20世纪主流经济学的三次革命性理论突破为现代经济学的发展奠定了基础，铺平了道路，从而形成了今天任何一个西方经济学院学生或经济学教授既人人皆知又无法跨越的基本理论框架。

（一）"张伯伦革命"

（二）"凯恩斯革命"

（三）"预期革命"

三、新凯恩斯主义的第四次"整合"（略）

四、研究方法的六个倾向

20世纪西方经济学的长足发展，还集中体现在其研究方法和研究角度的巨大变化方面。20世纪西方经济学之所以产生诸多"革命"和理论创新，在很大程度上得益于其研究方法和角度的巨大变化。方法论的变化对20世纪西方经济学的发展产生了重大的推动作用，从而使其呈现出鲜明的时代特征，研究方法的演变甚至在某种意义上讲体现了西方经济学的发展脉络。

研究方法的变化可归纳为以下六个趋势。

（一）证伪主义的普遍化趋势

（二）假定条件的多样化趋势

（三）分析工具的数理化趋势

（四）研究领域的非经济化趋势

（五）案例使用的经典化趋势

（六）学科交叉的边缘化趋势

通过提纲笔记，可以对整个文献的逻辑体系、所有的观点和主要的材料及其在文献中的地位，有个全面、系统的把握。

5. 心得笔记

心得笔记是一种专门记录自己在阅读中所产生的感想、收获或对读物的批评、质疑意见的笔记。按其内容的不同，还可将心得笔记分为评注、感想及补充、综合等几种形式的笔记。

评注笔记是对文献的得失加以评论，或对其疑难之处加以注解的笔记。例如：

清严无照《蕙榜杂记》：西湖有严嵩和鄂王《满江红》词石刻，甚宏壮。词既慷慨，书亦瘦劲可观，末题华盖殿大学士。后人磨去姓名，改题夏言。虽属可笑，然亦足以惩奸矣。

　　案：严嵩偏和岳飞词，有如是做伪，后人留词改名，有如是自欺，严先生以为可笑而又许其惩奸，有如是两可。寥寥六十字，写尽三态。

——鲁迅《集外集拾遗·书苑折枝（二）》

感想笔记又称读后感，是专门记录阅读者的感想、收获的笔记。这类笔记可以适当引用原文，但更重要的是要谈出阅读者的认识。例如：

　　《曲论初探》（上海文艺版）是赵景深先生在继《明清曲谈》《读曲小记》《戏曲笔谈》之后的又一读曲笔记。作者对散见于古代随笔杂著中的戏曲理论，多年来辛勤梳剔，变死书为活书，从中钩沉出不少珍贵的东西，丰富了我国古典戏曲理论的宝库。作者还曾多方搜求海内孤本，如一九四五年，他由墨遗萍处得知消息，不顾年老体弱，亲自到山西万泉县白帝村，一位孙姓老艺人家中，从废纸中抢救发现了《三元记》《黄金印》《涌泉记》《包公和访江南》四个曲的整本。又如《曲品》一书，便是作者首先发现，并关照女儿趁求学之便从朱自清夫人那里抄到增补全文的。这种孜孜以求的治学热诚，是十分感人的。

——卢润祥《变死书为活书》，载《读书》，1983（4）

补充笔记是在读完文献之后，对感到不够充分或有所遗漏的地方进行补充的笔记，是原文的一种引申或发挥。例如：

　　胡云翼编注《宋词选》，有两处指出"复词偏义"的例子。一是辛弃疾《贺新郎》："问渠侬，神州毕竟，几番离合！"注曰："离合——复词偏义，指离，指中原土地被侵占。"一是黄机《霜天晓角》："草草兴亡，休问功名，泪欲盈掬。"注曰："兴亡，这里是复词偏义，指亡说。"所谓复词偏义，是一个修辞学名词，意为两个意义相反的字联成为一个词，而是其中一个字的意义。离合，是指离。兴亡，只指亡。

　　事实上此种词语不仅见于古人诗文，我们语言里也有类似的实例。《红楼梦》里有这样句子："不要落了人家的褒贬。"按褒是誉，贬是毁，《春秋》以一字为褒贬，两个字代表截然不同的意思。可是二字连用在我们日常用语里都是有贬无褒。落了褒贬，就是受人责难之意。不仅《红楼梦》有此用法，现行的国语仍有此一义，所以《国语辞典》也收有褒贬一语，释为贬抑之意。

　　常听人说："万一有个好歹，我可负不起责任。"此好歹一语，当然是指歹，不是指好，意为不幸的事。"人有旦夕祸福"，指祸。我想类似的例子还多的是。

——《梁实秋读书札记》，165～166页，北京，中国广播电视出版社，1991。

综合笔记是在阅读论述同一问题的文献或其中有关部分之后，将各种观点排列在一起进行比较，并在此基础上提出自己的看法的笔记。例如：

名家不同标点

作家姓名	标点
余冠英	媒人去数日，寻遣丞请还，说："有兰家女，丞籍有宦官。"云"有第五郎，娇逸未有婚，遣丞为媒人，主簿通语言。"直说"太守家，有此令郎君，即欲结大义，故遣来贵门"。
傅庚生	媒人去数日，寻遣丞请还。说"有兰家女，丞籍有宦官。"云"有第五郎，娇逸未有婚，遣丞为媒人，主簿通语言。"直说"太守家，有此令郎君，即欲结大义，故遣来贵门"。
萧涤非	媒人去数日，寻遣丞请还："'说有兰家女，丞籍有宦官，云有第五郎，娇逸未有婚。'遣丞为媒人，主簿通语言：'直说太守家，有此令郎君，即欲结大义，故遣来贵门'"。
徐鹏	媒人去数日，寻遣丞请还，说："'有兰家女，丞籍有宦官。云有第五郎，娇逸未有婚，遣丞为媒人，'主簿通语言。"直说"太守家，有此令郎君，即欲结大义，故遣来贵门。"

从上表可以看出，名家的意见存在着很大分歧。有的尚接近，有的完全不同。同时，不论是哪一家的标点，对于引号内的对话，很难看出是谁讲的。从对诗句的标点的不同也说明了名家注释跟原诗本意有一定距离，为了更符合原诗本意，首先有必要了解一下郡丞和郡主簿在汉代职官中的权力和地位，才能进一步把问题弄清。

——谭玄《一段难句的商榷》，载《语文学习》，1981（14）

此外，还有一种将摘录和心得结合起来的笔记，人们称之为札记。有些名人学者的读书札记具有很高的文化价值，经常可见公开发表或结集出版。

6. 索引笔记

在查阅资料时，遇到与自己的工作或专业研究方向有关，估计以后有可能用到，但暂时又没有条件或者没有必要仔细阅读的文献，可把书名或篇名、作者、出版单位或出处、出版时间等记录下来，还可对其内容做一个极其简要的介绍，这种笔记就是索引笔记。例如：

沈家煊.《名词和动词》.北京：商务印书馆，2016.

对索引笔记，要注意妥善地分类、保管，以保证自己需要时很快就能查到。

不同的笔记具有不同的功用，在处理内容比较复杂的文献资料时，可能需要同时使用不同的笔记。对于论文作者来说，能够熟练地做好各类笔记，才能卓有成效地对文献资料加以妥善处理。

（三）笔记的形式

记录和处理资料，可以使用不同形式的笔记。究竟在什么场合使用哪种形式的笔记，主要应当根据文献内容的特点来确定，同时也要考虑个人的习惯。笔记的形式主要有以下三种：

1. 在文献上做记号、写眉批

在文献上做记号是指在阅读过程中，只要发现有特殊意义的地方，就随时在该处标上醒目的符号，如各种线段、三角号、加重号、小方框等。这些需要标示的地方应是关键的词、句、段，是容易引发思考或者产生疑问的地方。在文献上写眉批是指在阅读的进行中，以简洁明了的语言把对所读内容的归纳或自己的心得，写在书页的空白处。眉批通常仅是三言两语，点到即可。如果要写的话较多，就不宜直接写在文献上了。

在文献上做记号、写眉批是一种简便、实用的笔记形式，随读随记，不影响思维的连贯性，也不影响阅读的速度，对于文献的再次查阅，还可以起到指导作用。但需要注意的是，这种笔记形式并不是适用于所有的文献，一般来说，只有在归自己所有或复印的文献上才可以加记号、写眉批。另外，记号和眉批都要做到简单、明晰，一目了然，要在日后阅读时立刻就能读懂，甚至能够据此回忆起自己当时的思维过程。随兴所至，随手乱画，不仅无法起到笔记的作用，还会给文献的再次查阅带来障碍。

2. 成册笔记本

成册笔记本是一种比较传统的笔记形式。由于成册笔记本容量较大，所以人们在平时阅读时，特别是在记录系统性较强、文字量较大的文献内容时，常常会使用这种笔记。一本书的完整提纲，一大段内容摘录，篇幅较长的读后感，都可以记在成册笔记本上。

成册笔记本的长处是便于整理和保管，不易错乱、散失；缺点是不够灵活，不便于调配使用。

使用成册笔记本要特别注意资料的妥善分类，要尽量避免把不同的内容混记在一起，或者说，每本笔记的内容都应当是相对单一的。

3. 卡片和活页纸

在所有的记录工具中，可以说，卡片和活页纸最为方便灵活，因而最适用于文献资料的记录和处理。

卡片具有其他工具所无法替代的功用。比如，探讨一个尚存争议的问题，可把人们对这个问题的看法全部摘记在卡片上，然后将其排列在一起，进行比较分析，以便从中发现问题，受到启发，提出自己对问题的看法。有时，对同一段事实，不同的文献可能有不同的记载，这就需要把各种记载文字分别写在卡片上，进行对比、核查，以便判明真假、辨明是非，从中选取最为准确的资料。另外，准备把哪些资料用在文章的哪个部分，也可以通过卡片的分类或归类反映出来。甚至有人认为，凡是准备写入文章的资料都应先摘记在卡片上，不仅文献资料应当如此，就是其他类型的资料，比如通过观察、调查、实验得到的资料也应如此，这样使用起来会非常方便。

早在20世纪60年代，著名历史学家吴晗先生就曾谈过做好卡片对于学术研究的意义。他说，三十多年前，他在清华大学历史系求学的时候，很爱读书，也常常做笔记。每当发现有价值的资料，就随时摘抄在本子上。后来，记的多了，发现有个问题，就是这种摘抄法眉目不清，很紊乱，等到使用某个资料时，费了九牛二虎之力也找不到，白白浪费时间。后来吸取了经验教训，就改用卡片。身边常带着一些小卡片，遇到资料，就随时摘抄在卡片上。[①] 他的书房里摆着卡片盒、卡片柜，他日积月累，积累了几万张卡片。正是在这些珍贵的卡片资料的基础上进行深入研究，吴晗先生才取得了丰硕的学术成果，并为历史学的发展做出了重大贡献。历史学家吴晗先生的治学经验充分说明了做好卡片的重要。

按其记录内容的不同，可把资料卡片分为三种，即摘录卡片、索引卡片和心得卡片。摘录卡片是记录比较重要同时又比较简短的资料的卡片，如记录一个观点、一条资料等。一张卡片只能记录一项内容，而不能把几个问题混记在一起。另外，做摘录卡片，一定要记明资料的出处、问题的类别，最好每张卡片上都有一个小标题，概括整张卡片的内容。索引卡片是记录文献线索的一种卡片。做索引卡片，必须写明书名或篇名、作者、出版单位和日期等项目。心得卡片是记录在阅读资料的过程中所产生的疑问、观点或其他各种想法的卡片。

卡片的保管、整理和使用是个比较重要也比较复杂的问题，下面就着重谈一谈这个问题。

占有资料的形式有两种：一种是一般积累，即在平时的工作和学习中遇到有用的资料随时记录下来，留待日后使用；另一种是专题积累，即在确定了具体的研究题目之后，有意识、有目的、定向、集中地搜集资料。无论采用哪种方式占有资料，都可以使用卡片。但对用于一般积累和用于专题积累的卡片，在处理方法上是要有所区别的。

对用于一般积累的卡片的处理，重点是进行妥善的分类、管理。卡片的分类最初可以参照图书分类法，即根据某种图书分类法的级目，划分资料的种类。但在长期的实践中，人们也会形成自己独特的资料分类方法。从这种富有个性特点的资料分类法中，能够看出一个人知识结构的特点和专业水平的高低。

对用于专题积累的卡片，必须善于调配和使用，善于根据课题研究的需要和卡片的内容，妥善地进行处理。

当然，从事某项课题研究，不但要大量使用在定向搜集中得到的资料，同时也离不开平时所积累的各种资料。而且，不仅文献资料的记录可以使用卡片，记录从观察、实验、调查中得来的资料也可以使用卡片。所以，这里所说的卡片的整理和使用，实际上包括所有在论文写作中起作用的资料卡片的整理和使用。关于在学术研究中如何科学地使用卡片，人们提出了许多好的方法，其中，"KJ"法最为著名，也最为系统、实用。

---

① 牛守贤．学者与卡片［M］//北京师范大学图书馆．学者论学．北京：北京师范大学出版社，1981：115.

日本学者川喜田二郎在其重要著作《开发创造性思考》[①] 一书的第三章，以集体创造性思维为例，详细介绍了在发想法中占有重要地位的"KJ"法的内容。其实，"KJ"法就是一种进行科学创新、促发新的构想的方法，是一种具有普遍应用价值的调配和使用资料卡片的方法，这种方法同样适用于学术研究活动。

根据上述文献及作者在其他著述中所述及的内容，现将"KJ"法的实施要点介绍如下。

采用 KJ 法所需准备的物品主要有：黑色铅笔或者钢笔；红、蓝等色铅笔；曲别针；橡皮圈；卡片；图解所用大白纸；书写文稿所用原稿纸；可以铺开卡片的场所，通常是一张大桌子。

KJ 法的步骤：

第一步是资料的记录。

把资料依次写在卡片上，并把每张资料卡片的内容概括成一句话，写在正文上方的空白处，或分别转记在另外的卡片上，这句话一般被称为卡片的"一行标题"。概括内容要点，拟定"一行标题"，不宜过于抽象，而要尽量使用具体的语言。例如，关于饮酒问题，假如有人做了肯定性的发言，把发言内容压缩成"一行标题"，与其写成"关于饮酒效果的肯定性发言"，不如写成"应该饮酒"。

第二步是群组的编成。

首先把写有"一行标题"的资料卡片铺在大桌子上，卡片不能重叠，每张卡片的内容都要能看清楚。接着认真地读卡片，边读边思考，很快就会发现有些卡片的内容是相近或者相关的，于是就把这些卡片集中到一起，不断发现，不断集中，不久就会形成许多卡片小组。为数众多的卡片小组编成之后，依次把各组卡片拿到手里，仔细琢磨、研究，思考将其编成一组的理由。有时也会发觉最初的编组是错误的，同组卡片之间并没有太大的关系，或者其中的某一张不该属于这个小组。但在多数情况下，那些卡片的内容本身就会说明将其编成一组的理由。如对编组没有疑义，就再想出一个高度概括一组卡片的内容的"一行标题"，并写在一张空白卡片上，放在卡片小组的最上面，以标示一组卡片的内容。为使标题卡片区别于普通卡片，可以使用不同颜色的笔书写。为避免散乱，可以使用曲别针等工具，把这张卡片连同整个卡片组别在一起。

一个一个的卡片小组编成之后，便可采用相同的程序和手法，把内容相关或相近的小组编到一起，形成卡片中组。再进一步整理卡片中组，按照同样的程序，编出大组。为了易于识别卡片群组的层次，不同层次的标题卡片最好用不同的颜色加以标示。例如，如果中组的标题卡片写成红色，大组的标题卡片就最好用其他颜色的笔书写，如果还用红笔也未尝不可，但一定要在上面加上圆圈之类的标记。捆扎卡片小组一般使用曲别针，中组和大组就不宜再用曲别针了，最好是用橡皮圈。最终，所有的卡片就被整理成了为数不多的几个大组，而且，在每个大组上面都有一张类似门牌号码的卡片，用以标示各卡片大组的内容要点。上

---

① 川喜田二郎. 开发创造性思考［M］. 赵军民，俞军华，译. 台北：世界观出版社有限公司，1998.

述过程就被称作"卡片的群组编成"。在这个过程中，应当注意以下几点：

第一，在编成卡片小组时，最后常常会出现几张难以编入任何一个小组的卡片，这些卡片似乎应为离散分子，因而不要勉勉强强地把它们编入某个小组，因为难以编入任何一个小组这件事情本身，就有其相应的道理。这些离散分子也许在下个阶段——中组编成时，会非常自然地被编入某个中组，但也可能还有一些归属不明的卡片。不过在编成大组时，它们通常都会比较自然地进入某个大组中。所以，在编组时，不要主观、硬性地把一些所谓的离散分子编入某个群组。

第二，在进行卡片编组时，是首先划分出大组，再逐渐从各个大组中划分小组，还是反过来，即先分出众多小组，再整理、集中，将其编成若干大组，可以说，这是这种方法的运用中的一个关键问题。简单地说，由大到小地进行群组的划分，是错误的做法，正确的做法应当如上面所谈的那样，由小到大地进行卡片的编组。

在实际操作时，也常有人从大组到小组地对卡片进行归类整理，那是因为事先在头脑中就有先入为主的想法，进行卡片的群组划分，只不过是简单地把卡片放入现成的、主观的分类框架中去，因此，完全失去了运用 KJ 法进行创造性思维的意义。与此相反，由小到大地编成卡片的群组，则是按照资料本身的内容及其所反映出的倾向，自然而然、公正客观地把某些卡片归在一起。两种做法的思路是完全相反的。

第三，是 KJ 法 A 型图解法和通过 KJ 法 AB 型的文章化。

卡片群组编成之后，下一步可以采取几种做法：一种做法是在群组编成的基础上，对已归入各组的资料加以图解，通过图解揭示同组卡片及卡片组之间的关系，这就叫作"KJ 法 A 型"；另一种做法是在群组编成的基础上，直接把卡片上的资料连缀成文章，这就是"KJ 法 B 型"；另外还可以把 A 型、B 型结合起来运用，即按照 A 型对已编成群组的资料进行图解，在图解的基础上，再过渡到 B 型，即对资料进行文章化处理，这种方法可以叫作"KJ 法 AB 型"。

对于论文写作中的资料处理来说，"KJ 法 AB 型"非常方便实用，其大致做法是：再次把已归入各组的卡片依次排列在桌子上，仔细阅读卡片的内容（也可以只读各组的标题卡片或每张卡片上的"一行标题"），然后考虑如何对它们进行空间排列，努力找出一种最富有逻辑效果也最易于使人理解的排列方法。为检查卡片的排列方式是否得当，还可以试着说一遍已完成空间排列的卡片所反映的内容，如果能够顺畅地说明其中的意义联系，而且语言是有条理的，那么可以说已形成的空间排列是合理的、易于理解的。假如其中某些卡片的排列不甚合理，自己在试着说明内容时，就会在某个地方卡住，语言也会断断续续，不够连贯，这时就应当考虑重新调配卡片，变换排列方式了。卡片的空间排列的程序不同于卡片的群组编成，卡片的群组编成是按照由小到大的顺序完成的，而卡片的空间排列则是由大到小的，即先对各卡片大组之间的关系进行研究，排好各个大组，接着排列大组中的各个中组，再排列中组中的小组。

卡片的空间排列完成之后，可以拿来一张大白纸，对空间排列的情况加以图解。在图解时，最好把每个"一行标题"都用笔框上，再用各种方式把框在一行标题上的一个个圆圈联结起来，或用大圆圈把一些相关的意义单位圈在一起。只有完成了图解，原来零零散散、繁多庞杂的内容，才得以成为一个清楚明了的意义结构。接着是把资料卡片上作为标记的号码填入图中。这样，在过渡到 B 型，也就是在按照图解组织文章时，就非常容易提取各处所需要使用的资料卡片。

在图解的基础上形成文章，主要涉及文章结构的安排等具体的行文问题，这里就不细谈了。

KJ 法 AB 型是由小到大地对资料进行逐级分类，再在排列、图解的基础上，对资料内容加以文章化的方法。事物间的联系会在划分与排列中显现，文章的观点和结构也能在划分与排列中形成，采用这种方法整理、使用资料，有利于保证文章内容的客观性；另外，也有人在认真阅读、深入研究资料内容之后，根据自己对资料内容的认识，拟订论文提纲，安排文章结构，再把资料内容依次归入提纲的各个项目，这种方法近似"KJ 法 AB"型，也是一种在论文写作中常用的整理、使用资料的方法。

这里所介绍的 KJ 法，是科学、合理地整理、使用资料卡片，并通过资料卡片的整理和使用，揭示事物间的内在联系、确立文章观点乃至安排文章结构的有效方法。

卡片是进行学术研究所不可缺少的记录、处理资料的工具，但它也有不便之处，比如，在查阅长篇论文或书籍时，仅仅使用卡片，有些资料就会无法得到妥善处理。这时，最好把卡片和活页纸配合起来使用，即用卡片记录观点、概念和其他一些重要的资料，用活页纸写出文献提纲，记下文献的逻辑构成，这样就既掌握了文献的观点和材料，又明确了它的整个逻辑构成体系，从而也就使资料的内容得到了全面的处理。把卡片和活页纸配合起来使用，可以使这两种记录工具的优势得到发挥，是比较科学的做法。

卡片和活页纸使用起来非常灵活，可是如果管理不善，也比较容易混乱、散失，无法被有效地利用。为了便于统一管理，在选用卡片和活页纸时，也要注意一下它们的规格，通常活页纸是 205mm×153mm，卡片是 125mm×75mm，过大、过小或大小不一都不便于管理。

前已述及，随着电脑等各种电子记录工具的普及，记录资料的手段已不再仅是笔和纸，把资料存入电脑，然后再做调配、整理，十分便捷、灵活，具有传统的记录工具所无法比拟的一些优势。不过，记录工具虽然有所变化，但笔记的作用、种类等并没有产生实质性改变，因而即便是使用电脑等电子记录工具，也仍然可以参照传统的"笔记"的使用方法。

占有、阅读以及整理、使用资料，贯穿于整个论文写作过程的始终，要写出高水平的论文，就必须充分重视资料工作，认真做好资料工作。

第四章 课题的研究（二）——思维方法的运用

第一节 主体思维的作用

进行课题研究，首先必须占有资料，占有资料是进行课题研究的必要条件，但不是唯一的条件，即便占有了足够的资料，也并不意味着课题研究就会取得成功。甚至有人认为，过多地阅读资料，反而会妨碍科学创造。实际上，出现这种情况的原因并不在于资料本身，而在于研究者缺乏应有的创造力。在课题研究中，在具备一定的资料条件的情况下，研究者的创造能力就成了取得研究成果的关键因素。

人作为科学研究的主体，确确实实在研究中起着主导作用。而人之所以能够发挥主导作用，归根结底就是因为人具有最可宝贵的创造力。在科学研究这种复杂的精神劳动中，人的创造力主要就体现在思维的过程中，表现为一种思维的能力。

科学研究始终伴随着研究者积极的思维活动，主体思维的水平决定着研究成果的质量，主体思维的差异也使得研究活动带有明显的个性特征。科学研究同主体思维的不可分割性，可以从下面几个方面得到证明：

第一，科学研究是创造知识产品的劳动，而知识产品正是人类思维的结晶。

任何产品的生产都需要一定的原材料，但原材料不会自动变为产品，各种加工、处理手段是原材料向产品转化的条件。知识产品的生产也是如此。在科学研究活动中，已有信息的利用同新的信息的生成、输出往往是交织在一起的。研究者通常具有双重身份，既作为信息的接收者获取并利用各类信息，同时又作为信息的发出者生成、输出新的学术信息。研究者所接收的信息同最终输出的信息具有一定的联系，更有本质的区别，二者的关系就如同木材是造纸的原料，但木材同纸张并非一类物质一样。在此，信息已经发生了转换，新的知识产品已经产生，而信息的转换只有通过人的思维才能完成，知识产品也只有在人脑这个"加工厂"中才能生产出来。

人的大脑恰似信息的"交换台"，如果脱离开人的思维，各种信息只能处于游离、混乱和静止状态之中。图书馆藏书万卷，资料齐全，却永远不会自动产生一个新的观点，因为那里的文献资料所包含的信息内容无法相互碰撞、联系和组合，新的信息也就无从生成。而人脑具有思维功能，信息唯有进入人脑，才能"动"起来，成为"活"的知识，成为新的知识产品的"生产原料"。当然，这里所说的"进入人脑"，绝不仅仅是指对信息内容的一般性感知、记忆，而是要将其作为思维的对象，加以研究。古人曾把读"死"书、不思考的人戏称为"两脚书橱"，苏联学者巴甫洛夫则告诫人们：切勿成为事实的保管员，要彻底地了解事物的奥秘，持之以恒地搜寻支配它们的法则。要想不做"两脚书橱"，不成为"事实的保管员"，就必须开动思维的机器，积极进行思考。没有人的思维活动的介入，任何知识产品的生产都是不可能的。

第二，科学研究是复杂的认识活动，而认识成果只能产生于认识主体的思维过程之中。

人的认识活动包括感觉、知觉、记忆和思维等几种形式，其中思维是最复杂、最高级的认识活动，也是人类所特有的认识活动。思维的作用就在于能够借助语言，把感性认识上升为理性认识，抓住事物的本质和规律。科学研究作为一项认识活动，其主要任务就是揭示客观事物的本质，探求客观世界的规律，这一任务的完成，必须凭借着认识主体的思维活动。如果人的认识只停留在比较简单、低级的认识阶段也即感觉、知觉阶段，那么就只能认识事物的表面现象和外部联系，只能得到一些零散的经验法则、直观知识，而无法取得真正的科学认识成果。认识只有进入高级阶段也即思维阶段，事物的本质和规律才能被掌握，科学认识的成果才能形成。思维是对认识对象加以抽象与概括的过程，这正是科学研究所不可缺少的。

第三，科学研究的过程也就是解决问题的过程，而思维作为探索新事物的心理过程，主要就在解决问题的活动中得以实现。

按照心理学理论，人的思维总是指向某个具体问题的解决，而且这个问题必须尚无现成的答案。思维具有对已有知识进行重新组合、改造，寻求解决问题的新方案的功能和特性。而科学研究就是一项利用已知探寻未知的活动，这项活动始于问题的提出，终于问题的解决。在解决问题的活动中，问题越是复杂，思维的作用就越大，思维的过程也就越是复杂。科学研究所解决的是复杂的科学问题，因而对人的思维活动的依赖程度极强，要求极高。

总之，无论是把科学研究作为一项复杂的精神劳动、认识活动来看待，还是将其作为解决问题的过程来认识，都必须高度重视研究者的思维活动。一切深刻的学术见解都是人脑对客观事物能动反映的产物，是主体思维同外界信息相互作用的结果。

以上主要是从科学研究对思维活动的需要的角度，指明主体思维在科学研究中所占有的重要地位。从另外的角度来看，主体思维之所以重要，也是因为其自身所具有的特征使得它能够充分满足科学研究的需要。

广阔性、灵活性、批判性、深刻性、逻辑性、敏捷性，是人类思维的几个基本特征。在科学研究中，思维的广阔性表现为研究者能够广开思路，利用各种信息，从多方面展开思考，广泛寻求解决问题的途径。思维的灵活性表现为研究者能够用发展、变化的眼光看待事物，认识问题，善于根据实际情况，及时改变、调整或修正自己的见解。思维的批判性表现为研究者能够打破常规，独立思考，能以独到的眼光发现问题、看待问题，能够提出与众不同的看法。思维的批判性也叫思维的独立性，对于一切创造活动来说，思维的这一特性都是异常重要的。可以说，缺乏思维的批判性，也就是缺乏创造力，而一个缺乏创造力的人，是难以胜任科学研究这类创造性工作的。思维的深刻性表现为研究者能够经过深入思考，抓住事物的本质及其内在联系，能够提出意蕴深邃的理论观点。思维的深刻性一方面要以思维的广阔性、灵活性和批判性为前提，另一方面也是这三种思维特性的集中体现。思维的逻辑性表现为研究者能够遵循逻辑规律，对问题进行严密思考，能够按照逻辑规则进行推理，以得出一个科学、合理的结论。科学研究往往有着明显的逻辑程序，学术论文也应以巨大的逻辑力量征服读者，研究者的思维活动必须以理论思维也就是语词逻辑思维的形式为主。研究者的思维逻辑性差，所提出的观点就会缺少科学性和说服力，所写出的论文也不可能具有足够的逻辑力量。思维的敏捷性表现为研究者能够迅速抓住问题，能对外界信息迅速做出反应，并能高效、快速地完成科学研究的任务。

广阔性、灵活性、批判性、深刻性、逻辑性、敏捷性也是一名研究者所必须具备的思维品质。研究者思维的广阔性、灵活性、批判性、深刻性、逻辑性、敏捷性的程度，直接决定着科学研究的成败与效率。同时，也只有在科学研究这类高度依赖主体思维的复杂的精神劳动中，主体思维的特征才能得以充分显现，研究者的思维品质才会得到全面培养和发展。

既然科学研究要以研究者的思维活动为核心、为主导，那么，研究者——思维主体所采用的思想方法和思维方式，就成了在科学研究中起决定性作用的因素。因此，提高科学研究的效率和研究成果的质量，从根本上说，就必须保证研究者的思想方法和思维方式的高度科学化。

第二节　要掌握科学的研究方法

人们通常把研究者在科学研究中所运用的思想方法，称为研究方法。也可以说，具体的研究方法是特定的思想方法的外化和体现。

德国启蒙运动时期的思想家、文艺理论家莱辛宣称：上帝如果一只手拿着现成的真理，一只手拿着寻求真理的方法，我宁愿选择寻求真理的方法。这是非常睿智的抉择！他之所以做出这种抉择，是因为他懂得，假如真理是块闪光的金子，寻求真理的方法则如同点铁成金的"点金术"。偶尔得到一块金子，用完之后，依旧两手空空；如果掌握了"点金术"，就能源源不断地得到财富。哲学家、科学方法论者笛卡儿说过：最有价值的知识是关于方法的知识。在人类探索自然、探索社会的活动中，这一论断早已得到证明。

"方法"的原意是"遵循某一道理"，是指为实现一定的目的所采取的门路、程序等。人们从事任何活动，都需要采用特定的方法。而且，活动的目的性越强、难度越大，方法就越是重要。为此，人们常把方法与天赋、勤奋、机遇一同列为取得成功的几大必备要素。

科学研究的方法，"就是人们发现新现象，提出新理论的手段，就是人们如何运用自己的智慧，去寻找观念世界与现象世界之间的联系，就是在科学研究活动中，运用科学的实践与理论思维的技巧"。科学研究是一项目的性和计划性极强的复杂的精神劳动，研究方法的运用有着至关重要的作用。任何一位富有经验的研究者，都不会忽视研究方法的运用，甚至会把研究方法视为制胜的法宝。据载，曾有人向爱因斯坦询问成功的秘诀，爱因斯坦写下这样一个公式：$A=X+Y+Z$，并解释说，A 代表成功，X 代表艰苦的劳动，Y 则代表着方法，Z 代表少说废话，缺少任何一个要素，等式都不能成立，也就是说成功都是不可能的。在科学研究中，掌握良好的研究方法，能使各种优势条件，特别是研究者思维品质的优势得到充分发挥，还能够避免走弯路、入歧途，有助于早出成果，快出成果。看一看前人的科研之路就会发现，得益于研究方法的先进、得当而取得重大学术突破的实例不胜枚举；相反，由于研究方法的陈旧、不当而使得研究工作陷于困境或归于失败的例子也是屡见不鲜的。综观科学发展的历史，每一个学科的每一次革命性发展，几乎都是以方法的革新为先声、为动力、为标志的。在许多学科中，新的研究方法的引入和利用，不仅会为学术研究带来突破，而且会促发一些新的研究领域或派生学科，如历史计量学、心理语言学、数理社会学等都是由于研究方法的革新而生成的新的学科或领域。

科学研究方法的种类很多，不同层次、不同类型的方法通常具有不同的功用。而在划分研究方法的层次和种类时，由于人们的认识角度不同，常会采用不同的方式。其中，较有代表性的看法是按其"概括程度和适用范围"把研究方法划分为三个层次：第一个层次是哲学方法，这是适用于一切科学研究的最普遍的方法论原则。哲学对科学研究的指导是世界观与方法论的指导，世界观与方法论从根本上决定着研究者认识世界的立场和角度，制约着整个科学研究过程，特别是研究者对具体的研究方法和思维方式的运用。第二个层次是一般的研究方法，这是普遍适用于自然科学或社会科学研究及对二者都有一定的适用性的研究方法。在社会科学领域中，有些研究方法是普遍适用于各个学科的，如社会调查的方法等。还有些研究方法，不仅普遍适用于自然科学研究，也同样适用于社会科学研究。合理地运用这类研究方法，能为研究注入生气，带来活力甚至是突破。文理通用，带有跨学科性质的研究方法有很多种，如数学的方法、逻辑的方法等。此外，所谓的横向科学（如系统论、信息论、控制论等）所提供的研究方法更是非常值得关注的。第三个层次是专门的研究方法，这是适用于某个学科的具体的研究方法。下面就着重谈谈这一层次的研究方法的作用和特点。

专门的研究方法是为适应不同学科或专业领域的课题研究的特殊需要，基于对某一学科领域特殊的研究对象的深刻认识，而在学科的发展中逐步形成、完善和发展起来的。专门的研究方法的出现是科学分工的必然结果，也是一个学科走向成熟的标志。专门的研究方法具有很强的实践性和针对性，对具体的专业问题的解决，对特定的课题研究过程，能够直接产生作用，而且哲学方法及一般的研究方法的作用也往往要通过专门的研究方法的运用才能体现出来。

科学的分支学科众多，许多学科领域都有专门的研究方法。例如，在语言学研究中，人们常用分布分析法、变换分析法以及语义指向分析法、语义特征分析法等各种方法，对语言现象进行分析；在古文献研究中，人们常用版本对照的方法对文献进行校勘补正。各学科领域专门的研究方法多种多样，专门的研究方法的学习和运用对于论文作者来说是很重要的一项基本功。还应注意的是，研究方法的选用往往同专业流派的归属有关。有些研究方法是专属某个专业流派的，对某个专业流派的理论主张的认同，也就意味着对其特有的研究方法会有更多的理解和倚重。当然，以兼收并蓄、博采众长的"拿来主义"态度，根据研究的需要灵活地运用不同的专业流派所倡导的研究方法，在学术研究中也是很常见的现象。就以语言学研究为例，在语言观和方法论上，有人采取相对传统的形式主义立场，有人采取新兴的功能主义立场。如果再做更为细致的划分的话，可能有人属于前者中的结构主义学派，有人属于后者中的认知语法学派。但在对语言现象进行描写时，可能都会使用结构主义所倡导的"分布"与"变换"等分析方法；在对语言现象的形成机制加以解释时，可能就要应用认知语法的研究成果，从认知的角度说明语言现象的内在理据。

总之，哲学方法、一般的研究方法和专门的研究方法，是分属于三个不同层次的科学研究方法，在一项具体的课题研究中，各种方法会以不同的形式共同发挥着作用。

第三节　要善于辩证地思维

人类思维有多种类型，既然思维总是同问题的发现与解决联系在一起的，那么，就可以按照问题性质和解决方式的不同，把思维分为直观动作思维、具体形象思维和语词逻辑思维等三种类型。语词逻辑思维也叫理论思维，如果一个人所要解决的问题是理论问题，所采用的解决方式主要是抽象概念和理论知识的运用，所遵循的程序是逻辑程序，那么，他所进行的思维就是语词逻辑思维也即理论思维。尽管在某些研究活动中，也需要形象思维的成分介入，可是，规律的发现、科学理论的形成，终归是理论思维的最高形式。因此，在一切科学研究活动中，理论思维都是占有主导地位的思维活动类型。早在一百多年前，马克思主义的创始人就曾说过：科学就在于用理性方法去整理感性材料。没有理论思维，就永远无法形成对研究对象的深刻的理论性认识，就无法形成真正意义上的学术观点。

科学研究离不开理论思维，主要是由科学研究的任务、特点及理论思维的功用所决定的。首先，科学理论不是直观经验的描述，更不是现实图景的实录，科学研究的任务就是透过现象抓住事物的本质，就在于形成对研究对象的理论性认识，而只有凭借理论思维，才能完成这一任务。其次，任何一种科学理论都应是一个相对完整的逻辑体系，而只有依靠理论思维，才能发现事物间所固有的内在联系，才能对零散的认识加以整合，从而形成一个真实、全面地反映事物间的深层关系的认识体系。

科学研究是离不开理论思维也即语词—逻辑思维的，而理论思维又有形而上学思维和辩证思维之分。从本质上说，采用形而上学的思维方式，只能孤立、静止地看待研究对象，因而无法达到对客观世界的真实、本质的认识，无法得出客观、合理的科学结论，而同形而上学思维相对立的辩证思维才是科学的思维方式。

一、辩证思维的形式

辩证思维只有借助具体的思维形式才能进行和完成，思维的基本形式有概念、判断和推理等。

（一）概念

概念是一种最基本的思维形式。概念同科学研究之间有着千丝万缕的联系，把概念同科学研究联系起来的中介是理论思维。概念的形成离不开理论思维，而理论思维的进行又必须凭借着特定的概念。科学研究依靠理论思维，研究者的理论思维的进行也同样需要运用相关的科学概念，理论思维的成果还可以以概念的形式加以表述。具体地说，概念同科学研究的联系主要体现在以下两个方面：

第一，科学研究要以已有的知识、已有的研究成果为出发点，而科学概念正是人类科学认识成果的最重要的反映形式之一，研究者要利用已有的知识、已有的研究成果，就必然涉及对已形成的科学概念的运用。在此意义上可以说，概念就是研究者思维的材料和出发点，能够脱离科学概念的科学研究是不存在的。

第二，科学研究的成果要通过科学概念的形成加以总结和反映，反过来也可以说，科学概念的形成是对科学认识成果高度概括的结果，没有科学的高度发展，就没有科学概念的最终形成。而科学研究的发展，必将带来科学概念内容的变化，科学的发展是无止境的，科学概念的发展也就是无休止的。科学的发展史也就是科学概念的发展史，科学的发展对科学概念的影响有着不同的形式，简单地说，开创性研究和发展性研究就分别以不同的形式对科学概念的发展、变化产生着作用。开拓新的研究领域、认识新的研究对象，也就是进行开创性研究，是新的科学概念产生的基础。"新概念的产生标志着人类对客观世界认识的新进展，证明科学占领了新的领域，为人类知识的宝库增添了新的纽结、支撑点。"① 发展性研究对科学概念的变化所产生的作用则有两种形式：丰富、发展已有的研究成果意味着科学认识的深化，科学认识的深化会使科学概念的内容更加深刻、具体；批驳、修正已有的学术观点意味着对谬误的纠正，对谬误的纠正会使错误概念被摒弃，概念内容中的不合理成分被剔除。

概念作为一种最基本的思维形式，同科学研究既高度契合，又有着极其密切的联系。善于运用概念形式，遵循概念的辩证法进行辩证思维，对于论文作者来说，是一项很重要的思维技能。

概念的语言表述形式通常为词语，科学概念的特定的语言表述形式则为专门性词语，在学术研究中，科学概念的运用就直接体现为专门性词语的运用。

（二）判断

判断是在概念的基础上发展起来的一种对事物情况加以判定的思维形式。

---

① 林先发，司马志纯. 论思维形式与思维方法 [M]. 武汉：湖北人民出版社，1983：50.

判断与概念这两种思维形式相互依存，判断要由概念构成，而概念的内容又要靠判断加以揭示，判断所揭示的概念之间的关系正是客观事物本身的复杂联系的映现。

同概念一样，判断这种思维形式的来源同科学理论的来源也是完全相同的。简单地说，判断来源于实践，是在实践的过程中产生的，是人们对各种认识材料分析、研究的结果。既然判断来源于实践，那么，对判断的真实性加以检验的标准也只能是实践。经实践检验，内容同客观现实相符合的判断，是真实的判断；反之，则是虚假的判断。科学理论也只能从实践中来，从根本上说，对于科学理论的正误，也只能用实践的标准来检验。正因为科学理论同判断这种思维形式在其来源等实质性问题上是高度一致的，两者就不可避免地会发生复杂的联系。

首先，判断的辩证法为人们认识事物本质、发展科学理论，提供了正确的方法和途径。按照辩证逻辑的观点，判断是在不断地发展和转化着的。判断内容的发展分别表现为对事物的认识由现象到本质、由片面到全面或由模糊到精确转化等几种情况。无论哪种情况，反映到学术研究中，都意味着旧的理论的扬弃，新的理论的产生、发展。判断的转化是指不同层次的判断之间的过渡，判断的转化主要有两种类型：一种是个别判断—特殊性判断—普遍性判断。判断的这种转化形式标志着科学认识内容的逐步深入，认识范围的逐步扩大，因而完全可以用作推广科学知识、扩展研究成果的一般方法；另一种是肯定性判断—否定性判断—否定之否定判断。判断的这种转化形式也是认识发展规律的体现，可以引导研究者遵循一定的逻辑程序，达到对研究对象的深层本质的认识。科学判断的发展与转化同科学研究的深入、科学理论的发展是联系在一起的：科学研究的深入会带来科学判断的发展与转化，前者是后者的前提；科学判断的发展与转化，又会推动科学的进步，标志着科学理论的深度或广度有所提高。

其次，辩证逻辑关于判断的发展与转化的根源的学说，有助于人们深刻认识科学理论的发展规律。按照辩证逻辑的观点，判断发展与转化的根本原因就在于客观世界处于运动之中，世界万物处于变化之中，判断作为对事物的情况加以断定的思维形式，自然而然地要随着判断对象的变化而变化，否则，就会失去判断内容的真实性。另外，社会实践的发展，人的认识能力的提高，种种认识局限的消除，也会带来判断的发展与转化。科学理论作为特定历史条件下的人类思维的产物，也同样要随着研究对象及人类认识条件的变化而发展，否则，就会由富有生命力、富有实践意义的理论蜕变为僵化、过时的理论，这种理论如果未能及时得到更新与发展，就会被从人类科学知识体系中淘汰出去。

最后，也由于以上种种原因，研究者需要利用判断这种思维形式，表达科学知识，表达对于某个研究对象的认识。具体地说，从学术观点的表达到对研究对象的各个方面的情况的阐释，都离不开判断的运用。

判断的语言表述形式通常为句子，在学术论文中，判断的思维外化形式多为判断句。

（三）推理

推理是由一个或几个已知判断推出未知判断的思维形式。

推理与判断这两种思维形式的关系非常密切。判断是推理的构成要素，充当前提的判断是已知判断，作为结论的判断是新的判断，是具有"新知"特性的判断；推理又是产生新的判断的途径，判断是在推理的过程中形成的。

推理是形成对于客观事物的间接认识，获取各种间接知识的重要手段。由于许多客观事物及其发展过程是无法被直接认识的，所以，在人类的认识活动中，推理具有广泛的适用性，特别是在学术研究这类复杂的认识活动中，推理更是不可缺少的思维形式。

推理的过程——从前提到结论，就是从已知到未知的过程，而学术研究正是一项利用已知、探求未知的活动。从大的方面来看，整个课题研究的过程完全可以被看作推理的过程。研究者以各种资料为前提展开研究，在研究中，遵循一定的逻辑规则，采用一定的思维方法，推导出一个新的结论来，这个结论就是研究者对所研究问题的总体性看法，是独到的学术见解，写到论文中，就是文章的基本观点。在论文中，作者使用论据证明观点的论证过程，也是一个推理的过程，或者说是作者思维中的推理过程的改造与再现。如同考察推理的结论是否真实一样，考察一个观点能否成立，也主要是看作为立论前提的材料是否真实，推理的形式是否正确。任何一项课题研究的完成，任何一个有价值的学术观点的取得，都不是一件简单的事情，为得出科学论断而进行的推理过程大都是漫长而曲折的，用作前提的材料则是丰富而复杂的。从小的方面来看，每一种未知情况的判定，每一个小的观点的确立，也都要经过一个独立、完整的推理过程。当然，相对于前者来说，这一推理过程是简短而直接的，用作前提的材料也是比较单纯的。总之，无论从整个课题研究过程或论文总体的情况来看，还是从具体的研究环节或论文各个组成部分的情况来看，从基本观点的产生到局部看法的提出，推理这种思维形式都在起着作用。

根据推理中的思维指向及前提与结论的关系的不同，可以把推理分为类比推理、归纳推理和演绎推理等三类。

类比推理是根据两个或两类认识对象某些属性的相同，推出它们的其他属性也可能相同的推理，这是由特殊到特殊的推理过程。类比推理是一种或然性推理，其结论往往具有假说的性质，是否正确，还有待于检测或检验。

另外两类推理是归纳推理和演绎推理。归纳推理是由特殊到一般的推理，演绎推理则是由一般到特殊的推理。前者是根据个别知识推出一般性结论的推理过程，后者则是根据普遍规律认识个别事物，推出个别性结论的过程。二者的思维运动方向相反，适用场合、基本用途也有所不同。同时，它们的依存关系又是十分明显的。一项复杂的认识活动，必须通过归纳推理与演绎推理的交互进行、相互渗透才能完成。科学认识的取得要经过从个别到特殊、一般，再由一般到特殊、个别的循环往复过程。在由个别到特殊、一般的认识阶段，主要依靠归纳推理，而归纳推理的进行又离不开演绎推理，要以演绎推理为前导，以使归纳推理过程按照正确、一致的方向进行；在由一般到特殊、个别的认识阶段，主要依靠演绎推理，而演绎推理的进行也同样离不开归纳推理，要以归纳推理为基础，作为演绎推理前提的一般原则，来源于实践，也直接来自归纳推理的结论，没有归纳推理做基础，演绎推理的科学性、客观性就无法得到保证。科学认识是归纳推理与演绎推理共同作用的结果，无论舍弃哪一个推理过程，都无法取得对客观事物的科学认识。

以上所介绍的概念、判断、推理是三种基本的思维形式，辩证思维的进行及辩证思维成果的反映，都离不开这几种思维形式的运用。一切科学理论体系，都是由概念、判断、推理构成的。

二、辩证思维的方法

要达到辩证思维的目的，就必须掌握辩证思维的方法。辩证思维的方法是引导人们达到辩证思维的目的，从而形成科学认识的途径。

辩证思维的方法主要有归纳和演绎、分析和综合、具体和抽象、逻辑和历史等几种。

（一）归纳和演绎

归纳是通过个别认识一般，从个别事实走向一般结论、概念的思维方法。在课题研究中，从大量的代表着个别情况的资料出发，推出一个一般性的结论，主要就是归纳的方法在起作用。

归纳是演绎的基础，没有归纳就没有演绎，因为归根结底人的认识应从事实出发，而不是从原则出发。著名语言学家王力先生在谈到论文写作问题时指出："撰写论文，最重要的一点，就是要运用逻辑思维。如果没有科学头脑，就写不出科学论文。所谓科学头脑，也就是逻辑的头脑。我常常说，科研有两个条件，一个条件是时间，一个条件是分析能力。没有时间就没法充分占有材料。要有分析能力就要有科学的头脑，逻辑的头脑。逻辑上讲有两种科学方法，一个是演绎，一个是归纳。所谓演绎，就是从一般到特殊；所谓归纳，就是从特殊到一般。我们搞科研，要先用归纳，再用演绎，不能反过来，一反过来就坏了。——凡是先立结论，然后去找例证，往往都靠不住。因为你往往是主观的，找些为你所用的例证，不为你所用就不要，那自然是错误了。归纳的重要也就证明充分占有材料的重要。因为归纳是从个别到一般，个别的地方越多，就越能证明你的结论是可靠的。也会有例外，例外少倒不怕，多了就不行了。例外多了，你的结论就得推翻。"① 这是从学术研究实际出发，对归纳方法的作用所做的说明。这番话虽然原本是针对古代汉语论文写作而谈的，但对各学科的论文写作均有指导意义。

演绎是一种通过一般认识个别，从一般原理、概念走向个别结论的思维方法。实际上，在归纳方法的运用中，演绎方法始终在起作用。首先，归纳是从搜集材料开始的，搜集材料不能盲目地进行，要以一定的原则为依据、为指导，在用于归纳的材料的搜集和整理中，已有演绎的因素渗透进去。接下来，通过归纳所得出的结论，要靠演绎进行补充和修正；要想说明个别事物的发展与变化规律，也必须依靠演绎的方法。在学术研究中，演绎方法有着非

---

① 王力．谈谈写论文［M］//怎样写学术论文．北京：北京大学出版社，1981：5-6．

常重要的作用，从搜集资料到整理、研究资料，以至提出并验证结论，始终离不开演绎方法。此外，运用已经得到证明的一般原理、理论，去对个别事物进行认识并加以阐释，也是学术研究的一项重要内容，这也是演绎的方法在起作用。当然，从根本上说，其中作为认识前提的一般原理、理论还是要从归纳中来。

科学研究不仅要以充分的资料为前提，还要以正确的理论做指导，如果只强调归纳，而忽视了演绎，就难以得出非常有价值的结论。

归纳和演绎是两种相互依存的思维方法，归纳是演绎的基础，没有归纳方法，演绎方法所依循的一般原则也就无从产生。同时，归纳也离不开演绎，要以演绎为前导。

（二）分析和综合

分析是把整体分解为一个一个部分，分别对每一个部分进行认识的方法。事物往往是由许多相互联系着的部分组成的，只有充分认识各个部分及其联系，才能深入进去，抓住事物的本质，了解事物的总体面貌，否则，认识就只能停留于事物的表面。

综合是在充分认识事物的各个部分的基础上，把对事物的各个部分的认识有机地整合在一起，形成一个整体认识的方法。综合是从分析的结束开始的。如果人的认识仅停留在分析阶段，那么得到的只是抽象、片段的东西；人的思维活动只有从分析进入综合，才能获得对事物的具体、全面的认识。

任何事物都有整体与部分两个方面，而整体与部分的区分正是综合与分析的方法形成的客观基础。整体与部分是对立的统一，综合和分析也就必然有着对立统一的关系。综合要在分析的基础上进行，分析为综合服务，又要以综合为归结点。在一个统一的认识过程中，分析和综合互为前提，互相渗透，分别在不同的认识阶段发挥着不同的作用。

分析与综合还是其他几种辩证思维方法的基础，只有在分析与综合的基础上，其他几种辩证思维的方法才能更好地发挥作用。在以获取新的知识、形成新的见解为目的的学术研究活动中，分析与综合更是不可缺少的思维方法。

（三）抽象和具体

抽象和具体是同分析和综合相联系着的思维方法。人的思维过程的一般规律是先由具体到抽象，再由抽象到具体，只是后一个具体是更高层次的理性的具体。在认识活动开始时，客观事物的总体面貌呈现在人的眼前，人对客观事物的认识是感性的具体的认识。通过分析方法的运用，思维进入抽象阶段，逐步认识事物的某一方面的质的规定性，感性认识上升为理性认识。然后再运用综合的方法，把事物的各个方面的本质特征按其固有的联系结合起来，形成对事物的整体认识，这个整体认识不同于认识初始阶段的感性认识，是能够全面反映事物的本质特征的理性的具体的认识。在认识从具体到抽象，再从抽象到具体的发展过程中，始终离不开分析和综合的思维方法。

简单地说，认识过程中的第一个具体，是对事物的表面现象的认识，是思维仅停留在表象阶段的认识；认识过程中的第二个具体，是对事物整体的本质的认识，是理性的具体。从第一个具体到第二个具体的升华，必须以抽象过程的存在为条件。所谓的抽象就是把客观事物各个方面的特性分隔开来，分别进行理性的、深入的考察，以对事物的各种规定性有所认识。在抽象的过程中，分析的方法起着重要的作用。而在由抽象向具体的转化中，思维活动又要经历一个复杂的综合过程，对事物的本质的认识是在对事物的总体把握中实现的。

科学认识必须经历从具体到抽象，再由抽象到具体这样两个阶段，作为科学认识成果的具体应当是第二个具体。

（四）逻辑和历史

历史的方法是指对事物发展的自然进程进行客观描述的方法，同历史的方法相对而言的逻辑的方法，则是以理论的形态概括地反映历史过程的思维方法。采用历史的方法，能够完整地再现客观事物的真实面貌，采用逻辑的方法则能够摆脱历史过程中的偶然现象和历史现象中的细节问题的干扰，取得对客观世界的规律性认识。

在历史的基础上，达到逻辑和历史的辩证统一，是对历史与逻辑的关系的正确理解。在社会历史问题的研究中，只有"史""论"结合，即把历史的方法同逻辑的方法结合起来使用，才能取得既真实可信又有理论深度的研究成果。

上面所介绍的各种辩证思维的方法，是相互联系着的，每一种方法都不是万能的，都往往要以其他方法的运用为前提或补充。合理地、综合地运用这些方法，才能达到辩证思维的目的。

三、要善于进行创造性思维

学术研究归根结底是一项创造性活动，而人类一切复杂的创造性活动的进行，都要以创造性思维为思维活动的核心。在学术研究中，研究者的创造性表现在提出别人不曾提出的问题，看到别人没有看到的角度，使用别人很少使用的材料，发现别人未能发现的联系，最终提出新的见解等各个环节，而在这所有的环节中，创造性思维都起着重要的作用。为此，可以说，学术研究的任何一个阶段都离不开创造性思维活动。没有创造性思维，就没有科学创造，真正意义上的学术研究活动就无法进行。

思维的灵感状态是思维的最佳创造状态，灵感的出现往往标志着创造性思维活动的成功，预示着新的学术见解的产生。下面就围绕着灵感状态的出现，简单地介绍一下进行创造性思维的条件和方法。

创造性思维活动进行的过程也就是人脑对已有信息加工、处理的过程，因此，提高创造性思维的效率和水平，主要应从以下两个方面去努力。

（一）加大信息存储量

思维活动不能凭空进行，要以一定的信息内容为材料，创造性思维活动也不例外。新的思维产品的产生是各种信息在人的大脑中反复作用的结果，思维的灵感状态是人脑中的某些信息点的突发性联结，是信息所呈现出的一种较佳结合态。人脑中的适用信息的存储量，直接关系到创造性思维的质量。一般来说，研究者大脑中存储的关联信息越多，信息间相互作用、信息点相互联结的机会也就越多，有所发现、有所创造的概率也就越大。打个比方来说，这就如同在一个特定的空间内，如果只有 2 个球体，球与球之间相碰撞的机会就要少一些，如果放入 10 个球体，球与球之间相碰撞的机会就要相对多一些，球体之间相碰撞的机会随着球体数量的增加而增加。在信息的相互作用中产生的新的信息，虽然不一定都是有价值的信息，但毕竟包含着有价值的信息，或者说，有价值的信息也只能由此而生。人脑中没有足够的信息存储量，创造性思维就难以进行，新的信息就无法生成。加大信息的存储量，是进行创造性思维的基础，是提高创造性思维效率的重要条件。在学术论文写作中，加大信息的存储量，主要意味着要多搜集、多阅读资料。

（二）加大信息间作用的势能与频率

加大信息的存储量，只是增加了信息间相互作用的机会，从而使创造性思维的完成有了可能。这种可能能否成为现实，创造性思维能否顺利完成及其效果如何，最终还要取决于信息间究竟是否发生了有效作用、作用的势能与频率如何。所以说，提高创造性思维的效率，除了要加大信息的存储量之外，还必须加大信息间相互作用的势能与频率。

作为思维材料的信息内容存储于人脑的不同区域中，信息点的联结需要纽带，信息间的作用要以信息的运动为前提，这就如同在一个特定的空间内放置了较多的球体，球与球之间虽然有了相碰撞的可能，但假如它们完全静止不动，则也没有相碰撞的机会。要使信息间发生作用，仅强调信息的数量是不够的，还必须使信息"动"起来，信息间的相互作用就是在信息的运动中进行并完成的。

从人脑的构造来看，大脑皮层约有 140 亿个神经细胞，每个细胞又伸出许多枝权，其中有一个主枝叫轴突，轴突构成神经纤维，此外还有若干个分枝，即树突，轴突与树突合称突起，细胞体同突起构成了神经元。神经元是神经组织的基本单位，输入人脑的信息就分布于各个神经元中，一个神经元可以被看作一个信息点。神经元之间的联系必须通过一个特殊的联结装置——突触，只有启动突触，不同的神经元才能被接通，不同的信息点才能被联结起来，处于静态之中的思维材料才能被驱动。那么，这种使突触启动，使存贮于人脑中的信息快速运动、相互作用的驱动力从何而来呢？简单地说，它来自人脑本身所具有的思维能力，人的思维活动愈是积极、灵活，信息运动的速度就愈快，信息间相互作用的势能与频率也就愈大，当然，这里也包含着许多思维技巧的问题。

1. 积极因素的利用

具体地说，加速信息的运动，加大信息间作用的势能与频率，从积极的角度来看，应该着眼于下面几个环节的改善。

（1）培养敏锐的感知力

进行创造性思维，要求研究者必须具有敏锐的感知力。发现问题，感知外界信息，是创造性思维活动的发端，也是引发灵感的契机。一个人的感知力强，感觉灵敏，才能对外界信息的刺激迅速做出反应，才能以极快的速度接通信息点，这是取得创造性思维成果的必要条件。相反，一个感知力差、感觉迟钝的人，是无法及时捕捉信息、有效利用资料的，因而是难以完成创造性思维的任务的。一个人的感知力的高低，主要与他的知识积累、研究经验以及思维的机敏度等方面的状况有关。

（2）形成潜心思索的习惯和能力

集中精力、潜心思索是进行创造性思维的必由之路。思维成果的取得要以紧张的思维活动为前奏，即便是以灵感状态出现的思维成果的取得也是如此。学术创新需要灵感，而突如其来的灵感却正是研究者潜心思索的结果。从心理学的角度来看，一个人长时间专心思考某个问题，就会在大脑皮层上形成相应的优势兴奋中心，这时再稍一受到相关外界信息的刺激，马上就能做出反应，实现思维的飞跃——产生灵感。甚至有时，自己似乎觉得已不再思索这个问题了，而问题的答案却在无意中得到，在毫无准备的情况下灵感突至。实际上，无意识状态下的灵感也是以有意识的思索为前提的，长时间潜心思索，会使思维产生惯性，也就是说尽管表面上大脑已不再有意识地思考这个问题，可无意识或潜意识中却仍在思索，对一个问题的思考不知不觉地延续下来。

总之，"那些没有受过未知物折磨的人，不知道什么是发现的快乐。"[①] 没有长时间的潜心思索做准备，思维就不会进入最佳创造状态。"机遇只偏爱有准备的头脑"，轻而易举地获得灵感几乎是不可能的。人们常说的"灵感是对研究者的艰苦的精神劳动的最好奖赏"，也就是这个道理。

在研究者为解决问题而进行的创造性思维中，主要有两种思维方式在起作用，即发散思维和收束思维。如果仅从狭义的思维的角度来看，创造性思维的过程就是发散思维和收束思维相互结合、循环作用的过程。此外，在创造性思维的进行中，联想与想象通常也是不可或缺的心理过程。下面就依次对这几种思维方式或者说心理过程加以介绍。

先看发散思维。创造性思维是一种求新知、求新解的思维方式，所以应以发散思维为主要的思维方式。所谓的发散思维是指对一个问题沿着不同的方向，从不同的角度进行思考，从而想出尽可能多的新颖独特的答案或假设的思维过程。发散思维与求同思维相对立，其特点就是"拒绝旧的解答，寻求新的方面"。在进行发散思维的过程中，可以考虑采用下面几种思考问题的方法：

一是联翩思考。这里所说的联翩思考，是指基于对问题本身的自发理解和认识，以极其自由的方式对问题展开广泛的思考，使得新的想法不断涌现出来的思维方法。通过联翩思考所产生的各种想法之间，既可能没有明显的联系，也可能具有前后相续、相互引发的关系，各种想法之间既可能是相并列的，也可能是相递进的。联翩思考是一种思想漫游式的思考，采用这种思考方式，应该打破一切框框的束缚，不受任何规则的限制，使思维无拘无束地发

---

① 贝弗里奇．科学研究的艺术［M］．陈捷，译．北京：科学出版社，1979：80．

散开去，使各种信息产生广泛的联系。

为能拓展新的思路，产生更多的创见，除了对问题本身进行连续思考之外，还可以按照一定的规则对原有的问题做一些改动，从而有意识地变换思维方向，调整思维角度，对问题展开更加充分的思考。下面所列举的几种思考问题的方法就具有这样的特点。

二是分解思考。分解思考是按照事物本身的自然或逻辑构成状况，把一个大的问题分成几个方面去考虑的一种思维方法。例如在对"社会科学与现代化建设"这一问题进行思考时，可以根据社会科学的分类特点，分别从"经济学与现代化建设""社会学与现代化建设""法学与现代化建设""教育学与现代化建设""史学与现代化建设""语言学与现代化建设""军事学与现代化建设""政治学与现代化建设""文学与现代化建设"等各个角度去考虑问题。把在对各个小问题的思考中所产生的各种想法集中在一起，就是对"社会科学与现代化建设"这个大问题的回答。这样去思考问题，容易把问题考虑得更全面、更具体、更细致。

三是增题思考。增题思考是一种在原有的问题上增添一些内容，以使问题更加具体，也使大脑受到启发，使思路更加开阔的思考问题的方法。

四是逆向思考。逆向思考是一种把问题反转过来，即从反面去想问题的思考方法。例如，在考虑"社会科学的发展对现代化建设的作用"时，可以先从正面去思考，把所能想到的社会科学的发展对现代化建设的种种作用阐释清楚，然后再从反面去思考，想想假如不重视社会科学的发展，会对现代化建设产生哪些不良影响。正面思考与反面思考相结合，会使思维的内容更加丰富，使形成的观点更有说服力。

五是限定思考。如果研究的问题过大或过于抽象，可以在思考时先对问题加以限定，使思维活动暂且集中在一点上，以把问题想深想透。

上面所列举的几种思考问题的方法的运用，有利于研究者思路的扩展及创见的产生，这是几种在发散思维的进行中用途较大的思考问题的方法。

再说收束思维。收束思维也叫聚合思维，同发散思维相反，这是一种有规则、有条理地对问题进行逻辑思考的思维方式。

收束思维在创造性思维中的作用主要体现在：第一，发散思维的方向的一致性要靠收束思维来控制。发散思维不是漫无目的地胡思乱想，而是要紧紧围绕着一个具体的问题，向着一个方向，进行有目的的思考，每一个新的思路、新的想法都必须有一个归结点，这个归结点就是所要解决的问题。问题制导着发散思维的方向，这种制导作用必须通过收束思维来实现，所以说，在发散思维的进行中已有收束思维的成分渗透进去。第二，发散思维的成果要借助收束思维进行验证、选择以及加工、整理。通过发散思维，会产生一些新见解、新方案，这些新见解、新方案的价值如何，最终能否被采用，还必须经过慎重的逻辑思考。另外，在发散思维中产生的各种想法常常是不够成熟或者比较粗糙、模糊的，如果认为这些想法是有价值的、可采用的，就要对之进行加工、整理，使之得以深化，得以明朗化、条理化，并升华为较为成熟、深刻、系统的理论观点。在此过程中，主要就是收束思维在发挥作用。前面说过，思维的灵感状态是创造性思维的巅峰状态，但产生灵感并不意味着创造活动的终结，继灵感而来的是更加艰苦的精神劳动，从灵感的捕捉到对以灵感的形式出现的各种新奇想法的评判与发展，都必须凭借收束思维。收束思维的进行有助于增强创造性思维的效果，没有收束思维的参与，就不会产生成熟的思维产品。

最后是联想与想象。联想，是从一事物想到另一事物的心理活动过程。事物间的复杂联系的发现，大脑中不同的信息点的跳跃式联接，是联想的基本特征与功用。联想的生理和心理机制，是大脑皮层暂时的神经联系。新的想法不会无端产生，任何创造性思维活动的进行都不能缺少联想的成分，富于联想是一个人具有较高的创造力的重要标志。

客观事物之间的联系复杂多样，具有各种不同联系的事物反映在人的思维中，会形成各种不同的联想。比如，对在时间或空间上相邻近的事物会产生邻近联想，对具有相似特点的事物会产生类似联想，对具有对立关系的事物会产生对比联想，对具有因果关系的事物会产生因果联想等，这也是对联想进行分类的一种方法。根据是否要有规则的限制，还可以把联想分为有规则限制的控制联想和无规则限制的自由联想。另外，联想有的是由当前的事物想起另一有关的事物，也有的是由已经想起的某一事物而想起另一事物。在联想之后再生发新的联想，会使联想的内容更加丰富，更有创造性。

学术研究中的创造性思维对联想的需求是多方面、多种类的，不同类型、不同层次的联想在人脑中相互交错，会形成一个复杂的网络，处于这一网络中的信息点会以各种形式接通，以各种形式产生作用。联想的广度和深度决定着信息运动、信息间相互作用的速度与强度，从而决定着创造性思维效率的高低。

想象是一种以原有表象或经验为基础，创造新的形象的心理过程。对大脑皮层上已形成的旧的暂时联系重新加以组合，构成新的联系，是形成想象的生理机制。作为记忆表象存贮在人脑中的现实材料，是形成想象的客观基础。可以说，想象是人脑对现实的特殊反映形式。

想象是人类一切创造性活动的必备成分，不仅以塑造艺术形象为特征的文艺创作完全依赖于想象，就是以创立新的科学理论为目的的科学创造活动也同样离不开想象。

想象有多种类型，按其是否受预定目的、个人意志的限制，可把它分为无意想象与有意想象。在科学创造中，人们所进行的想象主要是具有明确目的、受意志支配的有意想象。按照有意想象的内容的新颖性、独创性程度，还可以把它分为再造想象与创造想象。再造想象是根据他人语言描述或其他形式的示意，在头脑中形成相应的新形象的过程；创造想象则是根据一定的目的，在头脑中独立地构建新的形象的过程。无论是再造想象，还是创造想象，在科学创造活动中都有着重要的作用。

科学创造要以对已有材料的感知为前提，对客观对象的理性认识的形成要以感性知识的获取为基础，再造想象可以帮助研究者全面理解各类信息资料，并克服时空条件的局限，在头脑中形成无法直接感知的事物的形象，如特定的地理环境、具体的社会图景等。由于想象对人的认识有着这样的补充作用，因而一些极其抽象、枯燥的信息内容也有可能变得生动，以形象的形式深深地印入研究者的脑海之中。

更为重要的是，想象还可以帮助研究者预见新的事实，探求新的规律，发现新的联系。心理学家认为："善于按新的方式想象所研究的现象的进程，是科学创造的最重要的条件"，"在科学创造中，反映的概念形式由反映的形象形式所补充。同时也应当考虑到，想象在科学创造中的特殊作用'在于它改造着课题之形象的、直观的内容，并以此促进课题的解决。而且，仅仅由于直观形象内容的改造，才做出创造和新的发现，这种创造和发现就归功于想象'"①。如果说在对资料的感知中，主要是再造想象在起作用，那么，在新的解决问题的方案的谋求中，则主要是创造想象在起作用。

想象作为一种心理过程，不但具有明显的创造性，而且具有一定的间接性、概括性，这些特性也使得它对科学研究活动有着十分重要的意义。

（3）重视非智能因素的影响

研究者解决问题的愿望、动机、目的，对问题的兴趣以及研究者的情绪状态、性格特征等各种非智能因素，也会对思维的效率从而对信息间相互作用的频率与势能产生重要影响。

创造性思维活动是极其复杂并异常艰苦的，他对研究者的智力水平和意志水平都有着较高的要求，而人在一项活动中所表现出来的智力水平、意志水平同许多因素有关，其中既有智能因素，也有非智能因素。迫切的愿望、强烈的动机、明确的目的、浓厚的兴趣以及良好的心境等，就是有利于研究者发挥创造性、提高思维活动效率的非智能因素，这些因素可以在实际活动中转化为巨大的精神力量，促使研究者不断克服困难、排除障碍，始终保持思维活动的积极性，使思维一直处于最佳创造状态之中。关于动机、目的、兴趣等因素在学术研究中所起的作用，这里暂且不谈，下面只谈谈人的性格因素同创造性思维的关系。

性格是一个人在对现实的态度以及与之相应的习惯化的行为方式中所表现出的比较稳定的心理特征。人的性格结构是立体的、多侧面的，由许多方面的特性组成，这就造成了在一个人身上，可能既具备有利于科学创造的性格因素，也有某些不利于科学创造的性格因素存在的情况。同时，人的性格又是具有可塑性的，通过自我调节、自我控制，发展积极的性格因素，改造消极的性格因素，会使人的性格结构逐渐趋于合理，逐渐适应创造性思维活动的需要。这也就是说，创造实践可以使一个人有利于创造的性格特征得到磨砺和发展。

研究者作为创造性思维的主体，或者说作为一名创造者，究竟应当具备哪些性格特征呢？对此，很难有一个非常明确的答案，但大致的标准还是可以划定的。比如，热情、勤奋、勇敢、大胆、坚定，有事业心、责任心和创新意识，有主动观察和主动想象的能力，有自制力等，一向被认为是有利于创造的性格特征。几十年来，国内外学者曾对这个问题做过深入探讨，并提出了一些具体的看法。

例如，日本学者多湖辉提出，创造者的性格特征主要为：高度的工作自觉性（主体性的确立）；善于以新的角度看事物（观点的变革）；能够舍去事物的细枝末节，抓其根本

① 波果斯洛夫斯基. 普通心理学 ［M］. 魏庆安，等译. 北京：人民教育出版社，1981：292.

（把握事物本质的能力）；从整体上看事物（全局观念）；对时代潮流的敏锐的感受力（时代感）；不满足于现状的精神（带有创造色彩的浪漫主义精神）；不迷信权威；对新事物的向往（强烈的好奇心）；对职业的热衷及其持续性。[①] 上述性格特征是被作为进行创造性思维的重要条件例举出来的，这是在一个比较宽泛的意义上使用性格特征这一概念。

专门阐释创造心理理论的《创造心理学》一书提出，创造者的个性特点主要为：一是勇敢，二是甘愿冒险，三是富有幽默感，四是独立性强，五是有恒心，六是一丝不苟。[②] 这些心理品质是创造者所应具备的共同的性格特征，在不同的人身上，它们又有不同的反映形式。

2. 消极因素的排除

以上所谈的要具有敏锐的感知力，要善于集中精力、潜心思索，要发展有利的非智能因素等几项内容，都是从积极的角度提出的加大信息间作用的势能与频率的条件和方法。从消极的方面来看，要提高创造性思维的效率，还必须注意以下几个方面的问题：

（1）要克服思维的从众倾向

学术研究要从资料出发，思维要在已有的思想材料的基础上进行，因而容易受到束缚；思维主体又生活在具体的社会环境之中，各种社会观念、特定的文化氛围不能不对之发生影响。摆脱束缚，排除干扰，真正用自己的头脑思考问题，才有可能取得创造性思维的成果。

美国著名心理学家西尔瓦诺·阿瑞提在其代表性著作《创造的秘密》中指出："在低于人类、反应方式有限的动物与使用符号的人类之间尽管存在着根本的差异，但是人也倾向于按照固定不变的方式进行活动和建立联系。人在处理任何情况时，无论采取刺激之后直接反应的办法，还是遵照一种复杂的符号与选择的方法，他都倾向于用正常的心理功能或者是采取由他的文化所形成的通常方式去行动。"[③] 然而，创造行为已经超越人在处理问题时所采取的"通常方式"，人是有能力逃脱被环境以严格的方式加以塑造、制约和安排的命运的，其中，"创造力就是这种主要的手段，人类可以借助它来使自己不仅从条件反射中解放出来，而且还可以从习以为常的选择中解放出来"[④]。人具有按照惯常方式去思考、去行动的心理趋向，而创造又恰恰是对常规模式的突破，人所特有的创造力使得人有能力实现这种突破，完成创造。

（2）要避免思维定势所造成的消极影响

心理学认为，思维定势是指由一定的心理活动所形成的准备状态，影响或决定着后续心理活动的趋势的现象，在认识活动中，直接表现为人们惯于按照固定的趋向去反映现实。思维定势的积极方面在于能够带来心理活动的稳定性，消极方面就在于妨害思维的灵活性，其

① 多湖辉. 创造性思考［M］. 何明，译. //李景隆，孟繁华. 学术论文写作译文集. 北京：中央广播电视大学出版社，1987：129.
② 周昌忠. 创造心理学［M］. 北京：中国青年出版社，1983：169-170.
③ 阿瑞提. 创造的秘密［M］. 钱岗南，译. 沈阳：辽宁人民出版社，1987：4.
④ 阿瑞提. 创造的秘密［M］. 钱岗南，译. 沈阳：辽宁人民出版社，1987：5.

至会使思维活动陷入僵局。而创造性思维活动的进行，在很大程度上就依赖于思维的灵活性，对思维定势所造成的消极影响，必须有意识地加以防止或消除。

创造性思维的完成离不开对问题的潜心思索，人在创造性思维的进行中，由于长时间集中思考一个问题，很容易在头脑中形成固定的思路，思维完全定向运动，心理活动表现出较强的惯性和较为明显的趋向性。当自己沿着一个固定的思路思考问题，屡遭失败，久无进展，以至山穷水尽时，就应主动考虑另辟蹊径，调整思路，变换思维角度，谋求新的解决问题的途径，这也就是对思维定势所造成的消极影响的有效克服。

为摆脱习惯思路的束缚，可以采取两种方法：一是同别人讨论或翻阅新的资料，以接受新的刺激，用新的信息启发自己的思想；二是暂且做做其他事情，把正在研究的问题搁置一段时间，使原有的思路逐渐淡化，使思维跳出原来的圈子，走出"原地转"的境地。正如日本情报学专家野崎昭弘所说的："为了从错误的成见、不适当的着眼点中走出来，能够自由地发想，暂时忘却可以说是非常好的良药。与真正的休息对健康有好处一样，让不好的想法、思考方法休息，对研究工作同样有好处。"①

（3）要消除妨碍创造性思维的非智能因素

如前所述，各种非智能因素直接影响着创造性思维活动的进行。有些非智能因素是积极的，是有利于创造的，同时也有一些非智能因素是消极的，是不利于创造的。

不利于创造的非智能因素很多，其中特别应当引起人们重视的是人自身性格特征中的一些不利方面可能会对创造活动产生的妨碍。例如，一个性格怯弱的人，常常患得患失，对挫折和失败怀有深深的恐惧心理，在这种心理状态下，思维活动是无法自由展开的；一个缺乏学习和工作热情的人，一般是不会忘我地求索，并沉浸于创造的快乐之中的；一个过于缺乏自制力，易于受情绪控制的人，很容易在创造活动受挫时灰心丧气，失去克服困难的信心和勇气；一个懒惰的人，则可能会敷衍了事，不愿把艰苦的创造性思维活动进行下去；一个墨守成规、缺乏创新意识的人，则是根本无法胜任带有创造性特点的工作的，对于创造性思维来说这个不利因素是致命的，因而尤其不能忽视。创造性思维所强调的就是独创，人的创新意识在创造性思维活动中起着主导与驱动作用，而对旧观念的认同、对新想法的排斥，却几乎是人人都有的一种心理本能，是颇具普遍性的不良性格因素，所以必须予以充分重视，时时都要注意克服。克特罗特说过："头脑不喜欢新奇的设想，犹如身体不喜欢新奇的蛋白质，都同样竭力抗拒。新设想是科学上作用最快的抗原，这种说法并不过分。如果我们老老实实地观察自己，往往会发现：甚至在新设想被充分提出之前，我们就已开始反驳了。"②对新设想的抗拒是同创新意识相悖的心理状态，不管研究者是否有所意识，都可能会在不同的程度上阻碍创造性思维活动的顺利进行。

关于妨碍创造性思维的性格因素，一些学者也曾发表过自己的看法。例如，奥斯本所列

① 野崎昭弘．创造性的形成和表达［M］．王玛丽，译//李景隆，孟繁华．学术论文写作译文集．北京：中央广播电视大学出版社，1987：85.

② 贝弗里奇．科学研究的艺术［M］．陈捷，译．北京：科学出版社，1979：113.

举出的束缚创造力的因素为：囿于从前的习惯、自暴自弃、胆怯、生活都市化等。① 《创造心理学》一书提出：妨碍创造的因素有胆怯、倦怠、性格的片面性和狭隘性、兴趣狭窄以及过分的自我批判也就是缺乏自信心等。② 不难看出，这些不利于创造的因素大都属于人的性格方面的缺陷或同性格有关的不利因素。

任何一项活动效率的提高，都意味着有利条件的充分利用以及不利因素的不断消除，创造性思维活动也不例外。要调动思维活动的积极性，加大人脑中信息间作用的势能与频率，取得有价值的思维成果，就必须从积极与消极两个方面去考虑，尽可能发展一切有利条件，努力排除各种消极因素。

以上介绍了进行创造性思维的条件和方法。前已述及，学术研究是一项创造性活动，创造性思维能力是研究能力的基本构成要素之一。按照心理学家的阐释，能力同实践是密不可分、相辅相成的。完成一项实践活动，要求具备相应的能力条件，而能力并不是与生俱来的，是在先天素质的基础上，通过一定的实践活动形成和发展起来的。学术研究活动的进行有赖于研究者的创造性思维能力，缺乏创造性思维能力，是进行学术研究活动的最大障碍。但这种障碍又不是不可逾越的，只要肯于努力，勤于钻研，就会使自己的创造性思维能力在创造性活动中得到锻炼和提高。

经过对课题的深入研究，观点初步确立，资料也基本处理妥当，至此，这一阶段的工作可以告一段落，接着就要进入整个论文写作过程的最后一个阶段——执笔写作或称行文阶段了。不过，执笔写作并不意味着课题研究的完全终结，论文也不是研究内容的简单描述和研究成果的机械反映。在行文中，观点可能会继续得到加工、深化或纠正；某些资料可能会被重新认识，或者新的东西被发掘出来，或者新的疑点产生又被破除。总之，执笔撰写论文是整理研究思路，整理研究成果，从而使研究成果更为成熟，甚或得以升华的重要步骤。

---

① 阿瑞提. 创造的秘密 [M]. 钱岗南，译. 沈阳：辽宁人民出版社，1987：47.
② 周昌忠. 创造心理学 [M]. 北京：中国青年出版社，1983：135-138.

第五章 行 文

第一节 要重视行文

学术论文的行文，是指通过执笔写作，把研究成果落实到书面上的过程，狭义的论文写作大都专指这一过程。

一项写作活动要由许多方面的工作构成，而各方面的工作做得如何，最终都要借助于行文——执笔写作，以文章的形式反映出来。学术论文是描述学术成果的工具，学术成果的取得固然是写作之本，如何更好地把学术成果反映出来，也同样是不可忽视的。"辞不达意"乃至"以辞害意"，是文章写作中常有的现象，是论文作者在行文中必须注意的问题。

更进一步说，论文写作中的行文绝不仅仅是写作形式的谋求，更不是研究成果的机械反映，行文本身就是一个再创造的过程。在行文当中，观点可能会得到加工、深化或修正，某些资料可能会被重新认识，不够清晰的思路可能会更加清晰起来。可以说，行文是整理思路、使研究成果得以升华的重要途径。

在写作实践中，人们常常会发现，自己最初的想法同最终落实为文字的东西会有一定的距离，甚至会有很大的差异。这种距离或差异就是在行文中形成的，它既可能是积极的、有利的，也可能是消极的、有害的。如果论文作者能在行文这一环节上多下功夫，就有可能化有害为有利，变消极为积极，在行文中实现新的创造。事实上，在动笔起草文章之前，许多想法都是模糊的、混乱的、粗糙的，即便在行文前，作者自以为已把问题考虑得非常周密、细致了，拿起笔来，也还是要费一番周折，要对所要表述的内容再做一番加工、处理。美国做文教育专家威廉·W·韦斯特在谈到"为什么要学习写作"时指出："写作过程能帮助你把零乱的思想条理化，使你的想法经过提炼而清晰起来，并且进一步发展你的思想。"① 培根则指出，写作使人严谨。这里所说的写作就是指执笔写文章也即行文而言的。

总之，行文不仅是描述学术成果的手段，同时也是提高论文质量的途径。在这一阶段，论文作者应当继续保持积极、活跃的思维状态，而不可有丝毫的放松或倦怠，否则就有可能功亏一篑。

论文的执笔写作是一项非常复杂的工作，要涉及一些具体的环节和步骤，下面所提到的

---

① 韦斯特. 提高写作技能 [M]. 章熊，章学淳，译. 福州：福建教育出版社，1984：2.

就是其中几个比较重要的环节。要写出高质量的论文，在文章的执笔写作阶段，就应该在这些环节的改善上多下功夫。

第二节　执笔前的准备

写文章不能草率动笔，做好写前的准备工作非常重要，撰写学术论文这类构成复杂的文章尤应如此。从一个比较宽泛的角度来说，整个课题研究都可以被看作写前的准备，但这里所说的执笔前的准备有其特定的含义。为确保文章的质量，在正式开始起草论文之前，必须做好下面几项准备工作。

一、确立观点

观点是作者对问题的看法，是文章内容的核心，观点的证明与表达是撰写论文所要完成的主要任务，论文撰写的一切环节的安排都应围绕着观点来进行，以有利于读者理解并接受观点为原则。在文章的各个构成要素中，观点是第一位的，是起着统帅、主导与制约作用的要素。

写作要"以意为主"，早已被前人作为一条基本的写作原理加以阐释，而古人所说的"意"就是指文章的观点、主题。元代程端礼在《程氏家塾读书分年日程》中说："作文以主意为将军，转换开阖，如行军之必由将军号令。句则其裨将，字则其兵卒，事料则其器械。"这是用一种非常形象的说法，说明"主意"在"作文"中的统帅地位。清人王夫之则在《夕堂永日绪论·内编》中说："无论诗歌与长行文字，俱以意为主。意犹帅也，无帅之兵，谓之乌合。""意"如同军队中的统帅，没有统帅的士兵是乌合之众。显然，不是"以意为主"的文字堆砌，是不能称其为文章的。

要使观点统帅全文，就必须在行文前确立观点。清人刘熙载在《艺概·文概》中说："古人意在笔先，故得举止闲暇；后人意在笔后，故至手脚忙乱。"在动笔前"立意"，即确立观点，确定主题，写起来才能有条不紊，从容不迫；在动笔之后"立意"，写起来就会感到手忙脚乱，无所适从。"意在笔先"与"意在笔后"所导致的两种截然相反的情况的对比，说明了写前"立意"的重要。杜牧曾在《答庄充书》中谈过"不先立意"的弊端："苟意不先立，止以文彩词句，绕前捧后，是言愈多而理愈乱；如入阛阓，纷然莫知其谁，暮散而已。"假如不先"立意"，便开始动笔写文章，无异于进入闹市之中，乱乱哄哄，理不清头绪。前人的这些见解，都是对文章写作规律的揭示，是值得后人借鉴的经验之谈。

在任何文章写作中，"以意为主""意在笔先"都是应当遵循的原则，而在以观点突出、内容集中、结构严谨为特点的学术论文的写作中，这条原则就显得更为重要了。学术论文的写作目的十分明确，就是要清楚地表述并说服别人接受自己的观点，学术论文的价值、论文写作的意义就基本取决于学术观点的价值与意义。对一篇学术论文的质量如何，可从多个角度进行评价，其中，观点如何就是最为重要的一个指标。

事实上，学术论文的观点是在课题研究的过程中逐步形成的，但观点的最终提炼和确定，则是在动笔起草论文前所要做好的一项准备工作。如果在此阶段不对观点做认真的推敲、评价与调整、修改，观点就可能是模糊的、不成熟的，就无法成为全文的统帅。

（一）对论文观点的要求

最终确定下来并写入文章的观点必须符合正确、新颖、深刻等基本要求。

1. 正确

"正确"是对学术观点的最起码的要求，这是由科学研究的宗旨和学术论文的特点所决定的。科学研究的任务是探求真理，辨明是非，取得对于客观世界的正确认识，这种认识就被归结为文章的观点。文章的观点错误，则证明科学研究的任务未能完成。科学性是学术论文的特点之一，学术观点正确是学术论文具有科学性的根本保证。把一个不正确的观点写入论文，不仅会使文章失去科学性，使写作失去意义，并且会贻害读者，甚至在社会中造成不良影响。

看一个学术观点是否正确，主要应当从两个方面去考察：一是看它是否同客观实际相符合。学术观点是人对客观事物及其规律的认识，正确的观点应是主客观相符合的认识。实践具有把主观与客观联系起来加以对照的特性，理论来源于实践，又要接受实践的检验，在实践中被判明同客观实际相符合的认识是正确的认识，否则就是谬误。二是看观点同已得到验证的科学理论是否相符合。有些理论早已在长期的社会实践中被证明是正确的，是合乎客观实际的，学术观点同这样的理论相符合，则意味着同客观实际相符合，这是一种间接验证观点的方法。从表面上看，这似乎是用理论检验理论，而从本质上说，采用这种验证方法所依照的原则同前一种方法的理论依据是完全相同的。

另外，从论文写作过程本身来看，在动笔撰写论文之前，回过头来重新考察一下课题研究过程，也不失为一种具体有效的检验观点的正确方式。追溯考察的重点就是据以形成观点的资料以及对资料的分析、处理有无问题。在科学认识的形成中，反映客观实际情况的认识材料与具有能动作用的认识方法，是两个决定性因素。认识材料准确无误，认识方法科学得当，正确的认识才能产生。在科学研究这项认识活动中，认识材料主要体现为研究者通过各种渠道得到的资料，认识方法则主要体现为研究者所采用的思想方法、思维方式。假如在这两个方面发现了问题，就应对观点的正确性提出疑问。观点应是实事求是地对资料进行分析的结果，是在对资料的客观分析中自然而然地得出的，对资料的使用也应依循资料自身的内在规律。脱离资料人为地设定观点或者从既定的理论框架出发随意地选用资料，都难以得出一个正确的观点。

2. 新颖

"新颖"也是对学术观点的一个基本要求。文章最忌雷同，写作贵在创新，对一切文章写作，都应要求观点的新颖，而在学术论文的写作中，这项要求最为突出，也最为严格。

科学研究是创造性活动，学术论文的特点之一是独创性，新颖独特的学术观点是科学创造的产物，同时也是构成学术论文的独创性的首要因素。撰写学术论文，要"发前人所未发，言前人所未言"，要有自己对问题的独到见解和看法，而不能人云亦云，简单地重复别人的说法。

3. 深刻

"深刻"是对学术观点的又一个基本要求，这主要是由科学认识的任务和学术论文的理论性特征所要求的。

科学认识的任务是透过现象抓住事物的本质，科学研究的过程就是完成这一任务的过程。在科学研究中，如果研究者的认识仅停留在事物的表面现象上，最多只能得到一些直观的经验法则和肤浅的感性认识，这些经验法则和感性认识不足以成为成熟的学术观点。研究者的认识只有深入进去，挖掘出深藏于事物内部的本质性东西，形成一个有深度的学术观点，科学认识的任务才算完成。为表达这种学术观点而撰写的学术论文，才会具有较强的理论性。

正确、新颖、深刻是对学术论文的观点的基本要求，对观点进行评价与选择，就是要看它是否符合这几项要求。只有同时具备正确性、新颖性、深刻性的学术观点，才有资格被确定下来，写入文章，成为一篇合格学术论文的观点。

（二）文章观点系统的构成

在起草论文之前确立观点，主要强调的是在全篇文章中处于统帅地位的总的观点的确立。可是，文章的观点并不限于一个总观点，文章的总观点也不一定只有一层意思，只是作者对一个问题的看法。在一篇内容较为复杂的学术论文中，不同层次或同一层次的大大小小的观点纵横交错，共同构成了文章的观点系统及文章的内容网络。论文作者有必要了解论文观点系统的构成状况，以便在确立观点时做出更为全面的考虑。

观点，在论证性文章中，通常被称为论点。客观事物的结构性与人的思维进程的阶段性体现在文章中，就使文章形成了一个个部分或层次，每个部分或层次所特有的中心意思就是该部分或层次的论点。在文章的观点系统中，总论点与各部分或各层次的论点之间，各部分或各层次的论点之间并不是互不相关的，而是相互联系着的，也唯其如此，一篇论文才会是一个有机的整体。

由于观点之间发生着不同的联系，其间也就产生了不同的关系，简单地说，纵向联系与横向联系是观点间发生联系的主要形式，领属与并列则是论点之间所常有的两种关系。说得具体一些，文章中的上位论点与下位论点，包括中心论点与分论点、上位的分论点与下位的分论点之间所发生的联系是纵向联系，所具有的关系就是领属关系；同一层次的论点之间所发生的联系则是横向联系，所具有的关系则是并列关系。值得注意的是，并列关系不仅存在于文章的下位论点之间，有时也存在于文章的上位论点之间。对于后一种情况，也许会有人觉得不易理解。的确，从理论上说，一篇文章只能有一个中心，文章各部分或各层次所包含的意思应当能为一个中心意思所统括，文章的总论点并非各层意思的简单相加，而是各层意思的融合，总论点是在各个小论点的基础上归结出来的，同时又应异于或者说高于各个小论点，在文章中不能出现任何脱离总论点的小论点。从论文写作的实际情况来看，文章的总论点同各小论点之间具有领属关系，一篇文章所阐释的只是作者对一个问题的看法，论文内容最终能被归结为一层意思，确为常见的情况。论点可用判断性语句加以表达，这类文章的总论点用一个判断句就能表达清楚。

可是，事实上也有一些论文的总论点无法仅用一个判断句表达，文章的总论点包含着几层意思，反映着作者对几个相关问题的看法，是几个相并立的观点的综合。也就是说，对这些相并立的观点难以进行更高层次的概括，在文章的各大部分或各大层次的论点之上，并没有更上位的论点。也可以说，在这类文章中，总论点并不只是一个观点，而是由两个或多个观点共同充当的。这些观点之间既可能是平等的，也可能是有主次之分的，这在不同的文章中还有不同的情况。如此看来，文章的上位论点之间也会发生横向联系，具有并列关系。

总而言之，一篇文章所包含的各个观点之间必须发生一定的联系，这种联系不是纵向的，便是横向的；还必须具有一定的关系，即领属或并列关系。没有任何联系，不存在任何关系的观点，是根本不能写入一篇文章的。否则，文章就会杂乱无章，失去内容的一致性和连贯性。下面就围绕着普遍存在于论文观点之间的两种关系，介绍一下论文观点系统的构成状况。

1. 中心论点与分论点

一篇论文如果只有一个中心意思，文章所有的内容都可以归结为一点，那么，就形成了文章的中心论点。对一个中心论点往往需要从不同的方面去证明，这就形成了文章的分论点。中心论点是相对于分论点而言的，分论点则是相对于中心论点而言的。

中心论点与分论点之间的关系，是上位论点与下位论点的关系，也即领属关系。中心论点是分论点的高度概括和集中，分论点从属于中心论点，并为阐明中心论点服务。在论证性文章中，分论点大都具有双重身份：对更下位的论点和具体的材料来说，它是需要证明的论点；而对上位论点来说，已被证明的分论点则变成了有力的论据。一篇学术论文不可能只有一层意思，文章的内容层次越多，所包含的分论点也就越多。但不管一篇文章的分论点有多少个，分属于几个层次，最后都应归属于中心论点，为中心论点所统帅。为保证文章内容的集中和统一，同中心论点无关或关系不大的分论点不能写入文章中。

论点间的领属关系在中心论点与分论点之间表现得最为突出、最为典型。此外，在论文的其他上位论点与下位论点之间，也同样存在领属关系，例如，大的部分的论点与段的论点之间，大的层次的论点与小的层次的论点之间，都应具有领属关系。

2. 基本论点与分支论点

有的论文除了论述一个基本问题之外，还兼及其他相关的问题，在大问题之外分出一个小的旁支。在对基本问题的论述中，形成文章的基本论点；在对旁支问题的论述中，则必然得出文章的分支论点。

在一篇文章中，基本论点与分支论点是相并列的，但不是相平等的。基本论点与分支论点实质上是作者对两个相关问题提出的看法，因而它们之间没有领属关系，一个不能为另一个所包容。可是，这并不意味着它们在文章中的地位是平等的，由于问题本身有主次之分，对问题的阐述也就要有轻重之别。在这类论文中，作者写作的着眼点、出发点始终应当放在对基本问题的阐述上，基本论点制约着所有的写作环节。分支问题是从基本问题中派生出来的，是在对基本问题的论述中所必然涉及的相关问题，所以说，随着文章基本论点的明确，分支论点也就得以明确了。而且有时分支问题同主要问题之间具有因果或连带关系，两个问题甚至不能截然分开，分别进行解决，解决一个问题要以另一个问题的解决为前提，或者一个问题的解决自然而然就会使另一个问题得到不同程度的解决，两个问题可以在同一个论述过程中得到解决。当然，即便如此，写作的角度、作者的视点也只能放在基本问题上，对基本问题的解决必须彻底，对基本论点的证明必须充分，而对分支问题的解决则具有一定的附带性质，对分支论点的证明也可以仅是初步的。

为便于读者准确、全面地把握文章内容，论文作者常以正副标题的形式对文章的基本问题及分支问题或基本论点及分支论点加以揭示，即以正标题反映基本问题或基本论点，以副标题反映分支问题或分支论点，这类副标题大都以"兼论……"的形式出现，例如：

复合词结构的词汇属性

——兼论语法学、词汇学同构词法的关系

《中国语文》1990 年第 4 期

这篇语言学论文论述的基本问题是复合词结构的性质问题，作者认为复合词结构既无句法性质，也非词法现象，而只是词汇性的，这是文章的基本论点。由于将复合词看作句法结构的重要原因是把构词法视为语法的一部分，要说明复合词结构的非语法性，就不能避开构词法同语法学、词汇学的关系问题，于是就引出了这个同文章的基本问题密切相关的问题，这是文章的分支问题。作者认为复合词乃至各种词的结构方式以及构造新词的各种方法都是词汇学的研究对象，在构词法中，只有派生词结构和派生法可作为语法学的研究对象，这是文章的分支论点。作者通过对大量的语言实例的分析，着力证明复合词结构的词汇属性，显然，这是文章内容的重心之所在。文章的分支论点是在基本论点得到证明的基础上推导出来的，是基本论点的延伸和发展。这篇论文所阐述的两个问题有着直接的因果关系，解决了一个问题，另一个问题的解决也就成了顺理成章的事情。文章的正标题"复合词结构的词汇属性"是对基本问题的揭示，副标题"兼论语法学、词汇学同构词法的关系"是对分支问题的揭示。

再如：

从《民法通则》看立法缺口

——兼论司法解释

《安徽大学学报》（哲社版）1990 年第 1 期

这篇法学论文在阐释基本问题——"立法缺口"问题的同时，也不可避免地论及"司法解释"问题，后者是文章的分支问题。对这两个问题的回答使文章包含两个主要意思：一是立法要尽可能减少一些缺口，这是文章的基本论点；二是司法解释应在职权范围内进行，这是文章的分支论点。"立法缺口"同"司法解释"是两个相关联着的问题，因为目前在我国弥补立法缺口必须借助司法解释。文章的两个论点分别是作者对两个相关联问题所提出的看法，尽管两个论点之间没有必然联系，但也合理地并存于一篇文章之中。这篇论文的两个论点之间的关系同前一篇论文的两个论点之间的关系，有一些区别，不过，问题之间的相关性却是一致的。问题的相关性是基本论点与分支论点并存于一篇文章的基础，假如一篇文章所解决的两个问题并不是难以分割的，基本论点与分支论点的同时存在就会失去合理性，文章也就不会是一个有机的整体了。

3. 基本论点的并立

有些研究课题是可分解的，一个大的问题可以分成几个相对独立的小问题去研究，这样，论文的基本论点就不止一个了，对每个小问题的看法都是文章的基本论点之一。或者可以说，大的问题只相当于一个研究范畴，在此范畴之内的具体问题才是真正的研究课题，论文作者只能对研究课题提出自己的看法。实际上，这类课题研究是对同一范畴之内的相关问题的探讨，是对一个研究对象的不同侧面的认识。在论文中，虽然很难用一个中心意思把对不同问题的看法总括起来，但这些并立的论点毕竟是作者对同一范畴内的问题或同一研究对象的不同侧面的认识，是对同一个大问题的回答，所以在一篇论文中出现又是完全合乎文章构成规律的。

按照研究对象的自然构成状况及问题本身的逻辑构成状况，把研究对象分为几个方面去认识，把问题分成几个部分去研究，使得文章的基本论点由几个相并立的观点共同充当，在学术论文特别是文科论文写作中是十分常见的情况。例如，社会学论文《图腾的起源》（《中国社会科学》1989 年第 5 期）的论题也即图腾的起源问题是一个比较大的问题，文章分别从图腾发生的社会基础、思维基础、根源以及各个群体选择图腾的具体原因等几个角度对问题展开论述，把一个完整的论题分解为几个小问题。在对各个小问题的阐述中所提出的观点分别是：图腾发生的社会基础是以狩猎为主的经济生产和原始集体主义；思维基础是相互交织的混沌律。图腾发生的根源是原始人保障自身的"求安"心理。各个群体选择图腾的具体原因是人的感情。这几个论点是对几个小问题的回答，是文章各个部分的内容核心，同时又是并立于文章之中的基本论点，这几层意思合在一起，就是对图腾起源问题的全面说明。不管哪类论文，都要把各部分的内容概括为一层意思、归结到一点上，是违反文章实际的。

在一篇论文中，并立的基本论点一般没有明显的主次之分，但由于问题本身可能会有难易程度的区别，所以作者也可能不是平均地使用笔墨，而是在某个问题的论述上多用一些篇幅，这在客观上也就使得文章有了内容的重心。

一篇论文蕴含着几个并立的基本论点，常常会在文章的标题中有所体现。例如，《关于正确评价〈唯物主义与经验批判主义〉的若干问题》《建立我国行政损害赔偿制度的几个问题》《对我国新时期监管改造工作若干问题的理论思考》之类的论文标题都清清楚楚地告诉读者，文章是对构成一个大的论题的几个小的问题的探讨，因此也就相应地会有几个并立的论点。

确立观点，无疑首先应把着眼点放在文章的总论点的确立上。在所有的分论点都能为一个中心论点所统括的文章中，总论点也就是文章的中心论点，确立观点也就是这个中心论点的确立；而在基本论点与分支论点或基本论点与基本论点并立共存的文章中，则要对处于文章的总论点地位的两个以上的观点加以全面考察，不仅要分别对其进行评价、选择，而且要研究它们之间的关系，判定将其纳入一篇文章的必要性、合理性。

二、选定材料

观点与材料是文章内容的两大构成要素，观点得以确立之后，还必须根据表达观点的需要选定材料。在课题研究的进行中，研究者通过各种渠道，得到了大量的资料。足够的资料是展开课题研究的必备条件，是产生观点的基础。但从论文写作的实际情况来看，资料并不是搜集得越多越好；从文章的实际效果来看，资料也不是用得越多越好。课题研究的需要有限，研究者的时间和精力有限，搜集资料的工作不能无休止地进行下去，即便已经占有的资料，也没有必要全部用到论文中去。在处理资料的占有与使用的问题上，应当力求做到"厚积而薄发""博收而约取""事多而寡用之"，在全部可用的有关资料中，尽可能选取最有用处、最有魅力的资料表达观点，构成文章。

人们通常把写入文章的资料称为材料，那么，写文章应当选用什么样的材料呢？或者说，哪些资料能够用作写作材料呢？这就涉及材料的选取问题。材料的选取不能随意进行，要遵循一定的原则，还要依照一些具体的标准。从大的方面来说，选取材料要考虑两条原则：一是要有利于支撑观点；二是要有利于吸引读者。具体地说，选取材料应当依照以下四条标准：

（一）要选取确实的材料

选取确实的材料，主要是就材料的自身性质而言的。确实的材料就是真实准确的材料，是与客观实际相符合的材料。材料真实准确，是论文的生命；保证材料的确实性，是选取材料的首要标准。强调这一标准，首先是因为资料是产生观点的基础，只有从真实准确的资料出发，才能得出正确的结论，资料不够准确，结论必然有误；其次是因为材料是支撑观点的凭借，在文章中，只有使用真实准确的材料，才会使读者信服，读者对支撑观点的材料确信无疑，才有可能接受观点。反之，读者如果发现某些材料是虚假的，就会对所有材料的确实性发生怀疑，进而就会对文章的观点产生疑问。

重视材料的确实性问题，自古以来就是良好的写作传统，更是经典文论的重要主张。例如，刘勰在《文心雕龙·宗经》中把"事信而不诞"视为一条写作准则，而所谓的"事信而不诞"，就是指事实要可信，而不能虚妄、荒诞。宋代洪迈则在《容斋随笔》中指出："作议论文字，须考引事实，不使差忒，乃可传信。"这是直接针对议论性文章所提出的要求，意思就是写议论性文章，必须对所引事实进行考证，使之没有任何差错之后，才可流传并采信于后世。应当说，"事信"应为"作文"之"要义"，而在以探寻真理为写作宗旨、以科学性为基本特征的学术论文中，"事信"也即材料真实可靠，更是有着特定的内涵和更为严格的标准的。

为确保材料的真实准确，在选取材料时，必须做好下面两项工作：

1. 保证材料来源的可靠

保证材料来源的可靠，是使所用材料真实准确的前提。

直接的感性资料是论文作者亲自从社会生活和科研实践中获取的第一手资料，因此，可以说是具有可靠的来源的资料。

间接的情报资料是作者通过特定的情报传递渠道得到的资料，在选用时必须注意：要尽量减少情报传递的中间环节，每一条材料都要有确定的情报来源；使用文献资料，要尽量直接引证，也就是要从原文献中选用材料；间接引证文献资料要查明出处，最好能够找来原文献查对。

2. 保证材料内容的可靠

选用材料，要注意保持材料内容的客观性、真实性和完整性。

选取直接的感性资料，要确保其内容同实际情况相符合，而不能按照主观意愿，歪曲事情的真相，掩盖事物的真实状况，也不能孤立、片面地看待个别事实，把不具有整体或本质真实的具体事例或局部细节作为立论的依据。

在对社会现象的认识中，由于认识主体缺乏历史的、联系的观点，因而只抽取个别事实，误解或歪曲事实材料的内涵的情况时有发生。为此，列宁曾告诫人们："在社会现象领域，没有哪种方法比胡乱抽出一些个别事实和玩弄实例更普遍、更站不住脚的了。挑选任何例子是毫不费劲的，但这没有任何意义，或者有纯粹消极的意义，因为问题完全在于，每一个别情况都有其具体的历史环境。如果从事实的整体上、从它们的联系中去掌握事实，那么，事实不仅是'顽强的东西'，而且是绝对确凿的证据。如果不是从整体上、不是从联系中去掌握事实，如果事实是零碎的和随意挑出来的，那么它们就只能是一种儿戏，甚至连儿戏也不如。"[①] 割裂事实，则无法了解真实情况，无法形成对世界的正确认识，这同科学研究的宗旨是相悖的。

选取间接的情报资料，要准确无误、全面完整地理解资料所包含的信息内容，要按资料本身所具有的内涵去选择、使用资料，特别是文献资料的选取更要注意这一点。选取文献资料，必须在系统地阅读文献全文，深入领会其精神实质的基础上进行。如果选取一份文献资料中的结论，就要查证据以得出这一结论的材料是否可靠，推理过程是否缜密，从总体上

---

① 列宁. 统计学和社会学［M］//列宁全集：第 28 卷. 北京：人民出版社，1990.

看，结论是否合理、可信，免得把某个错误结论作为文章的论据提出；如果选取具体的事实和理论材料，就要考察材料在整个文献中的地位和作用，不要断章取义，更不能歪曲其原意；选取古籍资料，要注意古今对译的准确性；使用译文资料，如有条件应当查对原文，以免以讹传讹，误用材料。

为保证材料内容的可靠，还要善于分析比较，鉴别真伪，破除疑点。有时，对于同一事实，不同来源的资料会有不同的说法，或者论文作者根据自己的经验，发现某些资料所反映的情况不够合理，可能与事实有出入，这就需要反复核对、验证，对资料的真伪加以鉴别，以选用一种比较准确可信的说法。

也有的时候，同一条资料在不同的文献中有不同的记载，或者对同一问题不同的文献反映出不尽相同甚至截然相反的看法，选用这类资料时，就需要认真比较、分析、判断，剔除不够准确的看法，选用可靠程度较高的资料。

鉴别资料的真伪，比较简便的做法是设法查找专门对某些错误说法加以纠正的文章，从而直接舍弃已被否定的资料，也可以对阐述同一问题，却有不同观点的争鸣文章或其他文献进行对比研究，从而明确问题的焦点所在，寻求一种相对准确的说法。

归根结底，要保证材料来源和内容的可靠，论文作者首先必须具有实事求是、客观公正、认真负责的工作态度，同时还要掌握科学的工作方法。

（二）要选取有力的材料

选取有力的材料，主要是就材料与观点的关系而言的。简单地说，有力的材料也就是具有说服力和表现力的材料。具体地说，要选取有力的材料，包括三层含义：

1. 要选取适用的材料

"适用"是对有力的材料的最低层次的要求，是指材料的内容同观点的内涵相吻合，因而材料能为观点所统帅，能为证明、表达观点服务。凡是与观点无关或相悖，不利于支撑观点的材料，都不是适用的材料，无论多么难得，也是不宜选取的。假如实在不肯割舍，勉强把并不十分适用的材料放到文章中去，则不仅不会给文章增添任何魅力，反而会适得其反，影响表达效果。

2. 要选取必要的材料

"必要"是对有力的材料的较高层次的要求。必要的材料是为观点的证明与表达所必需的材料，是与观点有密切关系的材料。可有可无的材料，不是必要的材料，一般是应当舍弃的材料。

3. 要选取典型的材料

"典型"是对有力的材料的更高层次的要求。典型的材料是能够深刻地反映事物的本质以及共性特征的材料，是具有丰富的内涵和较强的说服力、表现力的材料。马克思在谈及《资本论》一书的写作情况时，曾说过这样一段话："我要在本书研究的，是资本主义生产方式以及和它相适应的生产关系和交换关系，到现在为止，这种生产方式典型地点是英国。

因此，我在理论阐述上主要用英国作为例证。"① 可见，讲求材料的典型性，正是马克思主义经典作家所依循的写作原则之一。

选取材料，不能追求"多多益善"，而要尽可能做到"一以当十"，而典型的材料就是能够"一以当十"的材料。

论文所用的材料是适用的、必要的、典型的，论文的观点就能得到有力的证明和充分的表达。请看下面一篇论文所用的几条材料：

> 户赋既然是以户为单位征收，但是每户既有的人口多少不等，拥有的财产多少不同，究竟以何作为标准来征收？这是必须考证清楚的问题。
>
> 《盐铁论·未通篇》载文学曰："往者军阵数起，用度不足，以赀征赋，常取给见民。"《后汉书·刘平传》云："（刘平）拜全椒长，政有恩惠，百姓怀感，人或增赀就赋，或减年从役。"《后汉书·百官志五》载："乡置有秩、三老、游缴，掌一乡人，其乡小者，县置啬夫一人；皆主知民善恶，为役先后，知民贫富，为赋多少，平其差品。"
>
> 以上第一条史料明言以赀征赋的目的是用于军事，第二条史料说明征赋亦是以赀为标准，第三条是说地方基层官吏的执掌之一即是根据民户的贫富，来决定其赋额的多少。我们知道，秦汉年间的赀产，一概是指一家一户所拥有的财产量，即家赀，那么，"以赀征赋"，"增赀就赋"，"知民贫富，为赋多少，平其差品"的赋，必为户赋无疑。正因为家赀是政府征收户赋的依据，秦汉政府才必须对编户齐民的家赀有准确的了解，"知民贫富"方成为地方基层官吏的重要职责。而居延汉简中礼忠与徐忠家赀的简文，更为我们提供了这一方面的实物证明，现征引如下：
>
> > "候长觻得广昌里公乘礼忠年卅
> >
> > 小奴二人直三万　　大婢一人二万
> >
> > 轺车二乘直万　　用马五匹直二万
> >
> > 牛车二两直四千　　服牛二，六千
> >
> > 宅一区，万　　田五顷，五万
> >
> > 凡资直十五万"
> >
> > "三墐隧长居延西道里公乘徐忠年五十
> >
> > 徐忠年五十
> >
> > 妻妻　子男一人　　男同产二人
> >
> > 女同产二人　　宅一区直三千
> >
> > 田五十亩直五千　　用牛二直五千"
>
> 从这两简中我们可知，政府对于各家庭的财产状况是登记载入户籍的，这就为"以赀征赋"提供了准确的依据。我们从秦汉史籍中经常看到记载某人家赀的具体

① 马克思.《资本论》第一卷第一版序言［M］//马克思恩格斯选集：第2卷.北京：人民出版社，1972：206.

数字，如《汉书·扬雄传》记载他"有田一塘，有宅一区……家产不过十金。"《汉书·贡禹传》载贡禹"家赀不满万钱"等等，这些皆可说明秦汉政府对其治下的编户齐民的家赀是有清楚的了解的。

上面几段文字引自历史学论文《秦汉"户赋""军赋"考》（《中国史研究》1989年第4期）的第三个部分"户赋按家赀征收"。作者所要着力说明的是"秦汉的户赋是以户为单位征收的，征收的标准是家庭的财产数量"。为证明自己的观点，作者选用了一些史料，上面几段文字中的引文就是其中的几条。把文章的观点与材料结合起来看，就会发现，这几条史料都是同观点密切相关的，是为证明观点所必需的，是很有说服力的。

再看一段例文：

图腾文化丛系由多种文化元素组成，如图腾观念、图腾名称、图腾标志、图腾禁忌、图腾外婚、图腾仪式、图腾圣地、图腾圣物、图腾魂、图腾文学和图腾艺术等。通常，每一种文化丛都有一个中心观念，它使文化丛的其他元素具有一种内聚力。在图腾文化丛中，这个中心观念就是图腾观念。它不仅是核心的元素，而且是最初的元素，其他元素都是由这一观念衍生的。前已述及，图腾观念又分图腾亲属观念、图腾祖先观念和图腾神观念三种，而最早、最根本的是图腾亲属观念，后两种都是在前一种的基础上产生的。对此，我们首先可以从语源学上找到根据。印第安语 totem（图腾）一词源于 ototeman，其义是"我的亲属"。大量民族学材料也为此提出了根据。我们发现，近现代一些民族仍然把图腾作为本群体的血缘亲属，并用"父母""祖父母"或"兄弟姐妹"的称谓称呼图腾。如中非的班布蒂人各氏族把豹、黑猩猩、蛇、猿猴、羚羊和蚂蚁等动物视为近亲，称之为"祖父"或"父亲"；西非的班巴拉人称一种野牛为"爹爹"；南非的博茨瓦纳人称鳄鱼为"父亲"；澳大利亚人相信自己与某种动植物或无生物存在亲属关系，并用"父亲""兄弟"或其他称谓称呼；大洋洲、北婆罗洲的加焦人认为虎是自己的血缘亲属，称它为"祖父"或"大哥"；我国东北的鄂伦春族称公熊为"祖父"（"雅父"），称母熊为"祖母"（"太帖"）；鄂温克族称公熊为"和克"（祖父），称母熊为"恶我"（祖母）……诸如此类，不胜枚举。可见，原始人最初是把图腾当作自己的血缘亲属的。后来，随着社会和思维的发展，原始人开始寻找自己的来源。于是，他们误以为图腾就是自己的祖先，便产生了图腾祖先观念。根据人类思维发展史，祖先观念是晚出的一种观念。杨堃教授甚至认为，只有到了父系部落社会，"人们追述往事，才会想到，最早的祖先，应当是图腾祖先……"至原始社会后期，人的思维进一步发展，意识到人与动物和植物有很大的差别，它们既不是自己的亲属，也不是自己的祖先。但由于原来的图腾亲属和祖先观念根深蒂固，图腾便演变为氏族、部落或家庭的保护神。

既然图腾亲属观念是最早的图腾观念，那么，探讨图腾的起源，就要从探讨图腾亲属观念的起源入手。以往研究图腾起源的学者大多不明乎此，而从图腾名称、图腾标志、图腾禁忌或图腾繁殖仪式着手，故而难免失误。

（《中国社会科学》1989 年第 5 期）

在此，论文作者选用了语源学、民族学和历史学方面的资料，旨在阐释以下观点：图腾观念是图腾文化丛的中心观念，而图腾亲属观念又是最早、最根本的图腾观念，所以探讨图腾的起源，就要从探讨图腾亲属观念的起源入手。由此入手，作者得出了全篇文章的结论。无论是从文章总体来看，还是从材料的具体用途来看，这几条材料都是非常适用的，是能够有力地说明问题、支撑观点的，而且从其来源来看，这些材料又相当典型，有较强的代表性和概括性。

孤立地看待任何一条材料，都不能断定它是否是有力的，只有把材料同表达观点的需要，同文章整体，甚至同整个科学研究过程联系起来，才能断定它是否是适用的、必要的、典型的，是否能够有力地证明观点。

（三）要选取富有新意的材料

选取富有新意的材料，主要是就材料已被使用的情况和读者对材料及其用法熟悉的程度而言的。

具有独创性，是学术论文的一个重要特征，这一特征应当体现在文章的各个方面，具体地说，一篇高质量的论文，不但观点应是新颖独特的，所用的材料也要能给读者以新鲜感。而且，更进一步说，新颖独特的学术观点的提出与确立也是同使用新鲜的材料分不开的。

撰写论文，为什么必须选取富有新意的材料呢？

首先，从学术见解产生与表达的角度来看，使用新的材料最有利于学术创新，也最有利于证明新的观点。

进行学术研究，必须提出新的观点，做出新的发现，而在新的资料的基础上展开研究，才比较容易有所创新，有所发现。相反，如果面对着一些已被反复使用过的，早已陈旧过时的资料，则很难提出新的观点，做出新的发现。可以说，新鲜的资料是孕育新的学术见解的良好土壤。既然新的学术见解要从新的资料中产生，那么，新的学术见解的证明与表达，也最好使用新的材料。从新的材料中引出新的观点，合乎人们思维的一般逻辑，容易为读者所接受。

其次，从实现文章写作目的的角度来看，使用新的材料能够增加文章的价值，也有利于吸引读者。学术论文以传递新的学术信息为使命，读者在进行论文的阅读选择时，也主要是看能否从中得到新的信息及信息容量的大小。如果论文所用的材料全部是读者完全熟悉甚至早已掌握的材料，所含信息量无疑是很小的，一般来说，读者是不会非常重视这类缺乏足够的信息价值的文章的。有时，使用全新的材料，对一个人们早已了解但并未得到充分证明的学术观点重新进行论证，论文也会具有较高的学术价值，也能够引起读者的注意。

广而言之，选用富有新意的材料，应该包括下面几种情况：

一是把新的事实、新的思想观念作为材料使用。新的事实、新的思想观念本身就是新出现的事物，也通常是人们所不了解或不熟悉的，读者当然容易从中获取新的信息。同时，使用这样的材料，还会使文章显得有生气、有时代感。

二是把早已存在，但并未被发现或未引起人们普遍注意的事物作为材料使用。这类材料是别人不曾用过或很少用过的材料，是人们不甚熟悉的东西，写入文章，也会使读者感到很有新意。譬如，在历史学论文中，人们经常把一些新的考古发现、出土文物作为材料使用。单从材料产生时间的角度来说，这些材料是早已存在的十分陈旧的东西。但由于它们被发现或发掘的时间较晚，尚鲜为人知，因此也应当算是富有新意的材料。对于读者来说，这样的材料往往具有很高的信息价值。

在社会科学领域的很多学科中，研究者不可避免地要用到一些年代久远的材料，如古代史、古代文学、古代汉语研究都不可能把新的事实作为主要材料使用，而要经常使用那些就其存在时间而言已相当陈旧，就读者对其熟悉的程度而言，又颇具新意的材料。把新的材料只理解成新的事物、新的观念，是有一定的片面性的。

三是从新的角度使用人们已比较熟悉的材料。从一个新的角度，将人们比较熟悉的材料的新的内涵揭示出来，会使旧的材料产生新意，或者说会使旧的材料变为有新意的材料。例如下面几段文字：

> 西汉末、东汉初，儒学章句谶纬化，儒学成为唯神学。这种保守、荒谬的意识形态对人们思想的束缚，也达到前所未有的程度。东汉后期今文经学衰落，曙光开始显露，神的权威从天庭跌落，人们开始重新认识自己的本来价值。
>
> 由此而来的，是人的自我意识增强。注意精神、风度的美感追求，是人的自我意识增强的极为自然的反映。《续汉书·五行志》说：
>
> 桓帝元嘉中，京都妇女做愁眉、啼妆、堕马髻、折马步、龋齿笑。所谓愁眉者，细而曲折。啼妆者，薄拭目下，若啼处。堕马髻者，做一边（引案：刘昭注引《梁冀别传》曰："冀妇女又有不聊生髻"）。折腰步者，足不在体下（范晔《后汉书·梁冀传》注引《风俗通》曰："足不任体"）。龋齿笑者，若齿痛，乐不欣欣。始自大将军梁冀家所为，京都歙然，诸夏皆仿效。
>
> 封建史家将这一史料入《五行志》，乃出于谶纬思想，自不足为训，但却为我们保留了汉末文化史——风俗史的可贵史料。装束、风度是人的文化意识的精神外现，它反映一个民族的一定历史时期的文化状况。当然，在同一个民族中，它也深刻地打下不同阶层精神生活的印迹，因而显出较大差异。
>
> 同一个时期的史料还可以找到一些。如范晔《后汉书·李固传》载诬奏李固的"飞章"说：
>
> ［固］募求好马，临窗呈试。出入逾侈，辎耕曜日。大行在殡，路人掩涕，固

独胡粉饰貌，搔头弄姿，盘旋偃仰，从容冶步，曾无惨怛伤悴之心。

这些事，是否实出李固之手，可以不管；其为一时风气，则不必怀疑。乃至曹魏时的何晏，竟至于"动静粉白（帕）不离手，行步顾影"（《魏志·曹真传附何晏传》裴注引《魏略》）。杨泉《物理论》说，"夫文采之在人，犹荣华之在革"（见《意林》引），则代表当时的一般观念。

汉末人物批评识鉴，也从人的风标气度着眼。《世说新语·德行》：

郭林宗至汝南，造袁奉高，车不停轨，鸾不辍轭；诣黄叔度，乃弥日信宿。人问其故，林宗曰："叔度汪汪如万顷之陂，澄之不清，扰之不浊，其器深广难测量也。"

又《赏誉》：

陈仲举尝叹曰："若周子居者，真治国之器，譬诸宝剑，则世之干将。"世目李元礼：谡谡如松下风。

又据《魏志·荀彧传》裴注引《三辅决录》：

（韦）康字元将，亦京兆人。孔融与康父端书曰："前日元将来，渊才亮茂，雅度宏毅，伟世之器也。昨日仲将又来，懿性贞实，文愍笃诚，保家之主也。不意双珠，尽出老蚌，甚珍贵之。"

《御览》四百四十五引《魏略》：

是时白衣祢衡高论冠世，来游京师，诋朝士。及南见（赵）戬，叹之曰"所谓铁则干将莫邪，木则椅桐梓漆，人则颜冉仲弓。"

这类记载中，《后汉书·郭泰传》的一条，尤为重要：

（泰）善谈论，美音制。游于洛阳，始见河南尹李膺，膺大奇之。遂相友善。于是名震京师。后归乡里，衣冠诸儒送至河上，车数千两。林宗唯与李膺同舟而济。众宾望之，以为神仙焉。

这段话包含丰富的内容。其一，郭泰的"名震京师"，只凭言辞和风标之美，而无须乎显示任何实际的才能，但要有像李膺那样的名流赏誉推毂，这一点是关键。其二，既然可以通过这种便宜省力的办法一蹴而成名，谁还去"明经"呢？"诸儒"正是以郭泰为楷模，不胜景仰之的。名曰"儒"，实已成清谈名士。这对儒学章句来说，是莫大的嘲讽。其三，对人的风标气度之美做出至高无上的评价（"以为神仙焉"）。比起这种名士风度，老死章句的呆头呆脑的腐儒，自然要为人们所鄙弃了。

由于品评人物的风气盛行，人伦识鉴成为时髦的专门学问。如汝南许劭，就是当时著名的人物批评家。刘劭的《人物志》一书，则"为汉权品鉴风气的结果"。

要求抒发和表现，对美的追求，是人的自我意识增强的一个重要方面。在这一点上，与文学创作的心理机制是一致的。

（《文学评论》1990 年第 1 期）

在上述例文中，作者为了阐明自己的观点，引证了多条史料，其中包括《续汉书·五行志》《后汉书·李固传》《世说新语·德行》等。对于这些材料本身，许多读者可能都会觉得非常熟悉，可是，对这些材料的用法，人们则会感到仍有新奇之处。作者选用这些材料，并不是简单地对当时的社会环境、社会风俗加以描绘和说明，而是用以证明从东汉后期人的自我意识有所增强，人们开始注重精神、风度的美感追求这一看法。作者从一个新的角度使用这些人们已很熟悉的材料，从旧的材料中挖掘出新的含义，使旧的材料产生新的价值。读者接触这样的文章，仍然会有耳目一新的感觉。

选用人们已经比较熟悉的材料，阐述新的问题，证明新的观点，也就是说从一个全新的角度使用旧的材料，不但会使并不新鲜的材料产生新意，并且有利于读者理解文章内容，能够增加文章的可读性。

选用富有新意的材料，大致就包括以上三种情况。前面两种情况是指所选取的材料本身就是读者所不熟悉的，因而能给读者以新鲜感；后面一种情况是指材料本身已为读者所熟悉，但材料的用法是新颖独特的，是前所未有的，因而读者也会从中获取新的信息，会对材料产生新的认识。

（四）要选取易于理解的材料

选取易于理解的材料，是就材料与读者阅读的关系而言的。要选取易于理解的材料，主要是因为：

首先，学术论文是说服型文章，无论确立什么观点，阐述什么见解，都以说服读者为目的。而观点要靠材料支撑与表达，接受文章的观点要以理解材料为前提，读者理解了材料，才有可能进而理解观点，接受观点。如果文章所用的材料是读者所无法理解的，读者也就难以对观点的正误及其价值做出判定，就不会盲目地接受作者的看法，学术论文的写作目的也就无从实现。

其次，写文章都是为给别人看的，读者无法顺利地领会文章的内容，写作也就失去了意义。学术论文是传递学术信息的工具，文章中所用的材料是论文内容的重要构成要素之一，读者不能很好地理解材料，也就表明没有完全读懂文章内容。读者的阅读是使文章的社会功用得以发挥的中介，假如读者连文章的内容都未能理解，那么就谈不上对其中有用信息的接收和利用了，文章的社会功用也就无从谈起了。一篇论文所用的材料无论多么珍贵难得，只要读者不能理解，这些材料的使用就是毫无价值的。

选取易于理解的材料，主要应当注意两个问题：

一是要选取同读者对象的理解能力相适应的材料。既然材料是否易于理解，要根据读者对材料的理解程度来确定，那么，选取易于理解的材料，首先就要考虑读者的理解能力。应当说，究竟什么样的材料是易于理解的，并无一个统一的标准，因为不同的文章有不同的读者对象，不同的读者对象所具有的不同的知识结构和认知结构，是理解新的材料的基础。同样的材料对于有些人来说，可能是非常易于理解的，对另外一些人来说则可能是难以理解，甚至根本无法理解的，所以选用材料要充分考虑读者对象的特点，考虑所用材料是否同读者对象的理解能力相适应。

就毕业论文写作而言，文章首先要面对的读者就是指导教师以及论文评审人员。无论是指导教师，还是论文评审人员，都应是专业知识和研究经验较为丰富的学科专家，同时，他们的阅读目的、阅读方式又同一般读者有着一定的差异。在选取和使用材料时，也应适当考虑这部分特殊读者的特点。

二是要多用具体、翔实的材料。如果单从材料本身的情况来看，一般来说，具体、翔实的材料是易于理解的材料。在学术论文中，多用具体、翔实的材料，而尽量避免进行简单的判断和空洞的推理，不仅会使文章的内容更加丰富、充实，会使文章的说服力和感染力有所增强，而且会为读者深入领会、切实把握文章内容提供方便。对于任何读者来说，具体的内容都比抽象的内容要更容易理解一些。

富有新意并易于理解的材料，是能够吸引读者的材料，因为人们通常比较容易对不完全了解，而又可以理解的事物发生兴趣。

确实、有力、富有新意和易于理解是选取材料的四条标准。符合这四条标准的材料，是有价值的、可用的材料，是宜于写入毕业论文的材料。

三、安排结构

在确立观点、选取材料之后，还要设置出一个能把观点和材料包容进去的逻辑框架，这个逻辑框架就是文章的结构。简单地说，结构即文章的内部构造，安排结构即谋篇布局，确定文章的框架和格局。

确立观点，选取材料，只解决了文章内容方面的问题，即"写什么"的问题，只为文章"言之有物"打下了基础。可是，文章不仅要有内容，还要有形式，不仅要"言之有物"，还要"言之有序""言之有文"，写文章不仅要解决"写什么"的问题，还要解决"怎样写"的问题。写作形式的处理会涉及一系列具体的技巧方面的问题，其中有的问题必须在行文中解决，比如语言运用的问题；有的问题则在行文前就应当予以考虑，比如结构安排的问题。在动笔起草论文之前，初步安排好文章的结构，写作才能按部就班、有条不紊地进行下去，才能把文章写得有条理、有章法；反之，如果行文前未对文章结构做出任何安排，提起笔来就会感到无从写起，或者只好信笔而至，在这种情况下写出的文章，常常是内容混乱、层次不清、缺乏逻辑性的。对这样的文章，即使其中包含着有价值的观点与材料，读者也是不愿阅读或难以卒读的。

要安排好论文的结构，至少应当做好下述两个方面的工作。

（一）掌握结构程序

所谓结构程序，是指构造文章的步骤，也是指文章本身的基本构成模式。说得通俗一些，就是指在一篇文章中，先写什么，后写什么，从哪里写起，于何处止笔，哪个部分大致应当包括哪些内容，等等。

体式规范，结构固定，是实用型文章的一个非常重要的特征，学术论文也不例外。在长期的写作实践中，各类实用型文章大都形成了惯用的构成格式或称写作模式，这些格式或模式往往是先为少数人所用，由于它符合人的思维规律，符合写作的实际需要，便固定下来，并逐渐得到推广，成为相对定型化的文章结构程序，人们称之为"写作基本型"。"写作基本型"通常会被作为科学的写作知识加以总结和介绍，有的甚至被国家有关机构或部门以文件的形式加以明确和规定。例如，国家质量技术监督局发布的《科学技术报告、学位论文和学术论文的编写格式》，就以国家标准的形式对学术论文的格式做了比较详尽的说明。从这个角度来看，可以说，在各类实用型文章中，学术论文应当算是规范化程度较高的文体之一。

"大体须有，定体则无"，精神劳动具有高度个性化的特点，很难说会有什么一成不变的法则，但一般的规则总还是要有的，这里所说的写作基本型就属于"大体"，而不是"定体"。掌握惯用的写作程序是必要的，可又不能囿于这些程序。在实际写作中，作者要善于根据文章内容的特点，选择一种最为恰当的结构形式。文章内容各有所异，为内容服务的形式也就不能千篇一律，文章的结构程序究竟应当怎样安排，归根结底还是要根据内容表达的需要而定。

同时，写作基本型毕竟是在写作实践中所形成的带有共性特征的模式，其合理性、实用性也是不可忽视的。掌握学术论文的写作基本型，有助于论文作者把文章写得规范、"得体"，有助于写作效率的提高。对于一般论文作者特别是对于论文写作经验不足的人来说，按照基本型写作是大有益处的，可能会收到事半功倍的效果。

同理工科论文相比，文科论文的结构形式要显得灵活多变一些，但万变不离其宗，无论如何变化，基本的结构框架还是很难突破的。从文体类型上看，学术论文是议论文的一种，而在议论文的写作中，作者的思路一般是循着提出问题、分析问题、解决问题的顺序展开的，这一思路外化为文章的结构，就形成了序论、本论、结论三大部分。议论文的这种结构形式被人们称为"三段论式"。"三段论式"是对议论文的结构特点的总结，因而也同样适用于学术论文，而且在学术论文中，每一大部分都有一些比较常见的写法。

1. 序论

序论又称前言、引言、引论、绪论等，这是文章的开头部分。

学术论文的序论部分通常会写入以下几项内容：

（1）提出问题

这几乎是所有的学术论文的序论部分都应包含的一项内容，序论部分的其他内容的表述也往往是围绕着问题展开的。例如经济学论文《商业银行与工商企业交易关系的理论分析》（《中国社会科学》1997年第1期）的序论部分：

在现代市场经济中，如何处理好商业银行与工商企业的关系，是理论界所关注的一个重大问题。本文试图对商业银行与工商企业交易关系的运行机理做些理论上的探讨，以期为构造我国新的市场型的银行与企业关系提供理论依据。

在这个简短的开头段中，作者简明扼要、开门见山地提出论文所要研究的问题，并述及该项研究的实践意义。

再如研究现实问题的民商法学论文《共享经济下网约车监管的法律问题研究》（《求是学刊》2020 年第 2 期）的序论部分：

网约车勃兴于互联网与信息技术空前发展的大时代，一经问世便赢得了消费者的青睐，在全球范围内产生了巨大的市场经济价值，其发展也正经历着从野蛮生长到规范管理、自我革新的新阶段。网约车治理如何实现"良法善治"，日益成为法学界争议的焦点。本文意在追溯共享经济与网约车之本源，研究网约车监管的法律问题，以达成探索共享经济下网约车的科学治理路径，促进其发展之目的。

该序论部分的写法同样非常简洁，明确问题及其缘起，并述及研究目的，为其主要内容，这是论文的序论部分最为常见的写法。

（2）评介已有研究成果

篇幅较长的论文，特别是毕业论文在提出问题的同时，还会对某些背景材料加以介绍，指明在该项课题研究中，已取得哪些成果，还存在哪些尚未得到解决的问题，等等。在一般的交流性论文中，这些内容即便要写，也尽可能写得概括、简略；而在毕业论文和学位论文中，这方面的内容则要写得详细一些，有的论文不但有对先行研究的介绍，还有对已有成果的评述。例如人类学论文《中国文明起源中的巫及其角色演变》（《中国社会科学》2020 年第 6 期）的序论部分：

在中国文明起源中，氏族、部落的神权、军权往往是合一的。这些氏族、部落的酋长，既是主持宗教祭祀仪式的巫，也是掌握军权的首领，并在史前社会复杂化进程中促进了早期分层社会向早期国家的转型。从 20 世纪以来，不少学者对中国文明起源中的巫及其功能、角色演变分别从甲骨文、文献学、考古学、哲学学或不同历史时段进行了研究，这些论著分别从甲骨文、文献学、考古学、哲学、文学领域对先秦宗教及巫的起源、功能、特征等进行了探讨。但是由于其研究的角度、时段、领域的不同，从多学科角度对文明起源中的巫作整体、综合性研究的论著尚少见。这些论著对我们认识巫的起源及其功能、特征有着重要意义。但是由于受到地下出土材料和历史学、人类学、考古学等理论的局限，以及研究者在研究角度、领域和历史时段的不同，过去对文明起源中的原始宗教及巫的研究往往限于一隅，缺乏较全面而翔实的论述。由于史前中国神权与王权所具有的相融性、同一性特征，原始宗教和巫的角色演变，不仅涉及史前文化、宗教的相关问题，也对探讨中国早期文明起源和国家形成具有重要意义，因此对该问题研究的学术价值不言而喻。近年来，随着考古材料的丰富，学科理论的发展，使我们有可能在前人基础上进一步深入对史前宗教及巫的研究。本文正是在近年来丰富的地下出土材料及相关理论基础上，对原始宗教及巫的性别、职能、角色演变，神权对史前分层社会和早期国家产生的作用，商周时代宗教与巫的二元分化，女巫群体形成等问题做进一步较全面、深入的研究，试图以此更清晰地认识中国文明起源中宗教、礼制、国家的相互关系及其特征。

在此，作者首先概述情况，提出问题，然后对前人的研究成果加以介绍和评价，在对已有成果评介的基础上，指明研究"原始宗教和巫的角色演变"问题的意义，并引出该文的研究范围、方法和角度，即在评介已有研究成果的同时，写明该文的研究出发点和目的。总的来看，上述例文的内容是比较丰富的，包含问题的提出、已有成果的评介、研究意义和目的的说明等论文的序论部分常写的几项内容。

（3）说明选题的缘由

在提出问题的同时，指明选题的背景、意义以及研究目的等，这都是对选题缘由的明确。例如对外汉语教学研究论文《关于教学语法的思考——以句式教学体系为例》（《语言教学与研究》2017 年第 6 期）的序论部分：

> 对外汉语教学语法体系肇始于 20 世纪 50 年代，60 多年来虽然产生过颇有影响的《汉语水平等级标准与语法等级大纲》（国家对外汉语教学领导小组办公室汉语水平考试部，1996）（以下简称《HSK 大纲》）、《外国留学生汉语言专业教学大纲》（国家对外汉语教学领导小组办公室，2001）（以下简称《专业大纲》）、《高等学校外国留学生汉语教学大纲（长期进修）》（国家对外汉语教学领导小组办公室，2002）（以下简称《进修大纲》），但教学语法体系未见太大的改变。众所周知，这三个具有代表性的大纲在语言点的选取、分类及其分级上存在诸多问题。虽然自 20 世纪 90 年代以来，改革之声不断，却一直只是停留在呼吁层面，未见真正实施。本文拟根据对现有大纲和教材以及外国留学生汉语习得情况的考察，就句式的选取、分类及分级原则提出一些思考，就教于大家。

例文简述历史，说明现状，从而说明作者为什么要对"教学语法"问题进行探讨，内容涉及研究背景及研究范围与方法。

再如管理学论文《牧区城镇化与草原生态治理》（《中国社会科学》2020 年第 3 期）的序论部分：

> 在农村人口流动和城镇化是学界关注的重要议题。在城乡发展不均衡的背景下，城乡间巨大的经济差异和收入差距通常被认为是人口向城镇流动的最主要原因。自党的十八届三中全会提出城乡一体化的新型城镇化道路以来，围绕城镇化进

程中的农村衰落与乡村振兴等问题，学界进行了一系列颇具启示的研究。总体上，学者对于城镇化问题研究的出发点和落脚点普遍集中在户籍、土地、财政等经济与社会制度范畴，而对于当前城镇化进程中的人口流动与城镇化推进模式的复杂性状态，尚没有做出充分解释，这尤其体现在北方草原的牧区城镇化上。

与一般农村相比，牧区城镇化有其自身的特殊性。政府推动牧区城镇化的目的不仅是解决经济社会发展问题，同时也要解决生态环境问题，其政策意图不仅在于推进牧民发展转型，还期望通过牧民搬离牧区、定居城镇以实现草原生态治理。当前学界关于牧区城镇化研究的焦点主要集中在影响牧民流动的推拉因素、牧民流动到城镇后的经济与社会效益、牧民定居与城镇建设，也有研究注意到牧民在城镇化进程中的回流现象，但仍将落脚点放在如何促进牧民城镇定居与转产就业上。

然而，牧民和草原是生命共同体。在牧区城镇化进程中，牧民迁出牧区，割裂了牧民与草原之间唇齿相依的联系，带走了蕴藏在牧民身上的有关草原生态环境保护的传统知识和治理能力，从而可能带来一系列政策的意外后果。这意味着，在牧区城镇化成为不可扭转的发展趋势下，有必要进一步研究牧区城镇化与草原生态治理间复杂的社会关联，重新审视牧民在这一过程中的角色。在牧区城镇化的浪潮中，牧区和牧民何去何从？当前北方草原大力推行的牧区城镇化，可否将草原生态治理带向一个可持续发展的未来？如果可以，又该通过怎样的途径发挥牧民在草原生态治理过程中的作用？本研究通过对内蒙古草原牧区相关案例的研究，以在"牧区—城镇"间往返流动的牧民为研究对象，提出草原生态治理的"流动性"视角，探讨在城镇化背景下实现草原生态治理的路径和机制。

例文主要指明已有研究的局限及现实状况与实际问题，这是对选题的现实背景和现实意义的明确，即介绍自己是在什么样的研究和社会背景下选题的，说明该项研究的必要性所在。研究现实问题的论文，序论部分常会采用这种写法。

（4）明确主要观点

有的论文开宗明义，在提出问题的同时，便写明对问题的基本看法，概括对研究对象的总体认识。例如经济学论文《论我国利率市场化的道路选择》（《管理世界》1995 年第 4 期）的序论部分：

我国利率管理体制究竟应该如何改革？这是我国金融体制改革的重大课题。本文在考察我国利率管理体制现状的基础上，从经济学的一般原理出发论证了我国利率市场化的必要性，对利率市场化两条道路的利弊进行了比较，据此提出以逐步放开同业拆借市场利率为契机，进行利率管理体制改革的思路。

例文虽然字数不多，但内容还是比较丰富的。作者首先提出问题，然后概述自己的研究方式和论文的主要内容，最后则是对解决问题的思路也即对问题的基本看法的明确。

再如语言学论文《近代北京话与南京话：17—19 世纪西士笔下的北南官话之争》（《中国语文》2020 年第 4 期）的序论部分：

> 汉语是一个类概念，包括汉藏语系汉语支的大大小小各种方言，以及一种程度不等地通行于中国各方言区、为操方言者所共认的语言。这种语言旧时称为官话，民国时期称为国语，如今习称普通话。汉语又分口说形式和书写形式：口说的汉语，无分通言、方言、乡语、土话，统称为中国话；书写的汉语，可以是日常口说的中国话，也可以经过提炼的书面语，还可以是古代的文言，或者后人刻意模仿古文体裁撰作的文章。
>
> 汉语通言缘起于先秦，秦汉两代中央帝国的形成以及国策"书同文"的实施，确立并巩固了通言的地位。通言从古到今的发展是一个逐步推进的漫长历程，但在某些历史时期，其基础方言有可能因社会环境的剧变而由一种转变为另一种，以至发生跨越式的演进。尽管如此，基础方言的转型仍呈现为一个缓变的过程，需要几代人的时间方能完成。近代汉语通言由南京官话过渡为北京官话，便是这方面的一个例子。本文欲借明清以降来华传教士及欧美汉学家之笔，展示过渡期间的一系列变化：起初南官话占优，之后一个时期北南官话相持不下，各有各的流行省区；而随着全国士子学人以京音京腔为尚，各地衙门乃至洋人把持的海关都通行北官话，最终北京话落实为汉语通言的基础也就没有了悬念。

同前面一段例文相比，该序论部分字数较多，内容也更为丰富。作者在对基本概念"通言""官话"加以阐释之后，指明"通言"形成与发展的特点；最后在明确该文所研究的问题的同时，提出对问题的基本认识，即对"北南官话之争"的脉络做出总括性描述。

（5）阐释基本概念

文章的基本概念是指构成研究课题和论文的基本观点的核心概念。为保证论题及论点的确定性、一致性，在序论部分可对基本概念的含义加以阐释。例如《论现当代文学的循环现象》（《文艺研究》1989 年第 6 期）的序论部分：

> 我所界定的"循环现象"有两个层面的含义：一是从"纵"的角度分析一九一九年五四新文化运动至一九八九年这七十年间的文学运行轨迹，可以说是一种宏观的两端比较性描述，即文学思潮的循环、题旨群落的循环和形式探索的循环；二是从"横"的视野来扫描文学作品所表现出来的"循环现象"，可以说是一种微观的文学本体性揭示，即结构循环、命运循环和情绪循环。

论文开篇便对构成文章的中心论题的基本概念——"循环现象"的含义进行必要的规定和解释，这就使文章有了一个统一的立论基点，能够防止在行文中由于偷换概念而导致论题游移；更重要的是这也为读者准确地领会文章内容提供了一个认识基础，能够避免由于对基本概念理解有误而对整个文章内容的理解产生偏差。当然，对基本概念的阐释并不是每篇论文都必备的项目，有的概念已为人们所熟知，其内涵也相当固定、明确，则不必再专门对之加以阐释了。

（6）指明研究方法或论证方法

在课题研究中采用了哪些值得注意的研究方法，或者在论文的撰写中将采用哪些比较独特的论证方法，都可以在序论中写明。例如法学论文《行政许可的民法意义》（《中国社会科学》2020 年第 5 期）的序论部分：

> 依据《中华人民共和国行政许可法》（以下简称《行政许可法》）第 2 条的规定，行政许可是指行政机关根据公民、法人或者其他组织的申请，经依法审查，准予从事特定活动的行为。我国现行法律或者行政法规多以"准予""经批准""经依法批准""实行许可证管理""审查批准"等词语表述行政许可。行政许可与民事法律行为，尤其是合同行为的效力判断联系密切。本文拟围绕民事法律行为效力的妥当判断，运用类型化和体系化的思考方法，从民法学视角下行政许可的类型区分出发，以法律规范的类型区分和体系建构为依托，就行政许可的民法意义展开研究。

例文在提出问题并介绍问题产生的背景之后，便对研究方法和研究角度进行说明，即指明该文将"围绕民事法律行为效力的妥当判断，运用类型化和体系化的思考方法，从民法学视角下行政许可的类型区分出发，以法律规范的类型区分和体系建构为依托，就行政许可的民法意义展开研究。"

（7）严格限定课题的范围

有的问题是在一个特定的范围内被探讨的，论文的序论部分也应对此做出相应的说明，至少要把论文将着重探讨问题的哪些方面或不准备涉及哪些方面交代清楚。课题范围的限定常常是同研究方法的明确联系在一起，如前述例文。再如《制度变迁中的个人、企业和政府》（《经济理论与经济管理》2001 年第 3 期）的序论部分：

> 个人、企业和政府是市场经济运行中三个不同的行为主体，有着各自的目标函数。本文通过论述三个行为主体目标函数的一致性与冲突性，试图从制度变迁的路径中揭示出行为主体相互作用或相互博弈的经济学问题。

单就文章标题来看，例文所研究的应当是一个比较大的问题。但在序论中，作者在提出问题的同时，也对问题做了必要的限定，即指明文章是从哪个角度对问题展开研究的，所要解决的核心问题是什么。这就使得论题非常集中、具体，使整个论述有了更为合理的出发点和归结点。

除了上述内容，论文的序论部分还可以写入其他一些内容。例如，如果是驳论式论文，则要在序论中简单评介对方的主要观点，这也是此类论文提出问题的一种方式；如果论文的篇幅较长，则可以在序论中对本论部分的内容做一个简要的介绍，或对论证结果加以提示。

以上所列举的各项内容，在一篇论文的序论中一般不会全部涉及，论文作者可以根据自己的需要，有所选择、有所侧重地写好其中某一项或某几项内容，这也就使得不同的文章会有不同的序论写法。

不过，写法虽然可以选择，要求却是一致的。无论采用哪种写法，作为文章开头的序论部分，都必须符合以下几项要求：

第一，序论要入题，要能够触及文章的中心。论说性文章大都使用开门见山式写法，在开头部分就让读者了解文章所论述的主要问题是什么，文章的基本内容是什么，而不能下笔千言，离题万里，总是在论题之外绕圈子。

第二，序论要有吸引力，要能够抓住读者。在读者的阅读选择中，文章的开头部分起着重要的作用。学术论文的序论应有实质性内容和易于吸引读者的词句，以为读者的阅读选择提供方便，并使读者对文章产生良好的初始印象，产生读下去的兴趣。

第三，序论要简洁、有力。从文章构成的一般规律来看，任何文章的开头部分都要尽可能写得简短一些，学术论文也不例外。假如文章的开头部分过长，其内容就容易显得冗杂混乱，文章的总体格调也容易显得沉闷，读者难以迅速领会要点，更不要说留下深刻印象了。况且序论部分即使再重要，也毕竟不是文章的主体，字数过长，内容过于详尽、具体，则会喧宾夺主，会使文章给人一种头重脚轻、结构失衡的感觉。

2. 本论

本论是论文的主体部分，是集中表述研究成果的部分，对问题的分析、对观点的论证，主要就是在这一部分中进行并完成的。一篇论文质量的高低，也主要取决于本论部分写得如何。

本论部分的内容是由观点和材料构成的，观点的排列，涉及这一部分的结构形式问题，材料的使用，则涉及一个排列顺序的问题，这是安排本论部分的结构所要解决的两个主要问题。

本论部分篇幅长，容量大，一般不会只有一个层次或段落，也不会只包含一个观点。不同的层次或段落之间有着密切的结构关系，大大小小的观点也以特定的方式排列着。按照层次或段落之间的关系及观点的排列方式的不同，可以把学术论文本论部分的结构形式分为并列式、递进式和混合式等三种类型。

所谓的并列式结构也叫横式结构，是指各个小的观点相提并论，各个层次平行并列，分别从不同的角度、不同的侧面对问题展开论述，文章呈现出一种齐头并进式的格局。

所谓的递进式结构也叫纵式结构或直线式结构，是指由浅入深，一层深于一层地表述内容的结构方式，不同的层次之间呈现出一种层层展开、步步深入的逻辑关系，后一个层次的内容是前一个层次的内容的发展，后一个论点是前一个论点的深化。

所谓的混合式结构是指将并列式同递进式混合使用的结构形式。由其内容的复杂性所决定，学术论文的内部结构形式极少是单一的。有的文章的各大层次之间具有并列关系，而各大层次内部的段落之间却具有递进关系，或者在彼此之间具有递进关系的大的层次的内部，包含着具有并列关系的段落，并列中有递进，递进中有并列。也有的文章的各大层次之间所具有的结构关系就不是单一的，并列与递进两种结构关系分别存在于本论部分的不同层次及论点之间。

下面请看语言学论文《并列连词"与、及"用法辨析》（《中国语文》1989 年第 2 期）的本论部分的构成情况：

一

先秦两汉时代，并列连词"与""及"用法的相同之处主要有两点：

第一，"与""及"都能连接词或词组。如：

（略）

第二，由"与""及"构成的并列词组都可以充当句子的主语、宾语、兼语或定语。

做主语的如：

（略）

做宾语的如：

（略）

做兼语的如：

（略）

做定语的如：

（略）

二

那么，并列连词"与""及"在用法上有什么不同呢？我认为不同之处主要有以下六点：

第一，连词"与"主要是连接名词或名词性词组，而连词"及"除上述用法外，还可以连接动词性词组或主谓词组。如：

（略）

第二，由"与""及"构成的并列词组，其语法功能不尽一致。比如由"与"构成的并列词组可以做判断句的谓语，而"及"字不能。如：

（略）

相反，由"及"构成的并列词组可能充当并列的双宾语，而"与"却较少有这一用法。如：

（略）

第三，"与""及"所连接的词或词组（本文统称为并列项），彼此关系不同。关于这一点，有些内容将在本文第三部分里交代，此处从略。

第四，"与""及"所连接的并列项的数目不同。"与"连接的并列项以双项为常，而"及"连接的并列项不仅是双项的，也可以是多项的。如：

(略)

第五，"与""及"在并列项中的位置不同。上面说过，"与"主要是连接双项的，因此在一般情况下，不存在"与"在并列项中的位置问题。可是"及"却不同了。"及"由于可以连接多个并列项，那么，"及"的位置是自由的呢，还是限定的？根据我初步掌握的材料，我认为"及"在多个并列项中的位置既是自由的，也是限定的。问题的决定因素是"及"字起什么作用，"及"在多个并列项中除去表连接这一基本职能而外，还有以下三种作用。

一是表主从。所谓表主从，就是指"及"前的内容是主，"及"后的内容是从。表主从的"及"字，在多个并列项中的位置基本上是自由的，或偏前，或偏后，不能完全肯定。但似乎以偏前者居多。如：

(略)

二是表未尽。所谓表未尽，就是指"及"后的内容往往带有举例性质，而不是把所有的并列项全都列出来。表未尽的"及"字，在多个并列项中的位置基本是偏后的。如：

(略)

三是表分类。所谓表分类，就是指"及"具有区分多个并列项代表不同种类的作用。表分类的"及"字，居两类之中。如：

(略)

第六，在选择比较句中，连接两个表示选择比较范围的并列项，用"与"不用"及"。

(略)

附带说一下，当"与""及"作为并列连词，同时出现在同一个词组或句子中的时候，两者有明确的分工："与"只起单纯的连接作用，而"及"除表示连接外，还往往表示内容上的主从关系等等。如：

(略)

以上我们谈了并列连词"与""及"用法上的一些主要区别。那么，我们又该如何去认识、解释这些区别呢？这就需要我们对这两个词的词义本身有更深刻的理解。事实证明，许多语法结构的历史变化同词义演变有着极为密切的关系。

先说"与"。(略)

并列连词"与"的产生路线，合理的推测应当是动词→介词→连词。"与"作为并列连词来使用，主要是从春秋时期开始的。在春秋时的铜器中，"与"写作"舆"。在西周时的金文中，作为并列连词，经常用"于""雩"或"以"，而不用"与"。考诸文献，也确实如此。如今文《尚书》中，连词"与"仅有三例，而且又全在《金滕》一篇之中。《金滕》全篇文辞平易，因此有人认为它是春秋或战国时期的作品。我们把金文和《尚书》使用连词"与"的情况对照一下，就会发现这个推测是可以成立的。《书序》所谓"武王有疾，周公做《金滕》"，这话是靠不住的。

发掘介词和连词的关系，是认识连词"与"用法的关键。在先秦两汉时代，"与"用作动词、介词或连词虽然都不是个别的用例，但只要我们把"与"和"及"放在同一个历史平面上比较一下就会知道：在先秦时代，"与"主要是用作介词，而"及"主要是用作连词。这一情况到了汉代尤其如此。对于这个问题，徐萧斧先生曾有过很好的研究。文献可以提供丰富的资料证明上述的结论是正确的。如：

（略）

了解了连词"与"的历史，我们就能更好地理解它的语法特点。如前面说过，"与"所连接的并列项主要是双项的，并且所连接的成分是以名词或名词性的词组为主。"与"的这一特点，无疑是受到介词影响的结果。大家知道，介词"与"在句中的位置是处于主语和介宾之间，其本身就具有一定的连接作用，而充当句子主语和介词宾语的，也正是以名词或名词性词组居多。又如由"与""及"构成的并列词组虽说都可充当句子的主语，但事实上由"与"构成的并列词组充当主语的数量是占绝对优势的。毫无疑问，这也是受到介词影响的结果。

再说"及"。（略）

并列连词"及"的产生路线从理论上讲也应是动词→介词→连词。但是，事实上"及"在先秦文献中主要是用作连词。因此，我认为连词"及"和介词"及"可能是同时由动词"及"引申而成，它不一定非得走动词→介词→连词的路线。支持我这一想法的是我感到连词"及"与动词"及"的关系极为密切，这和"与"字很不相同。请比较下面句子：

（略）

动词"及"的词义特点是强调一个活动过程。由动词"及"引申而成的连词"及"也同样具备这一特点。因此，文献中在许多情况下，［A 及 B］≠［A 与 B］，"及"和"与"无论在词义上，还是在用法上都存在一些细微差别。如：

（略）

例文所探讨的问题是连词"与""及"用法的异同。文章的本论由三大部分组成，第一个部分所阐述的是"与""及"用法的相同之点，第二个部分所阐述的则是"与""及"用法的不同之处，第三个部分分别从"与""及"词义演变的角度，分析这两个连词的用法区别形成的原因。从对本论的各大部分内容的概括中，不难看清本论部分的结构形式。显然，本论的一、二两个部分之间呈现出一种并列关系，先谈"同"，后谈"异"，这是一个问题的两个方面；二、三两个部分之间则为递进关系，先介绍"与""及"用法上的主要区别，再进一步探寻形成这些区别的根源，第三个部分的内容是前一个部分的内容的推进和深化。

从大的方面来看，这篇论文本论部分的结构形式应为混合式，并列与递进两种结构关系同时存在于同一层次的不同部分之间。从小的方面来看，在文章本论的各大部分内部，还分别包含着若干个小的层次，小的层次之间的结构关系也有并列分论与直线推论的区别。从总体上说，这篇论文的结构还应当算是比较简单的，而文章的结构越是复杂，不同的结构形式交错出现的机会就越多，一篇论文的本论部分常常是不同的结构形式的多重组合。

再如文学论文《戏剧是人类对自身命运的形象反思》（《文艺研究》1989 年第 6 期）。该文的本论由四大部分组成，第一部分的小标题是"戏剧是一种最高级的艺术"，第二部分的小标题是"戏剧是一种最富人性的艺术"，第三部分的小标题是"戏剧是一种最具理性的艺术"。本论的三个部分所论述的就是戏剧艺术所具有的三个特性，三个小标题分别是对三个部分的论点的说明，三个论点是对同一个问题的回答，三个部分之间完全是平等的、并行的。第四部分的小标题"戏剧是人类对自身命运的形象反思"同时也是文章的标题，这一论断是对戏剧的基本性质的揭示，是从对戏剧艺术所具有的三个特性的认识中推导出来的。可见，这篇论文的本论的前三个部分是并列的，第四部分的内容则是前三个部分内容的归结和发展，第四部分同前三个部分之间具有递进关系。在这四个大部分所包含的各个段落及各个小的层次之间，也是并列与递进关系并存。总之，无论是从横向的角度，看文章同一层面各大部分之间的关系，还是从纵向的角度，把文章的基本结构形式同各大部分内部的结构形式对照起来看，都可以得出一个结论：这篇论文的本论部分是两种结构形式的交叉与融合。

本论部分的内容除了观点之外，还包含着大量的材料，从原则上说，对这些材料应按其所证明的观点间的逻辑关系进行排列，即把所有的材料都划入各个小的观点之下，随着观点间的逻辑关系及排列顺序的明确，材料自然也就各得其位了。但是，同一观点之下或者说同一内容层次之中的材料究竟应当怎样排序，就直接涉及材料使用的顺序问题了。另外，就其本质而论，观点产生于材料，观点的合理排列要以对材料性质的充分认识为前提，安排文章本论部分的结构，就必须要面对材料的分类与排序问题。材料的分类与排序，应当有所依据，也就是要有一个可以依循的标准或规则，要有特定的方法。下面所介绍的就是几种常见的排列和使用材料的方法：

一是按照自然的顺序使用材料。以时间为序或以空间为序排列材料，是按照自然的顺序安排材料的两种主要情况。所谓以时间为序，主要是指将属于不同年代、不同时期或反映某一过程的发展状况的材料，按时间先后依次排列出来；所谓以空间为序，主要是指将来自不同地域或反映不同地域的状况的材料，按空间分布依次排列出来。

二是按照逻辑的顺序使用材料。即先根据一定的标准，对材料进行逻辑分类，然后再依照材料之间的逻辑关系将其排列起来。譬如，以一般与特殊、原因与结果、全体与部分等对应关系为依据安排材料。按照逻辑的顺序安排材料，既可以事物本身的逻辑关系为依据，也可以人脑反映事物的逻辑程序为依据，无论哪种情况，其中起作用的都是材料间的逻辑关系。学术论文是一种逻辑构成，以逻辑关系为依据安排材料，是一种最为常见的安排材料的方法。

三是按照容易理解的顺序使用材料。在材料的排列和使用中，如果能够考虑读者的知识结构、生活经验、社会阅历等因素，并采用一种同这些因素的状况相适应的方式，就会为读者理解材料，进而理解观点，提供便利条件，有助于读者加深对文章内容的理解程度。从已知到未知、从简单到复杂、从具体到抽象等，都是按照易理解的顺序使用材料的常见方式。

在不影响材料的自然或逻辑顺序的情况下，也适当地考虑读者理解材料的需要，不仅无损于文章内容的条理性和文章结构的严谨性，还会增强文章的表达效果。

上面所列举的三种情况是有序地排列和使用论文材料的基本方式，此外还有其他一些方式，不过其实用性要稍差一些，这里就不一一列举了。

本论部分是全篇论文的重心之所在，作者应在这一部分的写作中花费较多的时间和精力。本论部分的结构安排是整个文章结构安排的重点。内容充实、具体，分析深入、有力，是论文的本论部分所应具备的特点，写作时要注意把这些特点体现出来。

为防止由于字数和内容较多而使本论部分条理不清，人们常在这一部分的各个层次之前加上一些外在的标志。这些用以区分论文层次的外在标志主要有序码、小标题以及序码加小标题、空行等。毕业论文的篇幅相对较长，所以一般要在大的层次之前加上序码、小标题之类的标志，否则，文字连成一片，读起来会觉得吃力，写起来也会感到困难。

3. 结论

论文大都会有一个"结语"（也有的论文直接称这一部分为"结论"）部分，这是论文内容的收束，是反映研究结论的部分。这一部分通常会写入以下几项内容：

（1）提出论证结果

在这个部分中，作者可对全篇文章所论证的问题及论证内容做一个归纳，提出自己对问题的总体性看法、总结性意见。论证结果要在充分论证的基础上提出，而不能牵强附会，缺乏合理性和说服力。

（2）指明进一步研究的方向

在论文的结论部分，作者常常不仅概括自己的研究成果，而且还指出在该项研究中所存在的不足，指明还有哪些方面的问题值得继续研究。对课题研究前景的展望，既是对当前研究的总结，也可以为他人的研究选题提供线索，或为自己的发展性研究埋下一个伏笔。

上述两个方面的内容是常见于学术论文的结论部分的内容，其中，"提出论证结果"更是结论部分一般都会写入的一项基本内容。此外，根据实际情况，还可以在这一部分写入其他一些内容。例如，如果论文所反映的研究成果具有较高的实用价值，作者可能要在最后写明对研究成果的推广与应用的期望，或对此提出一些具体的建议。如果论文所反映的研究成果是带有一定的突破性的，或其意义及影响是不易为读者所了解的，作者则有必要在结论部分对取得这一研究成果的意义及其可能产生的影响，做一个实事求是的说明和估测。一篇论文的结论部分既可以同时具备上述几项内容，也可以只写论证结果，或在简单归纳论证结果的同时，将另外某一项内容作为主要内容。

下面请看几段例文：

例文 1

总之，述语成分的两个配项都有充任宾语的条件，也都有充当谈话起点或语句焦点的可能，是主宾可换位结构形成的内在理据所在。这一结论对大部分主宾可换位机制还是具有解释力的。

以上分析也表明，主宾可换位结构的两种结构序列并没有违背句法成分与语义成分的一般配位原则，以主宾可换位结构的存在证明汉语语义结构和句法结构的疏离乃至汉语语序的灵活多变，是很难令人信服的。应当说，汉语语序不仅是句法关系的基本载体，也是区别语义、标示功能的基本手段。语序有时显得灵活多变，并不是因为语序本身具有随意性，而是因为汉语语序负载着较多的语法信息。同时，语序的任何一种变化都不能超越句法条件的限制，也都不是与表义无关的变化。语序作为汉语主要的语法手段的地位和作用，是不应受到怀疑和否认的。

例文 2

本文分别从共时和历时两个角度分析了福州方言重叠式形容词的后附成分。先根据共时分布的交替规则和叠加规则分析出了 3 个语素音位，推论其来自 3 个不同的语源。然后联系近代汉语史，论证这 3 个语素分别来源于"底/地、着、的"，累积在福州方言共时系统中。最后用同功能语素的语音感染解释了福州方言重叠式形容词后缀"三字五音"现象。共时分析和历时分析的结果可以互相印证。

例文 3

总之，从汉魏原生乐府充足的叙事艺术，到晋宋齐梁文人拟乐府叙事性的逐渐失落，再到唐人重新学习汉魏乐府的叙事传统并各自加以个性化发展——这样一个发展过程，构成了中国诗歌史上叙事艺术的基本脉络，同时也反映了诗歌叙事艺术与抒情、咏物、写景等艺术相互消长及复杂交织的态势。此外，汉乐府的叙事特征是在其原生乐府的体制中产生的，文人乐府的叙事，则是在不同于原生乐府的文人诗的创作机制中发展的，所以二者之间有重大差别。这些问题还需要进一步深入的研究。

例文 4

综合以上几种估计，我们认为，一个更符合当前和今后 5~10 年甚至更长时期中国国情的关于赤字率和债务率的警戒线指标选择是：基本赤字率应以 2.5% 为控制目标，其最高极限为 3.5%；全额均衡赤字率应以 3.5% 为控制目标，其最高极限为 5.5%；全额均衡债务率应以 30%~50% 为控制目标，其最高极限为 58%。目前，中国赤字率较高，但债务率较低，既与中国隐性债务大量存在有关，也与中国GDP 名义增长率、特别是 GDP 实际增长率较高有关。随着中国隐性债务的显性化以及中国 GDP 潜在增长率和实际增长率的下降，中国真实债务率会有所上升。但是，只要中国名义经济增长率不降至发达国家 3%~5% 的水平，只要不对债务期限结构进行更大幅度的调整，只要政府信用是可靠的、政府行为是理智的，就不会在2.5% 的基本赤字率水平上形成高达 58% 甚至更高的债务率。因此，未来 5~10 年甚至更长的时期内，还只能设想以 30%~50% 的债务率为政策操作的控制上限，而不能以 58% 的债务率作为政策操作的控制上限。

最后，需要指出的一点是，本文关于预算恒等式的设定和赤字——债务模型的分析都是以不考虑开放经济对中国经济增长的短期影响为假定前提的。严格说来，这种假定并不符合中国实际。因为，在中国，赤字与债务的发生和发展，是与国民经济的对外开放状况紧密联系在一起的。自 1998 年春季以来，中国政府决定实行以扩张性财政政策为主导的宏观经济政策，在很大程度上也主要是由 1997 年突然发生的"东南亚金融危机"以及由此造成的外需的急速收缩决定的。从方法论角度看，作为短期一般均衡分析，暂时舍掉国外部门对国内经济运行与政策的影响，集中分析和阐述封闭条件下的赤字和债务问题，不仅不妨碍理论分析的展开与阐述，也不会影响分析结论的正确性，反而更有助于理论分析的展开与结论的阐述。但从长期分析和实践的角度看，对外经济联系状况对宏观经济政策的影响则是一个需要倍加重视的因素。对此，当另行撰文予以专论。

例文 5

目前，有关汇率问题的理论研究和实证分析的核心与目的之一是试图通过建立各种模型来预测汇率未来的变化趋势或寻找其变化规律。当面对基于不同假设采用不同方法建立的不同模型时，通常的做法是首先采用假设检验和诊断检查的方法选择最好的模型而拒绝其他模型，然后通过修改接受的模型希望能够更加接近真实。而 Bates 和 Granger 提出的组合预测的基本出发点就是在大多数需要做出预测的情况下，难以获得完全的信息集，即使对于给定的信息集也难以做到最优，即承认构造真实模型的困难，将各种单项预测看作代表不同信息的片段，通过信息的集成分散单个预测特有的不确定性和减少总体的不确定性，从而提高预测精度。本文从组合预测的角度出发，提出了一种基于模糊神经网络的汇率非线性组合预测新方法，它具有处理分类边界模糊的数据以及易于引入启发性知识的能力和很强的泛化能力，它对于推动和促进汇率预测理论的进一步研究和发展具有一定意义。而且在处理诸如汇率时间序列这种具有一定程度不确定性系统的组合建模与预测方面具有广泛的应用价值。

例文 6

通过以上分析，我们可以得出结论，从交易成本角度来看，每一种企业所有权安排都有其特定的优势，能够相对较好地解决某种类型的交易成本，因而适用于特定类型和规模的企业。所有权安排形式只能根据企业的具体情况来具体确定，并不存在通用于所有企业类型的最优所有权安排形式。在一定的条件下，人力资本所有者享有企业所有权可以是有效率的企业制度模式。而且我们在现实中也的确可以看到，在市场经济中同时并存着不同类型的企业所有权安排形式，这也为我们的上述结论提供了佐证。

例文 1 引自语言学论文《主宾可换位动结式述语结构分析》（《中国语文》2001 年第 4 期）。该文的本论部分主要从历时和共时两个角度，对汉语动结结构的构造方式及以动结结构为述语成分的语言结构的句法和语义特征进行具体分析。结语部分所写入的是从前文的论证中所自然引出的结论，是对论题的总结性意见。

例文 2 引自方言研究论文《福州方言重叠式形容词的后缀》（《中国语文》2020 年第 4 期）。在这个比较简短的"结语"部分，作者对全文内容加以归纳，明确提出研究结论。

例文 3 是文学论文《论唐人对汉魏乐府叙事传统的继承与发展》（《文学评论》2020 年第 1 期）的最后一个段落。在此，作者首先概述从汉魏原生乐府到晋宋齐梁文人拟乐府，再到唐人乐府的叙事性的发展过程，表明对研究对象的总体认识；然后指明其中需要"进一步深入的研究"的问题。

例文 4、例文 5、例文 6 分别引自三篇经济学论文。例文 4 是《论中国现阶段的赤字率和债务率及其警戒线》（《经济研究》2001 年第 8 期）的最后两个段落。前一个自然段主要概述分析结论，针对问题给出具体的量化指标；后一个自然段则指明论文对问题的分析所存在的局限，明确在进一步的研究中所应注意的问题。例文 5 是《汇率的非线性组合预测方法研究》（《中国管理科学》2001 年第 5 期）的"结束语"部分，着重说明的是论文所反映的研究成果的独到之处，对其理论意义和应用价值，均有所涉及。例文 6 是《企业所有权安排的交易成本分析》（《文史哲》2005 年第 4 期）的结尾部分，在此作者明确提出自己对问题的总结性看法，这也就是从前文的分析中所得出的结论。

结论部分在一篇论文中的地位和作用也是不可忽视的。人们拿过一篇文章，为了判定有无系统阅读的必要，除了看摘要、参考文献目录和开头部分之外，再就是看结论部分。从这个角度来说，结论虽是文章正文的最后一个部分，但却往往是读者较早接触的一个部分。结论部分写得如何，也会直接影响读者的阅读选择。从另一个方面来看，结论部分在文章正文的最后，读者通读全文，最终读及的内容也是这一部分，因此，读者对文章的印象如何，同结论部分写得如何有着很大的关系。

结论是一篇论文的有机组成部分，而且是很重要的一个部分。要把结论部分写好，必须避免两种情况：一是草率收篇，二是画蛇添足。前者是不当"止"却"止"，后者则是当

"止"而不"止"。从积极的方面来说，完成论文的结论部分，主要应当注意以下两点：

第一，要使结论部分真正起到收束全文的作用。结论应是文章内容的归结，是文章自然展开、推进的结果。在这一部分中，一般不要提出新的论点或新的材料。

第二，要把结论部分写得简洁、有力。从文章的构成规律来看，同开头部分一样，结尾部分也应尽可能写得简短一些。如果论文的结论部分过于冗长、拖沓，就不仅无法给读者留下深刻的印象，反而会淹没中心，会使读者不知文章的内容重心之所在；反过来，如果结论部分能够做到言简意赅，则不仅会在读者头脑中印入一个清晰、完整的意象，还会加深读者对文章的印象。

序论、本论、结论三个部分前后相续、紧密衔接，是学术论文常见的结构程序。但也有的论文开篇便进入对问题的实质性论证，结篇点题，揭示论旨，文章只有本论和结论两个部分，而没有一个独立、明确的序论部分；也有的论文在序论中便概括全文的内容要点，提示论证结果，问题论述完了，文章也就结束了，并未专门以结论的形式收束全文，文章只有序论和本论两个部分，而没有一个单列出来的结论部分。从论文写作实践来看，由序论和本论两个部分构成的论文还是比较多见的，特别是本论部分为递进式结构的论文更是经常采用这种写法。文章步步深入地分析问题，边分析边总结，最后一个部分的结论也就是全文的结论，因此也就不需要再对文章内容加以总结了。"本论→结论"及"序论→本论"两种结构程序，可以被看作"序论→本论→结论"这种规范的结构程序的演化或变体。在论文的撰写中，究竟采用哪种结构程序为好，要视写作的实际需要而定。安排文章结构，一个总的原则就是既不能刻意求简，该有的环节都要有，也不能盲目求繁，不该有的环节必须舍去，以求得文章结构的谨严、完美。

有的论文在结论之后，还有"谢辞"一项，即在结论部分之后，写上几句话，向在论文的撰写过程中曾给予自己帮助的人表示谢意。谢辞要写得诚恳、得体，而不能混同于一般的客套话，更不能变成庸俗的溢美之词。

最后请看两篇论文的总体构成情况：

试 论 汪 曾 祺 的 传 统 性

汪曾祺作为沈从文的得意门生，一位跨越现代与当代的作家，在中国当代文坛上成为一个引人注目的现象。他具有鲜明的现代意识，但更重要的是其传统性。他深受中国传统文化浸淫，属于中国传统知识分子，是"最后一个士大夫"。本文试图从仁爱之心、"韵""白"之美、民风遗韵、水气阴柔、乐感精神五方面来探讨汪曾祺其人其文的传统性特征。

（序论部分——作者注）

一、仁爱之心（内容略）

二、"韵""白"之美（内容略）

三、民风遗韵（内容略）

四、水气阴柔（内容略）

五、乐感精神（内容略）

（本论部分——作者注）

结语

本文从五个方面概括、描述了汪曾祺的传统性特征：他接受儒道两家爱人的思想，形成其重人情、对整个"人"的关心、尊重和欣赏的朴素的人道主义；他把讲究气韵和"空白"的传统美学思想运用到创作中；受民间俗文化影响，写"风俗画小说"、手工作坊、民间技艺；创作的平淡与水气充沛体现了阴柔美的士大夫文化的显著特征；无处不在的乐观精神贯穿着他的很多作品。应该说，汪曾祺受了古代与现代教育，以其较好地继承了中国文化传统的特色雅韵独步于流派纷纭、新人辈出的当代文坛，是历史造成的特殊现象也是必然现象，他必将在中国文学史上占有无法取代的重要地位。

（结论部分——作者注）

例文就是一篇毕业论文。文章的序论部分提出问题，明确观点，对本论部分的内容加以概括和提示；结论部分概述论证结果，阐明对论题的总体性看法，对本论部分的论证内容加以归纳和说明。这两个部分不仅写法规范，而且有所呼应，使文章显得首尾圆合，结构谨严。从序论、结论两个部分的内容及本论部分的小标题可以看出，从总体上说，例文本论部分的结构形式应为并列式。五个小标题分别是本论的五大部分的内容要点，也是汪曾祺其人其文的传统性特征的基本内涵或称体现。作者认为汪曾祺其人其文的传统性特征主要体现在这五个方面，于是就把本论分成五大部分，分别从五个不同的方面对论题——汪曾祺其人其文的传统性特征加以阐释，五个部分之间是相并列的。

再看一篇国学论文：

先秦兵家和平思想及其现代价值

兵家文化是我国优秀传统文化的重要组成部分，其中包含着非常丰富且值得认真发掘和借鉴的思想内容。即使在世界已经迈入21世纪的今天，它也仍然具有不可忽视的宝贵价值。比如，先秦兵家文化中的和平思想、谋略思想和管理思想，对于当今现实社会来说，就极具实际的价值和意义。但是，在以往的研究中，人们对于先秦兵家和平思想并没有给予足够的关注。（序论部分——编者注）

一、先秦兵家和平思想的基本内涵

二、先秦兵家和平思想的文化基础（本论部分——编者注）

三、古代兵家和平思想的现代价值

例文的序论部分指明兵家文化的价值及对先秦兵家和平思想关注不够的研究现状，一方面是极具价值，一方面是关注不够，这种反差的存在也就是作者选题的缘由。在本论部分，作者首先阐释"先秦兵家和平思想的基本内涵"，其中有史料有分析，史料的引述占有重要地位，分析则起到画龙点睛、提纲挈领的作用。阐释"先秦兵家和平思想的基本内涵"，可使读者对"先秦兵家和平思想"有一个客观、全面的了解；接着便剖析"先秦兵家思想的文化基础"，说明兵家文化是传统文化的重要组成部分，"先秦兵家和平思想"有着久远而深厚的传统文化基础；最后阐明"古代兵家和平思想的现代价值"，结合当前国际形势，写明"兵家和平思想"的现实借鉴意义之所在。通过介绍可以看出，例文的本论部分的结构形式应为递进式，从"基本内涵"到"文化基础"，再到"现代价值"，一层深于一层地对问题展开论述。这种论述顺序是一种合乎逻辑的论述顺序，因而是无法改变的。正如很多本论部分为递进式结构的论文没有单独的结论部分一样，例文的结构程序也为"序论→本论"。

（二）编制写作提纲

在正式起草论文之前，以写作提纲的形式把文章的结构反映出来，是提高行文质量的一个重要手段。

写作提纲是作者整理思路，并使思路定型化的凭借。在编制写作提纲之前，作者已对文章的观点、材料以及把观点与材料有机地统一起来的结构框架有了充分的考虑，形成了很多想法，但这些想法只要未被反映到书面中，就往往是散乱的、不确定的，甚至会在真正动笔时消失得无影无踪，根本无法被清晰地捕捉到，更不要说被写入文章了。而编制写作提纲的过程，正是作者头脑中的各种想法系统化、定型化的过程。

写作提纲是文章的逻辑关系视觉化的最好形式。在写作提纲中，论点与论点（上位论点与下位论点、上位论点之间、下位论点之间）、材料与材料、论点与材料之间的逻辑关系能够全部清楚地显现出来，据此作者可以全面把握一篇文章的逻辑构成情况，并从文章的总体逻辑构成出发，认真考察每一个部分、每一个段落在文章中的地位及各部分或各段落之间的衔接、部分与整体之间的关系是否合理，布局是否均衡，重点是否突出，等等。假如不是借助写作提纲，这些问题是很难被看清的，因为一个人对于自己头脑中的东西，一般不容易有一个非常全面、客观、清醒的认识。

人们常把写作提纲比做文章的"设计图"，建造一座大厦离不开设计图，撰写一篇论文同样也离不开写作提纲。如果所写的文章较短，结构也较简单，那么只以"打腹稿"的方式安排结构，或许不会有什么不便之处。如果所写的是学术论文这类篇幅较长、结构也较复杂的文章，光靠"打腹稿"就难以解决问题了。可以说，编制写作提纲是论文起草前的准备工作中不可缺少的一环，而且，其他几项准备工作的情况也应在写作提纲中得到落实和反映。总而言之，写作提纲具有帮助思考、指导写作的作用。

一份完整、正规的论文写作提纲应由标题、观点句、内容纲要等项目构成：

1. 标题

标题是一篇文章的名称，也是文章内容的标示性语句。论文作者为论文拟定标题，一般可以着眼于两个方面，也就是说可以从两个角度去考虑，这样，论文的标题也就相应地形成了两种类型：

一种是揭示课题的标题。这类标题所反映的只是文章所要证明的问题，而不涉及作者对问题的看法。有的只写问题，不另加其他词语，如《倒 U 曲线的"阶梯形"变异》《分税制对农业投入的影响》《近代资本主义精神与新教伦理的关系》；更为常见的是在标题的前后加有能够透视文种的词语，如《中国社会主义市场经济体制的实质问题探讨》《现代市场经济中的银企关系分析》《论"当代小科学"及其在中国科研体制改革中的历史地位》《试论中国文学原型系统》，标题以"……探讨""……分析""……研究""论……""试论……"等形式出现，会使读者对文章的类型一目了然。

另一种是揭示论点的标题。这类标题直接反映作者对问题的看法，或者说标题就是对文章的内容要点的概括。揭示论点的标题虽然不如揭示课题的标题用得那么普遍，但也应当算是一种比较常见的标题形式，如《股份合作制是优化农村经济系统的组织形式》《洋务派不能承担发展中国资本主义的历史任务》《章太炎是小资产阶级思想家》等。标题以论断的形式出现容易吸引读者。

除了上面两类单行标题之外，学术论文有时也使用双行标题。有的双行标题中的正标题标明论点或与论点有关，副标题着重揭示课题或与课题有关，如《没有道德目的而有道德影响——评朱光潜早期文艺功利观》《欲海里的诗情守望——我读张欣的都市故事》；也有的双行标题中的正标题较为笼统，只点明研究范围，副标题则对之加以限定或加以补充、阐释，如《权力、权利与民主——论美国宪政思想发展的三个维度》《康乾之际禁南洋案探析——兼论地方利益对中央决策的影响》等；还有的论文是以正副标题的形式分别对文章的基本问题及分支问题或基本论点及分支论点加以揭示，即以正标题反映基本问题或基本论点，以副标题反映分支问题或分支论点。关于此类双行标题，前面在谈"文章观点系统的构成"时已有比较详细的说明。

作者在编制写作提纲时所拟定的标题，既可能就此便被确定下来，最后成为文章的标题，即写作提纲中的标题同论文定稿后的标题完全相同；也可能要经过加工、润色，才能用做文章的标题，提纲上的标题同论文定稿后的标题有所不同；甚或在起草、修改文章时，随着认识的深化和文章内容的调整，作者感到标题也需要重新考虑，最初拟定的标题同最终确定下来的标题完全不同。

2. 观点句

观点句不称论点句或主题句，简单地说，也即概括全篇文章的基本观点的语句。

把文章的基本观点写在提纲中，落实到书面上，不仅有利于观点的进一步梳理和明确，而且能够有效地防止"写跑题"，因为观点句会时时提醒、限制作者，使作者牢记文章的中心之所在。

观点句不是论文提纲的必备项目，但内容较复杂的论文一般应写出观点句。

3. 内容纲要

内容纲要是论文写作提纲的主体部分。在这一部分中，要以分条列项的形式把论文正文部分的构成状况如实地反映出来。

内容纲要常见的写作形式为：

一、大的部分或大的层次的论点
（一）段的论点
……
1. 段内层次的意思
……
（1）材料
……
二、同上
三、同上
……

写作提纲中的内容纲要就是一篇文章的结构关系图，编写内容纲要，绝非简单地罗列各级论点与各种材料，而是要设置出一个能够包容全部观点及主要材料的逻辑框架，并使观点与材料在这个框架中都能得到一个最为恰当的位置。内容纲要大都从大的部分写起，即先写出大的部分或大的层次的论点，然后是该部分或该层次内的中项目，最后是中项目中的各个小项目。而在依照内容纲要起草论文时，则要从小的项目着笔，从一个部分的小项目再到另一个部分的小项目，渐次完成全文。

内容纲要是由各级项目构成的，项目的写法有两种：一种是标题式写法，即以标题的形式把该部分的内容概括出来；另一种是句子式写法，即以语意完整的句子形式把该部分的内容概括出来。两种写法各有利弊，前者简洁，但别人不易看懂，甚至过一段时间之后，作者本人也会有不解之处；后者具体，但中心不够突出，不便于触发思考。拟定提纲究竟采用哪种项目写法，要根据实际情况（如论文写作时间的长短、论文内容的繁简等）和个人习惯而定。

写作提纲的编制，标志着起草论文前的准备工作的结束，接着就可以进入下一个阶段——论文的起草阶段了。经过周密考虑编制出的提纲，应当成为起草论文的基本依据，同时，在论文的起草中，如果发现提纲中有不妥之处，也要注意随时加以调整、修改。

第三节 论文的起草

论文的起草是行文过程中的核心环节，起草前所做的准备工作都是为这一阶段的工作服务的，同时，各项准备工作的完成情况，也只有在这个阶段才能得到体现和检验。

起草论文是指按照写作提纲，执笔撰写论文初稿的工作。这项工作能否顺利进行，除了同前面所提到的各项准备工作有关之外，还要涉及一些具体的写作环节。其中，段落的组织与衔接、表达方式的选择以及语言形式的运用，都是作者在起草论文时所要直接面对的问题。要提高论文的质量，在文章的起草阶段，主要就应当在构段、表达、语言等环节的改善上多下功夫。

一、构段

文章是由一个一个的段落组合而成的，段是文章最基本的构成单位。从某种意义上甚至可以说，文章的撰写也就是段落的组织和衔接，如果在行文中能把每一个段落都写得非常出色，把各个段落之间的关系都处理得非常妥当，全篇文章的质量自然也就会得到提高。在论文的起草中，构段是一个很重要的问题，而构段问题主要就是指段落的组织和段落的衔接问题。

（一）段落的组织

组织学术论文的段落，首先必须了解对论文段落的要求，同时还应当掌握一些有效的方法。

1. 构段的要求

同其他类型的文章相比，学术论文在段的写法上有自己的一些特点，因而对其也有一些特殊的要求。对学术论文段落的要求主要有：

（1）段意要明确

一个段落一般应有一个主要意思即段旨，在构段时要把它清清楚楚地告诉读者。或者说，每个段落要说明一个什么意思，最好能让读者一看便知，而不要含而不露，让读者自己去体会、去揣摩。在这一点上，学术论文同文学作品有一定的区别。文学作品以形象表达思想，最忌直白；而学术论文则以传递学术信息为宗旨，衡量一篇学术论文的表达形式如何，就是要看能否使读者用较少的时间获取较多的信息。段意是文章主要的信息要素，如果每一段的意思都很容易为读者所理解，那么全篇文章的内容也很容易为读者所领会。

（2）段意要统一

一个段落应当集中表达一个意思，段中的每一句话都应当与段旨有关，尽量不要把与段旨无关的语句写入段中。

人们常把只有一个中心，只包含一个中心意思的段落，叫作单义段。组织单义段，以不同的段落阐明不同的段旨，既便于作者安排文章的结构，也便于读者概括、领会文章内容。

当然，强调段意的统一，也并不是说学术论文就绝对不能有兼意段。兼意段是指包含着两个以上的段旨的段落，在某些情况下，兼意段的出现是无法避免的，如承上启下的过渡段。过渡段的前半部分往往是上文内容的总结，下半部分则是下文内容的领起，所以必然是包含着两层意思的兼意段。有时，相邻的几个段落都很短，各自的内容也非常简单，为了避免分段过于零碎，也可以把它们合在一起，构成一个兼意段。

（3）段意要完整

一个段落应把一个相对完整的意思表述清楚，否则，属于上一段的内容却放到下一段去说，就会造成文章结构的混乱。在一个段落中，该说的话没有说完，就会使读者难以充分理解段意；而对段意理解得不够充分，对文章的观点也就不会理解得十分透彻。

段意相对完整是指在一个段落中能够围绕着一个段旨，采用必要又充分的材料展开论述，使段旨得到有力的证明和清楚的表达。

（4）段的长度要适中

段的长短适度，是提高文章的整体效果的一个条件。段落过长，容易使人在阅读时产生沉闷感、疲劳感，而且往往是把几个意思混到一起了；段落过短，则容易给人一种不断跳跃的感觉，使文章缺少沉实感、庄重感，而且往往是把一个意思拆开写了。所以说，段落过长或过短，都不仅会给阅读带来不便，使表达效果受到影响，而且往往是同段意的杂乱或残缺联系在一起的。

论文的段的长短没有一个统一的标准，在实际写作中，要根据文章的长短、段的性质，特别是表意的需要来确定。就其总体情况而言，学术论文由于篇幅较长，每段又都有着非常充实的内容，所以它的段落通常要长于其他文章的段落。在一篇论文当中，不同性质的段落，在长度上也常常是有区别的。比如，开头段、结尾段大都较为短小；本论部分的段落也就是文章的中间段，则要稍长一些。在中间段中，过渡段等性质的段落也是宜短不宜长的。

总之，段意明确、统一、完整，段的长度适中，是对学术论文构段的基本要求，完全符合这几项要求的段落就是规范化的段落，简称规范段。

2. 构段的方法

为使论文的段落符合规范化要求，在构段时，必须注意以下几点：

（1）要把段作为一个相对独立的文章单位来看待

撰写论文，不能只考虑如何在全篇文章中把问题论述得全面、充分，同时也要有段的观念，注意从段落的组织入手，把每段的意思都写清楚。一篇文章固然是一个整体，篇中的段落也应具有一定的独立性。在组织段落之前，要认真想好段的内容，而不能信笔由之或随兴所至地推着写，写到哪里，觉得差不多了，就结束这一段，开始下一段。缺少段的观念，不把段作为一个相对完整、独立的文章单位来看待，就不可能写出符合规范化要求的段落。

（2）要善于疏通思路，以增强思维的条理性

文章的结构脉络是作者思路的发展轨迹的体现，段的划分是思维步骤的外化形式，所以从根本上说，构段问题实际是思维问题，要把段落写得规范，首先就应在思路的疏通、思维的条理化上多做努力。

作者的思路是构段的内在依据，而客观事物的构成和发展规律又是思路展开的基础。论文作者既要有全局观念，能把问题作为一个整体去认识，以保持思维的连续性，又要善于把问题分成几个方面，从不同的侧面去考虑，使思维具有合理的阶段性。任何一个研究对象，都有其内在的逻辑构成关系，作者经过周密思考，形成同研究对象的逻辑构成关系相吻合的思路，写出的段落才有可能符合规范化的要求。

例如，语言学家吕叔湘先生的文章《汉语研究的当前任务》（《吕叔湘语文论集》，商务

印书馆，1983 年 7 月）除了一个开头段、一个结尾段之外，中间还有八大部分，分别谈及八个大的问题，阐述汉语研究八个方面的任务。每个部分又包含若干个段落，一段集中说明一个具体问题，文章段落的划分与研究对象的自身构成状况完全一致，把各段的意思归结到一起，就是对"汉语研究的当前任务"的全面说明。再以文章的第六部分为例。这一部分的第一句话就指明该部分的中心意思；接着在总述语言史研究所要解决的理论问题之后，用四个段落分别指明语音史、语法史、词汇史和语言学的研究任务。不难看出，作者在思考问题时思维的条理性极强，思路的发展轨迹也就是研究对象的构成状况的真实映现。按此思路去写文章，就形成了谨严的结构和规范的段落。

（3）要善于使用段中主句

简单地说，段中主句也就是概括段落中心意思的语句。段中主句便于读者阅读的作用暂且不说，对于作者构段来说，段中主句也有很大的作用。有了段中主句，段落就有了一个非常明确的中心，作者可以围绕着它，一句一句地写下去，句句都与段旨有关，始终保持段意的统一，而避免把与段旨无关的语句写入段中。

在一个段落中段中主句并无十分固定的位置，常见的情况是将段中主句置于段首，在段的开头便表明段旨，段中主句也就是段中领句。例如《古代思想家对法的应然与实然问题的追寻》（《比较法研究》2001 年第 2 期）的几段文字：

> 最早从法的形式方面较系统地论及法的应然问题的是春秋时期的管仲。管子认为："夫不法，法则治。法者，天下之仪也，所以决疑而明是非也，百姓之所县命也。""夫法者，所以兴功惧暴也；律者，所以定分止争也；令者，所以令人知事也。""法者，民之父母也。""法者，天下之道也，圣君之实用也。"也正因为如此，他对达到法律的应有状态是至为重视的。

> 首先，管子认为法律应具有一体适用的普遍性。他说："有生法，有守法，有法于法。夫生法者，君也；守法者，臣也；法于法者，民也。君臣上下贵贱皆从法，此谓为大治。"就是说，法既立，则人人都应该遵守，没有违反的，国才能达到大治。因此，"不知亲疏远近贵贱美恶，以度量断之，其杀戮人者不怨也，其赏赐人者不德也，以法制行之，如天地之无私也。是以官无私论，士无私议，民无私说，皆虚其匈以听其上。上以公正论，以法制断，故任天下而不重也"。

> 其次，管子极为重视法律的确定性。在《任法》篇中指出："黄帝之治也，置法而不变，使民安其法也……故明主之所恒者二，一曰明法而固守之，二曰禁民私而收使之。此二者，主之所恒也。夫法者，上之所以一民使下也；私者，下之所以侵法乱主也。故圣君置仪设法而固守之。故谵杵习士闻识诚博学之人，不可乱也；从强富贵私勇者，不能侵也，信近亲爱者，不能离也；珍怪奇物，不能感也；万物百事，非在法之中者，不能动也。"这些都是在阐明和强调法律的明确性与连续性、稳定性。当然，管子并不认为法律是一成不变的，如果情势发生变更，有了新

的需要，那么法律也是非变不可的。这在其《任法》篇中也有说明："国更立法以典民则祥……故曰法者不可恒也。"

其三，管子在重视法律确定性的同时也非常注重法律的实现，认为应该多方努力，必使法不虚立，令不虚设，法立必行，令出必遵。……

上述几个段落的第一句话均为各自段落的段中主句，是对段的中心意思的概括，段中所用材料都是对段中主句的论证和阐释。

再如前文所提及的民商法学论文《共享经济下网约车监管的法律问题研究》（《求是学刊》2020 年第 2 期）的几个段落：

网约车是共享经济的典型样例，它以网络平台为载体，实现运营公司、司机与乘客三者之间的信息共享，利用地理位置等信息，借助大数据分析和人工智能等信息技术手段，优化资源配置，实现供需双方的精准匹配，能够降低车辆空载率，缓解交通拥堵与供给的压力且节能环保，满足消费者需求。交通运输部于 2019 年 11 月颁布了《关于修改〈网络预约出租汽车经营服务管理暂行办法〉的决定》，2016 年颁布的《网络预约出租汽车经营服务管理暂行办法》（简称《暂行办法》）根据本决定做相应修正，重新发布，其第 2 条第 2 款对网约车服务做出了定义："本办法所称网约车经营服务，是指以互联网技术为依托构建服务平台，整合供需信息，使用符合条件的车辆和驾驶员，提供非巡游的预约出租车服务的经营活动。"基于《暂行规定》关于网约车的定义及相关法规的规定，我们可以得出网约车具备如下特征。

第一，服务内核的信息化。网约车是"互联网+出租车"模式下的融合创新产物，其服务基于网络平台。用户、司机、平台基于互联网形成分散化与主体平等化的关系，其精准的匹配资源实现了供需双方的实时对接，以消除传统巡游出租车因信息不对称造成的司机盲目巡游揽客的资源浪费。借助互联网+大数据平台的分析辅助，实现科学派单、资源共享，构建公平竞争环境，避免过度竞争引发的行业危机。

第二，服务主体的多元化。以网络平台为纽带，网约车服务涉及的服务主体呈现出多元化的形态，网约车服务主体主要包括劳务派遣公司、租车公司、网约车司机、乘客等。正是基于其服务主体多元化的特征，致使基于网约车平台的出租车的营运性与非营运性边界模糊。在实践中，无论是私家车还是巡游出租车，都可以注册成为网约车司机，也都可以基于网约车平台，提供约车服务。

第三，服务形态的差异化。网约车基于共享经济的理念，谋求市场经济效益最大化，盘活私家车运力资源存量，构建"多人合乘"或"一人多乘"的创新共享交通模式。车辆类型多样，定价可供消费者灵活选择，闲置车辆参与公共交通，给消费者提供更多的服务选择，以平台为中介，定价方式更灵活、公开、透明。差异化的服务为用户提供车型、用车时间等方面的不同选择，在发展演进的过程中适应用户需求提供包括专车、租车、代驾、顺风车等多种服务。

该文在对"网约车"这一核心概念的内涵加以阐释的基础上，以过渡性语句"基于《暂行规定》关于网约车的定义及相关法规的规定，我们可以得出网约车具备如下特征"引出下文。下面三个段落分别对网约车的三个方面的特征进行说明，各段首句均为明确各段内容要点也即概述网约车的某项特征的段中主句，后续语句均为这一要点的展开与细化。

段中主句在段首，以领句的形式出现，突出醒目，既易于引起读者的注意，又有利于下文的展开和全段内容的统一，所以段中主句应尽可能写在段首。但也有一些段落，如归纳段、叙述段等，是无法把段中主句置于段首的。

段中主句在段尾，以结句的形式出现，也是很常见的情况。在一个段落中，段尾同样是比较重要的位置，把段中主句放在段尾，既能有力地收束全段的内容，又能加深读者对段意的印象。例如《存在、自然存在和社会存在——海德格尔、卢卡尔和马克思本体论思想的比较研究》（《中国社会科学》2001年第2期）中的一个段落：

> 众所周知，传统的哲学教科书通常把存在理解为"物质"，进而把物质理解为客观实存的东西，但正如恩格斯所指出的，物质并不是感性地存在着的东西，而是"一个纯粹的思想创造物和抽象"。所以把存在说成是物质，实际上等于什么也没有说。海德格尔已经启示我们，应当从两个不同的层面出发来理解存在概念。在形式逻辑的层面上，存在是一个最高的、最抽象的概念，它指称所有的存在者（或存在物）；而存在者又可以分为两大类：一是作为人的存在的此在，二是非此在的存在者。在比形式逻辑更始源的本体论层面上，存在是一个超越性的概念。它指引人们去思索此在在世的意义。显然，海德格尔重视的是本体论意义上的存在概念，并试图通过此在把两个不同的层面沟通起来。但由于他没有沿着共在的思路做深入的思考，所以他没有注意到，更重要的是把存在所指称的所有存在者区分为自然存在和社会存在，而社会存在这一概念将比此在更本质地沟通存在概念的形式逻辑层面与本体论层面。把存在区分为自然存在和社会存在正是马克思和卢卡尔的卓越贡献。

上述段落的最后一句话是带有总结性质的段中主句，是从前文的分析中得出的结论。

段中主句还可分置于段首和段尾，即段中主句先在段首出现领起下文，又在段尾出现收束上文，前后照应，使段意得到强调，使结构更加谨严。如果段落较长，段落内容较为丰富，则常用这种构段方式。例如《人力资源管理模式：工作生活管理的革命》（《中国社会科学》2001年第2期）中的一个段落：

> 人力资源管理模式的提出对改变人类在工作地的生活具有划时代的意义。人类生活可以分为家庭生活和工作生活两大部分。开始于20世纪初的婚姻革命彻底改

变了人类的家庭生活，使人本主义确立了在家庭生活中的地位，但在工作生活领域，人本主义确立自己的地位就晚得多。劳资关系长期对立，雇员处于被超常剥削的地位，劳动者和资本家的冲突长期困扰着人类的工作生活，劳动者的人性受到极大的压抑。由于劳动者长期以来争取在工作地权利的运动、工会的大规模发展和人际关系管理学派等呼吁人性化管理学说的出现，促进了产业民主，一些开明和进步的雇主开始实践人性化的管理。所有这些都为人力资源管理模式的出现打下了基础。人力资源管理模式的出现使人类从社会生活最重要的单位——企业的角度弘扬人性，使人本主义在工作生活中确立了自己的地位。

这段话的第一句和最后一句分别以或略或详的形式对段的中心意思加以概括，段旨十分明确、突出。

再如《论神话文图传统——以女娲神话的图像书写为例》（《西北师大学报》〈社会科学版〉2020 年第 2 期）中的一个段落：

空间性是讨论神话文图传统时需要注意的一个维度。神话图像在不同的地域内皆有存在。以女娲神话为例，在早期文献中，女娲曾位列三皇，成为当时人们知识体系中继伏羲之后"王天下"的帝王。作为上古时期的神话人物，文献对女娲的记载明显趋于神化。这一现象同样存在于对女娲形象的刻画上。与女娲相关的图像在全国多地被确认，表明女娲神话除了在传世文本中有体现，在与文本同时期的各地神话图像中亦有存在。这种空间分布的广泛性，即是神话文图传统表现的一个维度。

上文是论文主体的起始部分"神话文图传统的空间性"的第一个段落。段中第一句话就是对作者在这一部分的基本主张的揭示，是点明段旨乃至这一部分的内容要点的语句；中间部分以实例对神话文图的空间性特点做出具体说明；最后一句话收束前文，并与段中首句相照应，进一步明确作者在这一部分中的基本主张。

还有的段中主句是对段内上下两层意思的概括，只能在段的中间部分，以腰句的形式出现。段中主句出现在这个位置上，不够引人注目，不便于凸显段旨，因而用得不多，通常在兼意段中才有这种情况。

无法把段中主句置于段首，对缺乏写作经验或写作水平不高的论文作者来说可能会有一些不便。由于没有首先写出段中主句，会使下文的展开缺少一个具有统领作用的中心，容易把段写散写乱。遇到这种情况，作者可以先写出段的中心意思，放在面前，以提示并限制自己，免得感到段旨模糊，无所适从。另外，有些段落是从属段，段旨已被包含在其他段落中，无法再写出一个段中主句。在组织这样的段落时，就要牢记段旨，经常有意识地以段旨提醒自己。

段中主句的使用同段落的规范化相辅相成：组织规范段，最适于使用段中主句；使用段中主句，又有助于作者组织规范段。在学术论文的构段中，写段中主句已被人们作为一种保持段的规范化的便捷、有效的方式，广泛应用。

（二）段的衔接

在文章中，段是静止与运动的统一，一个段落是由一些句子集结而成的相对完整的表意单位，而它最终又是文章的构成成分，是从属于文章整体的部分。段与段衔接紧密，全篇文章才能语脉贯通，浑然而成一体，产生应有的逻辑力量。王构《修辞鉴衡》说："看文字须看他过换及过接处。""过换及过接处"主要就是指段与段的衔接处。

段意密切相关，或者说段的内容具有明显的相关性，是把段衔接起来的关键。在段与段之间，如果确实存在着内在的意义联系，那么，即使不用任何过渡形式，文章也不至于前后脱节，支离破碎；相反，如果段与段之间缺乏必要的意义联系，那么，任何过渡形式的使用也都是无济于事的。强调意脉连贯的重要，并不是说过渡形式就是毫无用处或可有可无的，在段意密切相关的前提下，采用恰当的过渡形式，能够增强文章结构的谨严性。

在段与段之间起衔接作用的过渡形式主要有以下几种：

1. 过渡性词语

在段中使用某些必要的关联词语，能把前后两个段落衔接起来，并将其意义关系明确地标示出来。例如，表示总分关系的"总之""总而言之""综上所述"，表示并列关系的"一方面、另一方面"，表示递进关系的"而且""更一步说"，表示补充关系的"还要指出的是""还应说明的是""此外""另外"，表示转折关系的"但是""然而""反过来说""尽管如此"，表示因果关系的"因此""所以说""正因为如此""既然如此，那么"等，都是经常用于学术论文衔接段落的过渡性词语。

使用序码或相当于序码的词语，也是一种把具有并列关系的段落衔接起来的常用方式。序码如"一、二、三……""第一、第二、第三……"，相当于序码的词语如"首先、其次、再次、最后""先说、再说"等，都经常出现在学术论文的段的衔接处。

2. 过渡性语句

在段首或段尾使用过渡性语句，也是常见的段与段的衔接形式之一。例如《荀况逻辑思想对〈墨辩〉的发展及其局限》（《中国社会科学》1989 年第 6 期）的一段话：

> 以上是荀况逻辑辨谬的内容。可以看出，这是荀况在对百家之学进行检讨、总结的基础上，提出了《墨辩》所未能提出的几个重要问题。这些问题，今天仍有可资启发和借鉴的魅力。比如"以名乱名"所涉及的概念的灵活性和概念的确定性之间的关系问题，在辩证逻辑和形式逻辑关系的讨论中，不是以现代的形式重新提出来了吗？至于对"以名乱实"的批评，更未过时。时下流行的商品假冒以及类似假象，就很典型。马克思说："借更改名称以改变事物，乃是人类天赋的诡辩法！"信哉斯言！

上述段落的第一句话就是一个过渡句。在这个过渡句前面的几个段落中，作者详尽地介绍了荀况逻辑思想对《墨辨》有所发展的三个方面的内容，"三惑"之辨，即荀况逻辑辨谬的具体内容是其中最后一个方面的内容。在这个过渡句之后，文章内容有所变化，作者简要地指出荀况所提出的几个重要问题，至今仍然具有的启发与借鉴意义。过渡句前后的内容虽然是相关的，但又是有区别的，而这个过渡句的使用，使段意转换得非常自然，使段落衔接得十分紧密。常常出现于学术论文段首的"以上……""上面……"及常在段尾出现的"以下……""下面……"等，都是学术论文惯用的过渡性语句。

3. 过渡性段落

如果论文篇幅较长，段意的转换又较明显，在段与段的衔接中，就可以使用简短的过渡性段落了。过渡性段落是一种特殊的段落，是在文章中专门承上启下、起衔接作用的段落。例如：

> 社会心理的这种作为"无意识的社会意识"的特征，使其在反作用于社会存在的过程中展现出两种品格：一是直接敏锐、跟踪反映的品格，二是肤浅粗糙、朦胧无序的品格。而这两种品格，对当前我国的经济秩序又起着显性和隐性的两重作用。

这是社会学论文《变革社会中的社会心理：转换、失调与调适》（《中国社会科学》1989 年第 5 期）中的一个段落，是一个过渡性段落。这个段落共有两句话，第一句话是从上文引发出来的，是对上文内容的归纳与明确；第二句话是对下文内容的总括与提示，具有领起下文的作用。通过这个同上下文内容均有关系的过渡段，文章的内容就顺理成章地从一个层次转入了另一个层次，甚至很难看出明显的段意转换的痕迹。

过渡性段落由于既要承上又要启下，对上文与下文的内容都要涉及，所以它往往是兼意段。过渡性词语、过渡性语句及过渡性段落是几种主要的过渡形式。归根结底，形式是为内容服务的，过渡形式的运用，要以段与段之间的语意关系为内在依据。

二、表达

（一）表达形式

学术论文是科学研究成果的书面表达工具，把研究成果落实到书面上，要借助特定的语言符号。按照符号形式的不同，可以把研究成果的表达形式分为纯粹的文字表达和非纯文字表达两种。

1. 文字表达

文字系统是语言最基本的书面符号系统，文字表达也是最基本的书面语言表达形式。关于文字表达的问题，人们一般比较熟悉，这里就不多谈了。

2. 非纯文字表达

在文科论文中，非纯文字表达主要指图表表达。

图表表达是人们为弥补文字表达的不足并进一步增强表达效果，而采用的一种书面语言表达形式。相对于文字表达而言，图表表达应当算是较为特殊的表达形式。

图表是图与表的合称。

（1）图

在论文中，图是指用图解的方式，把一组复杂的资料清晰地表达出来的符号形式。图的种类很多，不同的内容可用不同的图形来表达，常用的图形有线形图、条形图、圆形图、说明图以及示意图等。如果要以数据表现事物的变化，最好使用线形图，线形图也叫曲线图；通过数据的比较，显示事物的差别，则要使用条形图；说明事物的比例关系，要用圆形图，圆形图又称圆比例图。线形图、条形图、圆形图是几种以数字表示事物的数量关系的统计图。此外，在论文中经常出现一些非统计图，例如说明图和示意图，主要用来阐明事理，或说明一种观点、学说的内涵和逻辑构成状况。

无论使用哪种图，都要注明图号、图名，有的还要加上图例。

（2）表

表也即表格，是把一组复杂的数据或其他材料分列分行地排在一起，一并加以展示的表达形式。通过表格表达出来的材料通常是能够分类和比较的材料。

论文中的表格有统计表和非统计表两种。

统计表是以数据说明问题的表格，一份非常正规的统计表应当包括表题、表号、标目、线条、数字等项目，有的还有备注。例如：

表四　乾隆年间广东各府州人均常平仓积谷量

府州	仓储量（石）	人口数	人均仓储量（石）
广州府	740 515.27	4 395 487	0.168
南雄府	56 038.64	249 508	0.225
韶州府	114 587.42	767 301	0.149
惠州府	514 216.29	1 648 729	0.312
潮州府	363 032.40	1 638 219	0.222
肇庆府	299 271.80	1 890 043	0.158
高州府	256 680.79	1 754 358	0.146
雷州府	114 528.54	491 454	0.233
廉州府	81 281.25	234 170	0.243
琼州府	215 966.10	994 593	0.217
罗定州	52 601.04	506 898	0.104
连州	38 124.10	265 170	0.144
嘉应州	91 413.23	987 068	0.093

注：各府州仓储量据表三，人口数为推算值。清代广东最早的可靠人口数字是乾隆五十一年的15 923 000人（严中平.中国近代经济史统计资料选辑［M］.北京：科学出版社，1955：362.），而按府州记载的人口数要到嘉庆二十五年才有（梁方仲.中国历代户口田地田赋统计［M］.上海：上海人民出版社，1980：甲表八〇.）。在此期间广东全省年平均人口增长率为8.451‰。据此回推乾隆间各府州人口数。

这是史学论文《论清代广东的常平仓》（《中国史研究》1989 年第 3 期）中的一份统计表。表的标题"乾隆年间广东各府州人均常平仓积谷量"是对表的内容的揭示；"表四"是表号，表示此表是本篇文章中的第四份表；排列整齐的横标目、纵标目以及简洁的线条、具体的数字，共同构成了表的主体部分；表的下端框线的外侧还有备注一项，对表中材料的来源等情况加以说明。从形式上看，这份统计表完全合乎制表的要求。

非统计表是指不用数据，而以其他材料的有序排列说明问题的表格。非统计表的格式不像统计表那么固定，栏目的设置等都比较灵活。例如：

表 1　新"各种 X"和常规"各种 X"的比较

	性质	表述功能	句法功能				结构关系	X 的性质		
			主语	宾语	谓语	补语		NP	VP	AP
常规各种 X	体词	指称	+	+	−	−	定中	+	−	−
新各种 X	谓词	陈述	−	−	+	+	状中	−	+	+

上面是语言学论文《从构式强迫看各种新"各种 X"》（《语言教学与研究》2016 年第 1 期）中的一份非统计表。"各种 X"是汉语中很常用的一个结构，该结构本为指称性成分，通常在句子中做宾语或者主语，"X"一般是名词性成分，"各种"可被看作"X"的定语，如"满载着爸爸妈妈准备的各种吃的、用的，踏上回京的路程"。可是，语言是在发展、变化着的，词语意义和用法的变化就是其中很重要的变化形式。前几年一种新兴的"各种 X"开始在网络上出现，并迅速传播开来。在新兴的"各种 X"结构中，"X"变为谓词性成分，整个结构为陈述性成分，可在句子中做谓语或补语，如"过年在家这些日子着实胖了不少，每天各种吃，各种玩。"该文对常规"各种 X"结构与新兴"各种 X"结构的性质、功能等进行对比，指明二者的区别，并在此基础上对后者的形成理据做出阐释。上述表格全面、直观地展示了常规结构与新兴结构的区别，简洁、明了，极具概括性。

图表所显示的各种复杂的关系和变化能使读者一目了然，有时，用大量的文字也难以表述清楚的内容，却可以通过图表轻而易举地展示给读者。图表具有文字表达形式所不具备的长处和不可替代的功用，在必要时采用这类表达形式，能够收到事半功倍的表达效果。为此，撰写毕业论文，不仅要重视基本的表达形式——文字表达，也要重视图表等非纯文字表达形式的运用。

插图和表格是论文中最为常见的两种非纯文字表达形式，除此之外，非纯文字表达形式还有画片、照片等。这类表达形式的共同特点是内容容量大，反映问题集中，而且直观性强，便于阅读。

为使图表等非纯文字表达形式的独特功用得以更好地发挥，在实际运用中应当注意这样几个问题：一要注意表意的明确、集中。文中所用的图表等要能够准确地表述内容，一份图表等最好集中说明一个问题，只有一个主题。二要注意形式的美观。图表等的设计要简洁、匀称，要能为文章增添美感。三要注意图表等同文字表达的配合。非纯文字表达形式是作为文字表达的一种补充手段而使用的，其内容同文字表达的内容既不能脱节也不能重复，否则就会失去应有的作用，甚至会给人一种画蛇添足之感。

（二）表达方式

文章作者传递信息、表述思想，必须借助一定的方式方法，这就涉及写作的表达方式问题。人们在写作中常用的表达方式有叙述、描写、说明、议论等几种，这几种表达方式是一切文章构成的基础。

在实际写作中，单独使用某一种表达方式的情况极为少见，比较常见的是几种表达方式的综合运用。表达方式的运用同文章类型的划分有着密切的关系，在不同类型文章的写作中，要以不同的表达方式为主，以其他表达方式为辅。文体名称也与表达方式的运用直接相关，如说明文以说明为主，议论文以议论为主。学术论文是议论文的一种，当然要以议论为主要的表达方式，同时也要适当地运用其他几种表达方式。下面就简单地介绍一下各种表达方式在论文写作中的使用情况。

1. 叙述、描写

在论文特别是文科论文写作中，叙述与描写虽然不是主要的表达方式，但也是两种比较常用的表达方式。在展示一个过程、表明一种经历时要用叙述，在表明某种事物、现象的状况时要用描写。

论文中的叙述与描写同欣赏型文章中的叙述与描写有着明显的区别，而且这种区别体现在许多方面。从根本上说，二者的功用是有所不同的。在论文中进行叙述与描写，其宗旨并不在于交代清楚事物或事件本身怎样，而是在于借此阐明事理，说明问题，证明观点。也正因为如此，叙述与描写只能作为辅助性的表达方式运用于论文写作之中。如果论文作者大肆铺陈，大肆渲染，把过多的笔墨放到叙述和描写上，把不必充分展现的细节也细致地叙述或描写出来，不仅无助于表达效果的提高，反而会湮没观点，削弱文章的逻辑力量，甚至会使论文失去基本的文体特征。

论文中的叙述与描写要发挥应有的作用，就必须符合客观、直接、简洁、概括的要求。总的来看，论文中的叙述与描写应是真实情况的概述与粗描，不必追求曲折、生动，也不能进行任何夸张或虚构，更不宜带有个人的感情色彩。

2. 说明

说明是一种对客观对象进行解说的表达方式。其作用在于把某种具体的事物或抽象的事理解释清楚，以使读者了解并认识，从而消除疑问，丰富知识。

在论文写作中，说明也是一种经常运用的表达方式，而且其用途非常广泛。例如：

（1）下定义

撰写专业论文，必然会涉及一些专业术语及其他各种名词概念，为使读者能够准确地把握它们，就要以下定义的方式对概念的内涵与外延加以揭示。下定义是对事物进行解说的一种方式。

（2）诠释

对某些内容，读者理解起来可能会有一定的困难，这就需要做一些诠注或解释，如对语义艰深或会有歧解的引文（包括文言词句）、个别的外语词句等，一般都要加以诠释。另外，有的概念仅靠下定义，还难以为读者所理解，因而也需要对其含义做更深入、具体的说明。

（3）介绍

有的论文需要述及人物或事物的一般状况，对此则应采用介绍说明的方式加以表达。文科论文中比较常见的人物介绍、地理状貌介绍、风物介绍、历史知识介绍、社会环境介绍、时代背景介绍等都是一些具体的说明方式，或者说是说明的具体运用。

（4）举例

为加深读者对说明对象的理解，可以选取并举出某类事物中最有代表性的实例，以使读者通过个别认识一般。论文中的实例有说明性的，也有论证性的，这里所说的举例，是指对说明性实例的使用。

（5）分类与分解

依照一定的标准，把某种复杂的事物区分为一个一个的类别，或将事物整体划分成一个一个的部分，也是对事物进行解说的一种方式。在分类或分解的基础上，再逐一阐释问题，容易把问题阐释得更加清楚。在论文写作中对研究对象做必要的分类或分解，是增加文章的条理性的手段之一。

上面所列举的下定义、诠释、介绍、举例以及分类与分解，是说明这种表达方式在论文写作中的几种主要用途，换个角度来说，它们同时也是几种比较重要的说明方式。此外，说明的用途和方式还有一些，这里就不一一列举了。

客观、科学、明晰，是对论文中的说明的几项基本要求，只有达到了这几项要求，说明的作用才能得以发挥，说明的运用才是有益的、有效的。

3. 议论

按其文体类型划分，学术论文应当归入议论文。前面已经说过，任何一种议论文的写作所要运用的最主要的表达方式都只能是议论，学术论文自然也不例外。更进一步说，学术论文不仅是议论文，并且应该算是比较复杂的议论文，议论的作用与特征在学术论文中体现得最为充分、典型。可以说，掌握议论这种表达方式，是写好学术论文所必需的一项基本功。

议论是指针对某个问题，使用各种材料并借助逻辑推理，表明自己的见解、主张，以使读者信服的一种表达方式。说服性是议论所应具备的最大特点，论题、论点、论据、论证是议论所不可缺少的要素。在学术论文中，论题即研究课题，是作者所要解决和集中证明的问题；论点即观点，是作者对问题的看法；论据即支持论点的事实和理论根据，包括作者所选用的材料和一些下位论点。对于论题、论点、论据，前面已多有涉及，而且在起草论文之前，有关这些方面的问题就应得以明确。而除了论题、论点、论据之外，议论还有一个很重要的要素——论证。

论证是作者运用论据证明论点，从而把论点与论据结合起来的过程和方法。学术论文是一种逻辑构成，实现说服的目的要凭借巨大的逻辑力量，而学术论文的逻辑力量正是通过论证体现出来的。通过论证，论点与论据之间的有机联系才能为读者所知，作者对问题的看法才有可能为读者所接受。

论点与论据的有机结合，需要一些具体的环节和步骤，从前提到结论，从已知到未知，不是一下子就能完成的。从本质上说，论证首先是一个逻辑推理过程，归纳推理、演绎推理、类比推理等各种推理形式在其中起着重要的作用。正确地运用各种推理形式，是使论证过程缜密、论文具有足够的逻辑力量的重要条件。

把论点与论据结合起来，还需要使用一些具体的论证方法。常用的论证方法主要有以下几种：

（1）举例法

举例法是以事实为论据，以典型事例证明观点的一种论证方法。用于论证的实例同用于说明的实例，在论文中都经常出现。

（2）归纳法、演绎法与类比法

从文章整体来看，完整的论证过程也就是归纳推理、演绎推理或类比推理的过程；从文章的局部来看，在各个具体的论证环节中，作者还可以采用归纳法、演绎法以及类比法对某个小的观点加以阐述。应当说，归纳法、演绎法及类比法在论文写作中有着广泛的用途。

归纳、演绎及类比作为推理的形式，已在前面一章从作者思维的角度谈过，那么作为论证方法的归纳、演绎及类比与此有着怎样的关系呢？说到底，论证方法的运用是为作者思考问题的方式所规定着的，归纳、演绎及类比三种论证方法同归纳、演绎及类比三种推理形式的基本原理完全相同，只是一个是从论证这样一个外在的角度说的，一个是从思维这样一个内在的角度说的。

（3）反证法

反证法是从反面间接地证明论点的方法，即在论证中，不是先从正面直接证明某个论点的正确，而是指明如果采用相反的看法所可能产生的消极结果，指出与之相矛盾的看法的错误，这也就从反面证明了另一种看法的正确。反证法又被称为排他法，排除了其他观点，保留的就是正确的观点。

（4）对比法

对比法是通过两种相反情况的比较，辨明是非，得出结论的论证方法。运用对比法，既可以将不同的事物放在一起进行比较，也可以对同一事物的不同侧面或在不同时期的状况进行比较。

（5）因果法

因果法又称分析法，是一种通过对论点和论据之间的事理因果关系的分析，证明论点正确的论证方法。运用因果法，既可以用原因做论据证明结果，也可以用结果做论据证明原因，正因为如此，人们还常把这种论证方法称为因果互证法。

（6）引用法

引用法是一种引用理论论据或者说以他人的言论为论据，对自己的观点加以证明的论证方法。

使用引用法，必然要涉及引文的问题。引文的种类很多，而且从不同的角度可以对其进行不同的分类。例如，从引文本身的情况来看有直引和意引。直引是直接引用文献原文，完全照录他人言论的引文形式。直引还分全引和节引两种形式。意引则是不直接引用原文，而是在对原文加工、改写的基础上，引用其基本意思的引文形式。从引文在文章中的地位及其表述方式来看，有段中引文和提行引文。段中引文是指把引文写在段中；提行引文是指以提行的形式，把需要给予特殊强调的引文写出来，使之自成一个部分。

在论文中使用引文，总的来说，应当遵循少而精的原则。具体地说，应当注意以下几点：首先，在一篇文章中，引文不宜过多。只要自己能把问题分析清楚，就不必引用他人的言论。否则，滥用引文不仅会影响文章本身的独创性甚至原创性，还会使读者反感。其次，引文要忠实于原文献，真正反映原文献的精神实质。关于这一点，在"选取材料"中已经有所涉及。再次，要注意把引文同对引文的解说、诠释区分开来，要使读者一看便知哪些内容是引文，哪些内容是论文作者所做阐释，而不要把二者混在一起。从学术规范的角度来说，这是需要特别注意的一个问题。最后，还要注意揭示引文同其所要证明的观点之间的内在联系。只把引文罗列在观点的后面，而不加任何分析、说明，是无法达到论证的目的的。

（7）归谬法

归谬法是专门用于驳斥他人观点的一种论证方法。其要领是先不直接指出某一观点的错误，而是先假定它是正确的，然后以此为前提进行推理，得出一个明显荒谬的结论，再用结论的荒谬来反证作为推理前提的观点的错误。

上面所列举的几种论证方法都是较为常用的论证方法。学术问题一般比较复杂，对一个学术观点的证明也具有一定的复杂性，一篇学术论文的完成，通常需要通过各种论证方法的交互使用，形成一个缜密、完善的论证过程。

议论是由论题、论点、论据、论证几个要素构成的，在以议论为主要表达方式的学术论文中，无论哪个方面出现问题，文章的质量都会受到影响。

三、语言

人们常说，语言是思想的外壳、信息的载体。如果不是凭借着语言工具，无论多么精妙的构思、深邃的思想，也都只能停留在文章作者的头脑之中，读者无从了解，社会效果更是无从产生。在此意义上可以说，语言是写作的第一要素。更进一步说，语言不仅具有把无形的理论认识变为有形的研究成果的巨大功用，而且，它还具有同文章的思想内容相互制约的特性。低劣的语言形式无法表达精妙的思想内容，模糊、混乱、粗糙的思想内容也难以找到一个精美的语言形式，对语言形式的选择与运用，同时也就是对思想内容的再思考与再调整。正因为语言的运用如此重要，论文作者要把文章写好，除了要在其他环节的改善上多做努力之外，还必须在语言的运用上多下功夫，以使所用的语言充分体现科学语体的特征，更好地为学术成果的表达服务。

前面说过，科学语体是现代汉语的基本语体之一，学术论文作为比较典型的学术文献，其语言无疑最能体现科学语体的特征。与其内容的科学性和结构的程序化相适应，学术论文在语言的运用上，确有自己的一些共性的东西，这也说明科学语体是一种客观存在，科学语体的特征对科学文献的写作应当具有较强的约束力。另外，科学语体的内涵及表现形式又是丰富多彩的，这就使得不同学科的论文的语言也会有不同的特点，存在不同程度的差别，而自然科学和社会科学两大门类论文的语言差别，还是比较明显的。如此看来，不同学科论文的语言在具备科学语体的共同特征的同时，还具有自己的一些特点。全面了解学术论文的语言特点，对于提高文章的语言质量是大有益处的。

概括地说，精确、简明、平易、庄重以及富有文采，是学术论文语言所应具备的几个主要特点，同时，这也就是对学术论文语言的几项要求。

（一）精确

精确应是一切学术论文语言的首要特点，这是由学术论文的内容和功用所决定的。语言准确，是对所有文章写作的要求，而在学术论文写作中，这一要求则更为严格、具体，并且有着特殊的意义。学术论文的语言要在准确的基础上更进一步，达到精确的程度。

学术论文语言的精确性大体表现在以下几个方面：

1. 用词恰当、贴切

用词恰当、贴切，是构成学术论文语言的精确性的一项最基本的内容。有时，表达同一个意思，可用的词语却不止一个，用词做到恰当、贴切，主要就是说作者在几个可供选择的词语中，选出了最妥当、最得体的那一个，把所要表达的意思恰如其分地表达出来。

一个孤立的词语，是无所谓恰当不恰当或贴切不贴切的，词语只有进入具体的篇章，在特定的语境中，才谈得上是否恰当、贴切。简单地说，用词恰当、贴切，是指所选用的词语切合内容、切合语境、切合语体特征和文章风格。为做到用词恰当、贴切，论文作者在使用词语时，就必须根据内容、语境以及语体特征、文章风格，进行严格的选择。

在词语的选用中，有许多问题需要注意，比如，词义的辨析就是其中一个比较重要的问题。每一个词语都有其固定的含义，完整的词义是概念义与附加义的统一，概念义是词义的核心，附加义则主要包括词的语法意义、色彩意义等。另外，在长期的语言实践中，有些词语还形成了一些特殊的情调。掌握每一个词语的各种意义及其特殊情调，才有可能用对、用好每一个词语，从而使文章的语言具有高度的精确性。为保证学术论文语言的精确性，不但意义差别较大的词语不能互相借用，就是意义相近或基本相同的词语也不能混用。

语言是思想的直接现实，用词恰当、贴切，表意才能准确、周密。用词不当，不仅会使研究成果受到不同程度的歪曲，而且往往反映出作者思想认识的模糊或偏颇。在写作中能够迅速做出词语的最佳选择，不仅说明作者具有较高的语言修养，而且说明作者已对问题有了比较深入的思考和比较明确的认识。

2. 运用专业术语

大量使用含义单一的专业术语，排斥语义模糊、含混的词语形式，也会增强文章语言的精确性。专业术语，是指在特定的学科或专业领域内使用，具有固定的含义的专门性词语。单义性、概括性和客观性是专业术语的特点。单义性是指专业术语大都有着比较严格的定义，一般只有一个义项；概括性是指专业术语是人类对自然或社会的认识成果的浓缩反映，有着非常丰富的内涵；客观性是指专业术语通常不带感情色彩，最适于用来理性地表述科学事实。

此外，专业术语（特别是自然科学领域的专业术语）通常还具有国际性。所谓的国际性，是指专业术语往往可以超越民族及国家的界限，以不同的形式存在于不同的语言中，或者说，不同的语言中的专业术语大都是相对应的。

撰写专业论文，无疑是不能不用专业术语的。例如：

> 21世纪之初，两个现象级文艺作品——欧阳江河的长诗《凤凰》与徐冰装置艺术《凤凰》，二者诗艺互文的实质，可概括为共同以"词与物的互文"的理论与实践来诠释"一种叫作凤凰的现实"的表达立场和策略。即在诗艺互文中重释古老的"名物""格物"文化，汲取其中关于自然、经验的启示，面对当下的文明现状与时代症候，拓建一种兼具科学性和隐喻性的现实主义精神。二者在为"凤凰"赋形、释名的过程中，在新的文明前景下用更贴合本土经验的文艺形式激发出宏观的思维远景，表达出对集体力量、文明开拓之现实的沉实把握，并蕴涵着"格物致实"的内在诗学伦理：在自然、经验与现实主义精神的融汇中，提示了一种文艺发展的新拓向——聚焦于当下的问题意识、溯源于本土艺术经验、又突破了以往现实主义艺术风格的"新的现实主义"。

上面一段文字是文学论文《两个〈凤凰〉：一种"新的现实主义"——论欧阳江河与徐冰的"诗艺互文"文艺观》（《文学评论》2020年第1期）的"摘要"部分，文中的诗艺互文、现实主义精神、格物致实、诗学伦理、本土艺术经验等都是文学专业术语。如果弃用以上术语，换用其他一些说法，那么文章就会面目全非，即便多用几倍的文字也难以把作者所要表述的意思表述得非常确切、周严。

在论文的撰写中，专业术语是不可替代的语言材料。专业术语的使用，是学术论文语言的一个显著的特征。有时，由于专业术语的运用不统一、不准确，或者由于误用、错用专业术语，还会引起不必要的学术之争。在科学的发展中，许多专业术语已突破了学科界限，由一个学科向其他学科乃至向整个社会渗透，这促进了科学的一体化和综合化，促发了"边缘科学"及"交叉学科"的生长。专业术语的借用，常常是借鉴学术成果、研究方法的一个步骤、一种方式，对此，论文作者应有深刻的认识和充分的重视。

总之，运用专业术语，是使学术论文的语言具有精确性的手段之一。同理工科论文相比，文科论文中的专业术语可能要相对少一些，其社会通用性和渗透力则要更强一些。但这并不意味着在文科论文的写作中，就可以忽视专业术语的使用，恰恰相反，假如论文作者摒弃专业术语或专业术语用得不好，论文语言的精确性就会受到影响，甚至许多内容是根本无法表达清楚的。

3. 多用长句、复句

多用长句、复句，既是论文语言精确的一种体现，也是使论文语言具有精确性的一种手段。比起其他类型的文章，学术论文中长句较多。长句是与短句相对而言的，其特点是附加成分多，表意严密周详。学术论文之所以长句较多，一个很重要的原因就是论文作者在造句时，常用一些起区别和限制作用的定语，这类定语作为句子的附加成分，具有使句义更加严密周详的功能。

复句也叫复合句，是同单句相对而言的。复句的特点是语义充实，表意详尽，逻辑性强，能够细致地表述一个繁复的意思。为使事物的逻辑关系得到准确体现，学术论文中的复句常常要用关联词语。

4. 采用准确的数据

使用准确无误的数据，是提高论文语言精确度的一种手段。人们常把数值看作精确度的标志，合理地使用一些数据，能使语言表达更加精确，使文章更有说服力。但在文科论文中，数据也不是用得越多越好。不顾需要，滥用数据，会使论文如同调查报告，使文章变成数据的堆砌，使论文应有的理论性、逻辑性受到削弱。

不同学科、不同类型的论文，在数据的使用和处理上也会有所不同。譬如，就其总体倾向而言，经济学论文可能会比文学、语言学、法学等学科的论文更多地用到数据。同为经济学论文，属于实证或应用研究领域的论文则可能要比基础研究领域的论文更需要使用数据。同为语言学论文，涉及语言调查或以语言现象描写为主的论文，可能会比语言理论或以语言解释为主的论文，更离不开统计数据的使用。

（二）简明

"文以辨洁为能，不以繁缛为巧"，自古至今，"简明"一直是一项备受推崇的写作原则。任何文章的语言，都应具有简明性，而在以高效、快速地传递学术信息为目的的论文写作中，语言的简明性就显得格外重要了。

所谓的语言简明，就是指能用尽可能少的语言材料，把尽可能多的信息明白无误地传递给读者。也许有人认为"简"就不能"明"，"明"则无法"简"，其实，"简"与"明"并不矛盾。在语言表达中，形式的简洁和意义的明晰是密切联系着的，只"简"不"明"就是苟简，只追求"明"而忽视了"简"，有时则难免繁冗拖沓，会带来文章内容的混乱，会直接影响表意的明确。言简意明是一项统一的语言要求。

为使论文的语言符合简明性的要求，从积极与消极两个方面来看，应当注意以下几点：

1. 精心锤炼词语

用词精当，充分发挥每个词语的效能，能够以少胜多，增大语言的信息容量，因此，写作必须善于斟酌词语，要把每个词语都用在最为合适的位置上，这是使语句高度凝练，使文章语言简明的首要条件。从这个角度来说，用词恰当、贴切，不仅能使论文语言具有精确性，同时也是构成论文语言的简明性的基础。

2. 适当使用成语、文言词语

成语是一种形式稳定而整齐、意义完整而凝练的固定词语，是在长期的语言实践中，经过千锤百炼，最终凝固而成的语言形式。成语都有固定的来源或出处，而且多半带有典故性，是对典型材料的概括。成语的特点是结构简洁，含义丰富，其实际意义往往大大超出字面意思，许多成语在字面意思的背后还有更深层次的寓意。因此，在文章中准确、妥当地使用成语，能够提高语言的表现力，收到言简意赅的表达效果。

文言词语是指以文言形式保存下来的古汉语中的词语。古汉语词以单音节为主，现代汉语词则以双音节为主，表示同一个意思，古汉语语句的字数一般要少于现代汉语语句的字数。在适当的地方恰当地使用一些文言词语，可以使语句更为精练，有助于增强语言的简明性。例如：

> 对中古隋唐之醉僧，也有予以正面评价者。

这句话引自文学论文《醉僧何不成问题？——宋诗醉僧形象略论》（《福建师范大学学报》〈哲学社会科学版〉2020年第1期），句中的"之""予以""者"均为文言词语。如果换为现代汉语说法，不但会多出一些字数，而且会失去原文所特有的典雅风格。

这里所说的可适当地使用一些文言词语，并不是提倡在论文中大量使用文言词语。现代文章写作无疑要以现代汉语词汇为最基本的语言材料，文言词用得过多或用得不当，则会使文章文白夹杂，不伦不类，失去可读性。

3. 避免一切不必要的重复

无论是字面上还是意义上，一切不必要的重复都是有害无益的语言成分，是应该剔除的赘余成分，因为"凡是受信者一方所已经知道的信息，其信息量等于零"①。字面上的重复比较容易看出，因而也较易于避免，意义上的重复则常被忽视。刘勰在《文心雕龙·熔裁》中说："裁则芜秽不生，熔则纲领昭畅，譬绳墨之审分，斧斤之斫削矣。骈拇枝指，由侈于性，附赘悬疣，实侈于形。一意两出，义之骈枝；同辞重句，文之疣赘也。"意义上的重复就像多生出的肢体，辞句上的重复就如同多余的肉瘤，通过炼意与炼辞，可以去掉重复的意思和字句，使语言更加精粹，使文章更加精悍。

4. 杜绝客套话之类的空话、废话

有人惯于在论文中写上一些空洞乏味的客套话，诸如"本人才疏学浅""定有疏漏之处"之类的语句。谦虚、诚恳是值得肯定的治学态度，而治学态度如何应在治学实践中体现出来，把人人都会说的客套话写到篇幅有限的学术论文中，则大可不必。学术论文是描述

---

① 陈原. 社会语言学［M］. 上海：学林出版社，1983：74.

科研成果的工具，一切与课题研究无关的内容都应删去，何况空话、废话本身就是毫无价值的语言，"陈词滥调所提供的信息，其信息量很小很小，甚至等于零，废话则是一种没有语义（或没有正经语义）的信息。对于收信者来说，废话虽是头一次听到，但既然是废话，那就是100%的无用信息或无效信息。无用或无效信息，其信息量极小，或几乎接近于零"①。起草学术论文，应把每一字、每一句都落在实处，如果用了大量的语言材料，只传递了少量的信息，或者根本没有传达任何信息，那么，写作就是失败的，至少不是高效率的。

"文章烦简，非因字句多寡、篇幅短长。若庸絮懈蔓，一句亦谓之烦；切到精详，连篇亦谓之简。"强调语言的简明，也并不是说词语用得越少越好，更不是说文章写得越短越好，而是要以表意的明确为原则，该用的词语必用，不该用的词语一律不用，以达到一种"长者不为有余，短者不为不足"的写作境界。

（三）平易

理论是朴素的，表述理论的语言应当是平易的。所谓的语言平易，主要是指文章的语言形式具有平实自然、明白晓畅的特点。古人李涂在《文章精义》中说过："文章不难于巧而难于拙，不难于曲而难于直，不难于细而难于粗，不难于华而难于质。"这段话说明了文章语言平易的难能可贵。平易不是平淡无奇，而是要能"俗中见雅""拙中见巧""平中见奇"，以取得一种"语浅而意深，言近而旨远"的写作效果。从积极的方面来看，要使文章语言达到平易的要求，主要该从以下几个方面去努力：

1. 用语要平实

学术论文属于非欣赏型文章，在这类文章中，要用实实在在、朴实无华的语言把事理讲述得明明白白，最好能让读者感到娓娓道来，如叙家常，而深刻的道理已包含于其中。

语言平实看起来容易，做起来却很难。西方一位著名的新闻记者曾指出，最优雅的写作也就是最简朴的写作。论文作者要想在写作中做到用语平实，除了要有正确的写作观念和对研究成果的深入把握之外，还要在平时的语言实践中，注意加强自己的语言修养和驾驭语言的功力。

2. 用语要直白

与其实用的目的相适应，在学术论文中还应避免使用晦涩难懂或模糊曲折的语言形式，而要直陈其事，直截了当地把要告诉读者的意思表述清楚。文学作品委婉、含蓄，避免平铺直叙，讲求含而不露的表述方式，是不适用于学术论文的。选用词语要考虑有利于启发读者的思想，要能引导读者只就文章内容本身进行思考，而不必在对语言形式的推敲上花费时间，更不要让读者去费心揣摩那些难以读懂的语句。

3. 语句要顺畅

学术论文要一层紧承一层，一句紧接一句，语意的承接要紧密，该说的话都要说出来，

---

① 陈原. 社会语言学 [M]. 上海：学林出版社，1983：7.

而不能有所省略、有所跳跃，让读者自己去领会靠语境显示的"言外之意"。在有些文章的写作中，如在文学创作中，作者通常非常重视语境因素对语义的补衬作用，会有意给读者留出想象的空间，论文写作却不能如此。

从消极的方面来看，要使论文的语言平易，还应注意以下几个问题：

一是不可使用生僻词语。

生僻词语会给读者的阅读带来一定的困难，应当尽量避免使用。写作是从内容到形式（根据内容选择形式），阅读则是从形式到内容（根据形式理解内容），语言形式是读者理解文章内容的凭借，假如读者连作者所用的词语都未能读懂，那么，怎么谈得上对文章内容的理解呢？而生僻词语恰恰就是一般人不易读懂的词语。汉代王充在《论衡·自纪》中说："何以为辨？喻深以浅。何以为智？喻难以易。"避深就浅、避难就易是选用词语所应依循的准则，生僻词语的大量使用显然是同这一准则相悖的。

或许有人认为，使用生僻词语，会使人感到文章有深度，使人觉得作者有学问。实际上，语言的艰深同内容的深刻并无必然联系，相反，会写文章的人往往善于用最平常的词语，深入浅出、通俗易懂地说明最深奥的道理，免得读者只顾琢磨生僻词语的含义，却忽视了对文章内容的深刻领会。

二是不可堆砌华丽词藻。

不顾表达的需要，胡乱堆砌华丽词藻，会使文章显得华而不实，并给人一种庸俗、浅薄的感觉，这是一切文章写作之大忌。在学术论文这类非欣赏型文章的写作中，对此要求得尤为严格。

三是不可滥用专业术语。

如前所述，多用专业术语，是学术论文语言的一个突出特点，也是构成学术论文语言精确性的一项内容。但虽然如此，对专业术语也不能不加限制地使用，文科论文特别是某些应用研究的论文的读者对象还是比较广泛的，作者在使用专业术语时，也要适当地照顾一下非专业人员的特点。在一些读者面较广的论文中，过于专业化的词语用得太多，对于一般社会成员来说，阅读的难度就大大增加了，这无形中也就缩小了文章的读者范围。

另外，应当特别注意的是，前几年在文科论文写作中出现了一种偏向，那就是牵强附会地套用新术语或者盲目地引进自然科学术语。有人不管写什么文章，不管有无必要，都要使用一些新名词或自然科学领域中的专门词语，甚至常常在没有真正把握那些术语的含义时，就望文生义，生搬硬套，将其用在自以为合适的地方。这种做法不仅影响文章的可读性，而且容易给人以故弄玄虚之感，会使读者对文章望而生畏，望而生厌。

前面曾提到过，随着科学的快速发展和科学一体化趋势的增强，新的术语或其他学科的术语出现在论文中，已成为一件极其平常的事情。在对新的术语或自然科学术语的使用中，确实存在着融会贯通与生搬硬套的区别问题，前者是有益的，后者则是有害的。

（四）庄重

科学是严肃的，理论是郑重的，高度科学化、理论化的学术内容的表述，必须相应地采用较为庄重的语言形式。学术论文语言所应具有的庄重的特点，主要体现在造句与措辞两个方面：

1. 使用严整的句子形式

大量使用严整的句子形式有助于增加文章的庄重感。同其他类型的文章相比，学术论文中长句、复句、整句（主谓句）以及常式句、完全句要多一些，短句、单句、零句（非主谓句）以及变式句、省略句则要相对地少一些。这种造句方式一方面体现了学术论文语言表意精确的特点，另一方面也增加了文章沉实、凝重的感觉。

2. 运用独特的措辞方式

独特的措辞方式有助于保持文章的庄重感。具体地说，在学术论文写作中，有些词语是应该避免使用或慎重使用的，例如，对口语色彩过于浓烈的日常生活用语，像方言土语、歇后语、儿化词等，应禁止使用；对有损于祖国语言的纯洁与健康的粗俗词，像黑话、切口、骂人话等，应坚决予以弃除；对叹词、象声词和部分感情色彩过于浓烈的形容词、副词，应严格控制使用；对尚未经过社会约定俗成，进入全民语言交际系统的"言语新词"，应尽量少用；对简称之类特殊的词语形式，应慎重使用。从原则上说，在比较庄重的语体中，是不能随便使用简称的。但如果一个字数较多的词语在文章中反复出现，为使行文简洁顺畅，也可以在这个词语第一次出现时，对之进行简缩，并在括号中注明"以下简称为……"。

总之，无论哪类词语，只要会损害语言的庄重感，就应避免或慎重使用。反过来，有些词语，如文言词语、双音节词的合理使用，也会使文章更有庄重感。关于文言词语的使用问题，前面已有涉及，这里就不再重复。双音节词在现代汉语词汇系统中占有优势地位，可以说是现代汉语词汇的主体。有人曾对现代汉语 8 000 个常用词做过统计，其中双音节词占71%，单音节词占26%，三个音节以上的多音节词占3%。双音节词虽然在数量上占有优势地位，但在日常口语中的使用频率却远远低于单音节词。在日常口语中，双音节词的使用频率为37%，单音节词的使用频率则高达60%。可以说，单音节词多为日常语言交际所必需的基本词，口语化特点比较突出。而双音节词的节律形式平稳匀称，表意周详明确，适于在书面语中使用。因此，在论文写作中，表达同一个意思，如有双音节词和单音节词可供选用，应当尽可能选用前者。如"购买药品"要比"买药"、"种植水稻"要比"种稻子"更具书面语特征、更有庄重感。一般来说，具有明显书卷语体色彩的词语，是有利于增加文章语言庄重感的词语，应当成为论文写作最重要的语言材料。

精确、简明、平易、庄重，是论文语言从不同的角度表现出来的特点，同时这几个特点又是相互联系着的，四者统一，构成了文科论文语言的主要特征。在使论文语言具备这些特征的基础上，还应努力把文章写得富有文采。如果说精确、简明、平易、庄重是对一切论文语言的一般要求，那么，富有文采则是较高层次的要求，也可以是说对文科论文语言的特殊要求。

（五）富有文采

无论哪类文章，都应避免写得枯燥乏味，学术论文也不例外。学术论文特别是文科论文不仅要以巨大的逻辑力量打动、征服读者，最好还要能以出色的文采吸引、感染读者。语言富有文采，可为理论增添魅力。

那么，怎样才能使论文的语言富有文采呢？

1. 杜绝所谓的"零度风格"

要使语言富有文采，就不能板起面孔，故作姿态，用一种冷漠的腔调说话，在笔墨之间不妨流露出一定的主体色彩，以唤起读者的共鸣，或使读者产生亲切感。对此，朱光潜先生曾谈过这样的看法："修辞学家们说，在各种文章风格之中，有所谓'零度风格'（zero style），就是纯然客观，不动情感，不动声色，不表现说话人，仿佛也不理睬听众的那么一种风格。据说这种风格宜于用在说理文里。我认为这种论调对于说理文不但是一种歪曲，而且简直是一种侮辱。说理文的目的在于说理，如果能做到感动，就会更有效地达到说服的效果。作者自己如果没有感动，就绝对不能使读者感动。"对于文章写作来说，所谓的"零度风格"是不可取的，因为那样的文章很难真正吸引读者，更不要说引人入胜了。论文固然应以冷静、客观地阐释科学理论为宗旨，但这同语言形式的平板、僵直以及文章语气的漠然、冷峻完全不是一回事。

当然，即便同为文科论文，不同学科或不同专业领域的论文在主体色彩的体现方式上也还是有区别的。譬如，中文学科的论文包括语言学论文和文学论文两大类，从总体上看，语言学论文的表述方式与自然科学论文有较多的相通之处。而文学论文则常常具有浓郁的主体色彩，或者说应当具有一些"文学性"。文学是同"激情"联系在一起的，不仅文学创作如此，文学研究也同样如此。文学研究需要情感体验，重视心理感受，文学论文常常充溢着作者的情感，传递着作者的感受，而这样的论文往往就是具有创新价值的论文。

2. 多用具体、形象的词语

在不损害论文内容的科学性与表述的准确性的前提下，使用一些具体、形象的词语，会使文章显得更有生气。如果在论文中一味用干枯、空洞的语言来表述深奥、抽象的理论，就很容易使人感到文章沉闷呆板，甚至难以卒读。赋予深奥、抽象的理论内容以具体、形象的语言形式，把无形的事理有形化，深刻的道理就会显得浅显起来，使读者易于理解、消化，并留下鲜明的印象，进而打消对学术文章的畏难情绪。

3. 要多用新鲜的词语

语言的创新常常就是思想出新的过程，新鲜别致的语言形式同新颖独特的学术内容才是和谐一致的。撰写论文要力求"惟陈言之务去"，尽量选用新鲜的词语。新鲜的词语有生气，有吸引力，容易使读者产生兴趣，也便于表达新的理论。相反，假如文章满篇都是陈腐的词语、过时的字眼，则会给人以陈旧感，难以引起读者的兴趣，也不适于表述新的理论。

4. 采用恰当的修辞方式

适当地使用一些修辞方式，也会增强论文语言的表现力和艺术性。人们通常认为，科学语体中的修辞只能是消极修辞，即只限于词语的锤炼、句式的选用等。在科学文献的撰写中，不宜采用积极修辞的方式，也就是说一般不能运用辞格。但实际上，许多辞格都常被有效地运用于文科论文写作中，如排比、对偶等。"排比"的主要作用就是贯通语势、突出文意，把排比句用在文章中，能使语言富有节奏感，使表达更富有条理。对偶句的特点是音节整齐匀称，语义凝练、集中，把对偶句用于论文中，能使文章具有一种和谐的美感。此外，巧妙的比喻既能深入浅出地阐明事理，又能使文章的语言生动起来，因而也常被论文作者采用。总而言之，修辞方式如果用得妥当，确实能为文章增添光彩；如果用得不当，就会适得其反，妨碍内容的表述。所以，在行文中一定要从内容表达的需要出发，合理地选用修辞方式。

5. 调整句式，寻求变化

在行文中有意识地调整句式，能够使语言错落有致，富于变化。前面说过，长句、复句、整句多，是学术论文在造句方面的一个特点。但一篇文章完全采用这类句式，也会使文章显得单调、平直，缺少生气。适当地调整、变换句式，能使文章改变单调、平直的格调，转而给人一种轻松、活泼的感觉，并富有参差美、节奏感。其中，长句与短句的交错使用，更是有利于发挥这两种句式的优势，会收到既严密、周详，又不失简洁、明快的表达效果。

6. 调协语音，追求和谐

在遣词造句中，还应尽可能注意语言的韵律美。语音和谐，读起来朗朗上口，是对一切文章语言的要求，韵律美是构成文章的形式美的一个要素。

综上所述，论文语言应当做到精确、简明、平易、庄重并富有文采。"立言得体"，内容才能表达得充分、完美，学术论文的语言属于科学语体，理应具备科学语体的一般特征。科学语体是对各类学术文献的共同的语言特点的概括，所反映的是共性的东西。共性之外还有个性，在论文写作中，成熟的、有经验的作者经常会展现其个人所特有的语言风格，或清新隽永，或凝重古朴，或典雅俊秀，或淳厚朴直。论文的语言风格千差万别，而一篇文章的语言风格则应当是统一的。语言的运用不但要考虑如何突出其特定的语体特征，还必须注意保持文章整体风格的一致性，否则，就会破坏文章的整体感，会使得文章显得支离破碎，杂乱无章。能否用自己的语言表述自己的思想，能否运用既符合语体特征，又带有个性色彩的语言形式表达内容，也是衡量一个人写作水平的标准之一。

第四节　检查与修改

这里所说的检查与修改，专指论文初稿完成之后，所做的全面、系统的审读与加工工作。

检查与修改是行文过程中很重要的一个环节，论文最终质量如何，同这一阶段的工作有着极为密切的关系。人们常说，"善做不如善改""好文章是改出来的"，这话确实很有道理。任何一篇文章的初稿都会有种种不妥之处，经过认真修改之后，质量才会有所提高。而对于毕业论文这类内容比较丰富、构成比较复杂的文章来说，修改则有着更为重要的意义。

首先，科学认识的复杂性从根本上决定了论文修改的必要性。学术论文所反映的是作者对客观事物的科学认识，科学认识是对事物本质的认识。事物本质的揭示也即科学认识的形成，通常要经历一个十分曲折的过程。从根本上说，论文内容的修改，往往就伴随着科学认识的再深化、再调整。

其次，检查与修改也是谋求最佳表达形式的途径。同一内容的表达有时可以采用不同形式，但这并不是说表达形式的选用是随意的，或者说并不意味着不同的表达形式在表达效果上会没有差异。一般来说，在几种可用的表达形式中，只有一种表达形式最为合适、最为理想，这就需要论文作者反复推敲，以寻求到一种最佳的表达形式，否则就有可能失之毫厘，差之千里，使论文质量大受影响。

最后，检查与修改还可以弥补起草初稿时推敲不足的缺憾。为保持文脉的贯通和思路的顺畅，起草论文初稿最好一气呵成，而不要在细节的推敲上多费周折，更不要不断回过头去检查已写好的部分。对于有经验的作者来说，"无论在什么情况下，他们都不在准备第一稿的中途停下来剪裁、核对或润饰。在这样早的一个阶段去执行这种任务，等于让珍贵的想法从头脑中逃脱，使令人愉快的创造力量死亡"[①]。也正因为如此，在初稿的起草阶段，在未完成的文章中，有些问题是很难被发现的。另外，通读初稿，把每一个局部都放入文章整体中去把握，也会发现在局部的审读中所无法发现的问题。

上述几点表明，在论文写作中，检查与修改工作不仅是不可缺少的，并且是至关重要的。缺少这一环节或这一环节的工作做得不好，则很难拿出高质量的文章。

有人认为修改文章无非就是勘误改错，这是非常片面的看法。勘误改错固然重要，同时使不够完善的地方趋于完善，使不够精彩的地方更加精彩，以进一步增强表达效果，也是检查与修改的主要任务。

一、检查

全面、系统地检查初稿，是文章修改工作的第一个步骤。通过对初稿的检查，找出应当修改的地方，才能开始动笔修改。

（一）检查的范围

从原则上说，文章所有的构成要素，都在修改的范围之内，都有必要对其进行检查。观点、材料、结构、语言是文章的几大构成要素，是检查论文的几个着眼点。具体地说，每个要素的检查都有一些应当注意的内容。

检查论文的观点，主要应当注意：观点是否正确，有无加以订正的必要；观点是否不够全面，有无加以增补或扩充的必要；观点是否流于空泛或庞杂，有无加以限定或削减的必要；观点是否明确、突出，有无加以强化的必要。

检查论文的材料，主要应当注意：文中是否有同观点无关或关系不大的材料；材料是否

---

① 韦斯特. 提高写作技能［M］. 章熊，章学谆，译. 福州：福建教育出版社，1984：413.

用得太多，以致文章内容显得芜杂、混乱；材料是否不够充分，以致不能有力地支撑观点；有无不够确实的材料，特别是有无需要重新核对的引文；有无显得陈旧的材料；有无缺乏说服力的材料。

检查论文的结构，主要应当注意：论点的排列是否科学，论点间的关系是否合乎事理、合乎逻辑；材料的安排是否合理、均衡；层次的划分是否妥当、清楚；层次与层次的转换是否自然，段与段的衔接是否紧密，有无上下文脱节或缺乏照应的情况；有无游离于文章整体之外的段落；有无过于冗长、杂乱，可以切分开来的段落；有无过于零散，可以合并到一起的段落。

检查论文的语言，主要应当注意：有无多余的词句；有无同语体风格、文章风格不相协调的词句；有无表意不够准确、清楚或者不够顺畅、简洁的句子；有无用得不够妥当的词语；有无错字、漏字。

另外，论文语言的检查，还应包括标点符号的检查。标点符号是书面语言的有机组成部分，或者说是书面语言的表意手段之一。用错了标点符号，也会影响文章的表达质量，甚至会妨害内容的准确表达。在论文的起草中作者常常不求甚解，忽视标点符号的使用问题，在此有必要对这一问题给予足够的重视。

观点和材料是文章的内容要素，结构和语言是文章的形式要素，对这几大要素的检查也就是对文章从内容到形式的全面检查。

（二）检查的顺序

论文的检查要有步骤、有程序地进行，要有一个合理的顺序。确定论文检查的顺序，应当依循以下两条原则。

1. 先整体后局部的原则

检查文章，要从整体出发，从大处着眼，即要先进行篇的检查，然后是段的检查，最后是句子、词语及标点符号的检查。

从文章构成的角度来看，首先要检查文章的观点，观点是文章的统帅，观点的修改经常会"牵一发而动全身"，会涉及各个环节的改动。接着要检查文章的总体布局，根据观点表达的需要，考虑是否需要增删、替换材料，是否需要调整结构。篇的检查之后便是段的检查，进行段的检查主要是看每一个段落是否都符合构段要求，是否都同主旨联系紧密。按此顺序，语言也就是词句及标点符号的检查应当排在最后。

有人提出，论文的检查应以段为出发点，因为段是居于篇与句之间的文章单位，以段为检查的出发点，可以上及篇章，下及词句。文章由段构成，段是文章的直接构成成分，观点要通过段旨显示，构段要服从观点表达的需要。因此，着眼于段外，考察每一个段落在文章中的地位及段落之间的逻辑关系，也就是对文章的观点和文章的总体结构的检查。同时句又是段的直接构成成分，段旨是通过句子展开的，着眼于段内，考察段的构成是否统一、完整，是否合乎规范，就必然要涉及句的检查。如果段内的每一句话都是对段旨的阐述，段内没有与段旨无关或关系不大的句子，段就是统一的；如果通过一个个句子，段旨已被阐述清楚，段就是完整的。词是造句的材料，选用词语是为了写好句子，检查句子也就是对词语的选用情况的检查。以段的检查为出发点，先着眼于段外、再着眼于段内的检查方式，同先整体、后局部的原则是相一致的。

一篇文章就是一个整体，只有立足于全文，立足于观点，把每一个段落、每一个句子、每一个词语，乃至每一个标点符号都作为整个文章系统的一个要素去考察，才能真正发现问题，文章也才能越改越好。如果无视全局，"只见树木不见森林"，一开始就着眼于局部，只在细处修修补补，是难以从根本上改善文章质量的。甚或有时花费很多时间改好的地方，由于同总体需要不相符合，最终也可能被全部删除。

2. 先内容后形式的原则

文章修改应是对内容与形式的全面修改，内容与形式的各要素都在修改的范围之内。内容决定形式，起草文章要根据内容选择形式，修改文章同样也要根据内容调整形式。正因为如此，对文章初稿的检查，必须按照从内容到形式的顺序进行，而不能颠倒过来。只有根据内容考察形式，才能对形式的优劣做出正确的判断，也才能使形式为内容服务的表达原则得到贯彻。

（三）检查的方法

反复阅读，认真思考，是对文章进行检查的基本方式。在这一基本方式的运用中，还可以考虑采用以下几种具体的方法。

1. 诵读法

写完初稿之后，最好自己能小声诵读一遍。有些问题，特别是语言方面的一些问题不易看出，但一读就显露出来了。有些似是而非、难以把握的说法，也往往要靠诵读加以判明。写任何一种文章都要讲求文从字顺，写学术论文也同样如此，而在诵读中，又最容易判定文章是否写得文从字顺。可以说，诵读是一种凭借语感检查文章的好办法。

2. 冷却法

很多人习惯于写完论文初稿之后，马上就开始检查、修改，改完一遍紧接着再改一遍，直到最后定稿。这样做有利于保持思维活动的一致性和连贯性，有利于保持积极的心理状态，有利于保持注意力的高度集中。

可是，人们也会发现，对于刚刚完成的论文初稿，有时一下子看不出什么问题，过一段时间之后，却能找出许多需要修改的地方。这主要是因为长时间集中思考一个问题，专心构思一篇文章，会在头脑中形成固定的思路，这一思路通常要延续到初稿完成后的一段时间。在这个时候检查自己的文章，难以摆脱固定思路的束缚，或者说难以"跳出圈子"看问题，因而是很难发现新问题的。克服这一现象的有效方法，就是先把初稿搁置一段时间，待头脑中的思路淡化下来之后，再重新拿起文章进行检查、修改。这种"冷却法"同前面谈过的在创造性思维的形成中，为克服思维定势而采用的"暂且做做其他事情"的方法，是基于相同的原理的。

3. 请教法

论文作者由于在写作中过于投入，思路在文章中陷得太深，反而不容易看出自己所写文章的问题。其他人从不同的角度，以独特的眼光冷静地审读文章，却可能轻而易举地发现问题。人们常说的"当局者迷，旁观者清"，就包含着这样的道理。

为了能够更加客观、全面地评价文章，以取得更好的修改效果，作者在个人充分检查的基础上，还可以求教于他人，请指导教师或其他专业人员审读文章，提出修改意见。然后集思广益，参考各种意见，把文章改得更好。

如果说在一般的交流论文的写作中，请教法是有条件时可以选择使用的检查论文的方法，那么在毕业论文的写作中，请教法则是必不可少的检查论文的方法。指导教师审读初稿，提出详细的修改意见，是论文完成过程中很重要的一个环节，也是指导工作很重要的一项内容。对指导教师所提出的修改意见，论文作者必须认真考虑，并逐条加以落实。

二、修改

在对论文初稿做了深入、细致的检查，并经指导教师审读之后，如果没有发现重大问题，确认文章不必推翻重写，就可以开始着手修改论文了。

对文章进行修改的方式多种多样，而且对不同的问题需要采用不同的修改方式。不过，归结起来，常用的修改方式主要有以下几种。

（一）增补

为了弥补论文初稿在某些方面的欠缺，有时要在修改中增加、补充一些文字。

增补方式的使用有多种情况，譬如，为使观点更加全面，对观点做必要的补充；为使论证更加充分，使论据更加翔实，补充一些新的材料；为使表达更加精确、完美，适当地添加某些语言成分。相对而言，单纯的语言的增补比较简单，也比较常见。

（二）删减

删减赘余的文字，可使论文内容更加精粹，使语言表达更加简明，这是最为常用也最为人们所重视的文章修改方式。刘勰在《文心雕龙·熔裁》中指出，写作要善于"芟繁剪秽"，这样才能"弛于负担"。清人魏际瑞在《伯子论文》中说："善改者不如善删，善取者不如善舍。"删减一切本不该有或可有可无的东西，论文的总体质量就会得到提高。

在论文修改中，删减的范围是十分宽泛的，从内容要素到形式要素，从整个段落到个别的字、词、句，凡是多余的东西，都应成为删减的对象。

文章是作者艰苦的精神劳动的结晶，文章中的每一个观点、每一条材料，每一个字、词、句都凝聚着作者的心血，删减自己写出的文字，实在不是一件很轻松的事情。因此，要把论文改好，首先就要求作者调整好自己的心态，要有客观、公正的态度和肯于割爱的精神，要能以局外人的眼光看待自己的文章，该删则删，该减则减，而不要犹豫不决，不肯割舍。另外，还要求作者能有大局观，能从文章大局出发，删去所有的于增强文章整体效果不利的东西。

（三）替换

采用替换的方式修改文章，比较常见的是材料和语言的替换。材料的替换，主要是指用能够更有利地支撑观点、更有利于吸引读者的材料替换在这些方面不能令人满意的一般性材料；语言的替换，主要是指用更加恰当、更富有表现力的语言形式替换不够准确或显得平板乏味的语言形式。

（四）调整

这里所说的调整，主要是指文章内部结构的调动、材料安排顺序的变换等。进行调整的目的，是使文章的层次更加清楚，使重点更加突出，使文章的逻辑性、条理性更强一些，简而言之就是为了使文章的表达效果更好一些。

论文的修改有时是直接在电脑中的文本上进行的，有时也会在原稿纸上进行。如果在原稿纸上进行，则要正确地使用修改符号，以便明白无误地标示修改情况，避免造成文面的混乱。有关修改符号的使用方法，可以参照中华人民共和国国家标准《校对符号及其用法》。

第五节　定稿与完成

经过反复修改，如果认为文章确已达到比较令人满意的程度，并征得指导教师的同意，就可以考虑把文稿确定下来，再依照规范的构成格式和行款格式将其打印或誊清，使之以成熟的文献形式呈现在读者面前。

一、定稿前的准备

如果从一个较为宽泛的意义上说，文章的检查与修改就应被看作定稿前的准备工作。但如果做更细致的区分的话，那么，除了系统的检查与修改工作之外，在打印或誊清论文之前，还应通读全文，对论文做最后的查对与加工。而这里所说的定稿前的准备，就是专门对此而言的。在此环节，应当着重做好以下几项工作。

（一）核查每一条材料

为确保论文内容的科学、准确，在修改完文章之后，最好能对文中所用的材料逐一加以核对查实。

有人习惯于在写完论文初稿之后，便把在课题研究中所搜集来的资料返还图书馆或干脆丢弃，实际上这种做法很不妥当。资料应在自己手里保存到论文答辩结束之后，这样才便于对照资料，核查论文中所用的每一条材料。其中，引文的核对尤为重要。核对引文是指在重新阅读原文献，并深入领会其内容的基础上，对引文的出处、用法及其字、词、句的正误等加以核对，以保证引文从内容到形式都完全忠实于原文。

（二）纠正每一个错别字

字是语言的书写符号，人们对书面语言的理解，是从字形的辨认开始的。在论文中出现错别字，是一个必须重视的大问题。因为从主观上说这反映出作者的疏忽大意或文字功底的欠缺，从客观上说则会妨害内容的表达，会给阅读带来一些麻烦。更直接地说，这会使论文的质量及读者对论文的印象和评价受到影响，人们不可能认为一篇有很多错别字的文章是好文章。

为防止错别字的出现，从根本上说，应当注意加强自己的语言修养，应当树立认真写作和规范用字的观念，要对正确书写文字的意义有充分的认识。具体地说，可以采取三项措施：

一要养成经常翻阅字典、词典的习惯。在论文写作过程中，特别是在进入论文修改、定稿阶段后，作者必须在手头放置一两本较具权威性的字典、词典，遇到没有把握或容易写错的字，就要随时翻查，进行确认，而不能似是而非地妄加推测。

二要了解并遵守有关规定。为推进语言文字的规范化，国家曾进行了一系列汉字的标准化及其他改革工作，先后发布了《异体字整理表》《简化字总表》《印刷通用汉字字形表》等，这些字表无疑都应成为人们书写现代汉字的依据。但从实际情况来看，确实常有一些违反有关规定的用字现象出现在各类文章乃至出版物中，譬如，异体字的滥用，已被废止的复合字（特别是复合字式的单位符号）和简化字的沿用，同音字和近形字的误用，等等。

三要统一数字书写体例。前面在谈到论文语言的特点时曾提及，为提高语言的精确度，在某些学科的论文中，常常需要使用一些数字。使用数字，就必然要涉及数字的写法也即数字的书写体例问题。

统而言之，数字的写法有两种，一种是汉字写法，另一种是阿拉伯数字写法。究竟选用哪种写法，不能随心所欲，而要以一个统一的标准为依据。为统一出版物上的数字书写体例，国家语言文字工作委员会等部门曾联合制定并发布《出版物上数字用法的规定》。论文作者在使用数字时，可以参照这一规定。

二、论文的最后完成

一般来说，毕业论文的构成项目要比交流论文复杂一些，规范化程度也要更高一些。对毕业论文的编写格式，有关部门曾以国家标准的形式做过规定。很多学校还制作了毕业论文的格式模板，对学生毕业论文的构成项目和编写格式有专门的要求。对这些规定和要求，论文作者应当了解并依循。

根据国家质量技术监督局发布的中华人民共和国国家标准《科学技术报告、学位论文和学术论文的编写格式》（以下简称《编写格式》）的规定，一篇完整、规范的毕业论文通常要由以下项目构成：

（一）封面

封面既可以提供有关信息，又可以起到保护作用。

封面所登载的内容主要有：

1. 分类号

分类号要在封面的左上角标注，一般应注明《中国图书资料分类法》的类号，同时也应尽可能注明《国际十进制分类法 UDC》的类号。

2. 本单位编号

本单位编号一般标注在封面的右上角。

3. 密级

密级一般标注在封面的右上角，如果论文可公开发表，没有保密要求，就不需要标注密级。

4. 标题

经过认真推敲，最终正式确定下来的论文标题必须符合以下要求：

一是确切。标题要切合文章内容，要能十分准确、简明地反映文章内容。题文一致、题文相符是标题确切的主要含义。

二是具体。标题要能恰如其分地表明论文的主要内容，而不能过于笼统、空泛，令人不知所云。

三是醒目。标题要力求引人注目，要能吸引读者，并能使读者看过之后留下比较深刻的印象。醒目的论文标题，必须具备简洁、直白这样两大特点。

另外还需要注意的是，学术论文的标题不同于文学作品的标题，必须避免使用模糊曲折、隐晦难懂的语言形式，也不要刻意雕饰，胡乱堆砌华丽辞藻或故意使用生僻词语，要写得平实、直白。实际上，不仅论文的标题应当如此，整个论文的语言都应当做到这一点。

封面上的标题要用大字号标于显著位置。

除了封面上的标题之外，内文通常还要再写标题。内文中的标题应当居中书写，上下各空一行，以显得匀称、美观。长篇论文的标题上下空行可以再多一些，有的甚至可以专门设置题名页，用一面稿纸写标题。

5. 责任者

责任者包括论文作者、指导教师、答辩委员会主席、评阅人以及学位授予单位。个人责任者的职务、职称、所在单位名称及其地址，应当一并注明；责任者如为单位或集体，应当写明全称和地址。

论文作者署名是文权所有和文责自负的体现。概括地说，只有直接参加了研究和撰写工作并能对论文内容负责的人，才有权利也有必要在论文上署名。按照规定，可在论文上署名的个人作者，"只限于那些对于选定研究课题和制订研究方案、直接参加全部或主要部分研究工作并做出主要贡献以及参加撰写论文并能对内容负责的人"。（引自《编写格式》）毕业论文一般不会是集体撰写，所以不存在多人署名的问题。而其他论文如有多位作者，则应"按贡献大小排列名次"。"至于参加部分工作的合作者、按研究计划分工负责具体小项的工作者、某一项测试的承担者以及接受委托进行分析检验和观察的辅助人员等，均不列入。这些人可以作为参加工作的人员——列入致谢部分，或排于脚注。"（引自《编写格式》）

6. 申请学位级别

学位主要分学士、硕士、博士三级，作者所申请的是哪一级学位，要标注清楚。

7. 专业名称

专业名称是指论文作者主修专业的名称。

8. 工作完成日期

工作完成日期主要包括论文提交日期、答辩日期和学位授予日期。

9. 印装日期

（二）衬页

封面之后和封底之前各有一张衬页。

（三）摘要

完成论文正文之后，要在认真阅读每一个部分的基础上，写出论文的内容摘要。摘要列在正文之前，却应写在正文完成之后。

摘要是论文的内容"不加注释和评论的简短陈述"。写摘要必须注意这样几个问题：首先，摘要应当具有客观性。摘要是对论文内容的客观反映，要避免主观评价，避免使用诸如"本文论述了……，对……有重要意义""本文认为……""文章对……进行了研究""文章分析了……"之类的词句。说得通俗一些，摘要应是论文内容的介绍，而不是论文的介绍。把握好这一点，对于保持摘要的客观性是很重要的。其次，摘要应当具有独立性和自含性。从某种意义上说，摘要应为一篇相对完整的短文，读者即便不读论文全文，也能通过摘要对论文内容有大致的了解，能够获取必要的信息。"摘要中有数据、有结论，是一篇完整的短文，可以独立使用，可以引用，可以用于工艺推广。摘要的内容应包含与报告、论文同等量的主要信息，供读者确定有无必要阅读全文，也供文摘等二次文献采用。摘要一般应说明研究工作目的、实验方法、结果和最终结论等，而重点是结果和结论。"（引自《编写格式》）最后，摘要应当具有简洁性。摘要应是对论文内容的高度概括，不宜写得过长。"中文摘要一般不宜超过 200~300 字；外文摘要不宜超过 250 个实词。"（引自《编写格式》）

例文 1

产生于 20 世纪 80 年代的"新公共管理运动"，既是一种重要的实践活动，又是一种新的行政理论。它对当今各国政府的改革正产生着重要的影响，但它并不是一成不变的标签，相反它在理论形式上具有多样性，在实践中也面临许多冲突。新公共管理的指导原则更多地来自对再造政府实践的总结和提炼，即使其基本的改革导向，也在不同的国家产生了不同的结果，而且新公共管理在行政控制及维护民主责任等方面也面临挑战。这一切都意味着新公共管理不会成为一种统一的、具有普适性意义的行政模式。

例文 2

汉晋之间，世风与士风剧变，渐尚"通脱"，究其原因，与曹操统治者之身体力行及其政策不无关系。曹操父子行为举止皆不严格遵守儒家礼法，主要表现为"为人佻易无威重"、"不治威仪"；在宗庙制度等方面不守典制，丧不废乐，甚至倡言"猎胜于乐"，游猎无度；在婚姻制度上则"自好立贱"。曹氏父子之所以如此，不仅与汉末以来社会文化变化的大背景相关，而且与曹氏出身寒门的文化特性及其喜好直接相关。作为统治者的曹氏父子崇尚"通脱"，必然影响到其用人政策与文化取向，蔚为风气，从而有力地促进了魏晋之际文化风尚的变化。

例文 1 是管理学论文《新公共管理的冲突：对一种统一范式的诘问》（《文史哲》2005年第 4 期）的摘要，例文 2 是史学论文《论曹操家族门风及其影响》（《学术月刊》2005 年第 10 期）的摘要。两篇论文均在 6 000 字以上，而且内容都比较丰富。在上述 200 多字的摘要中，作者非常清楚、全面地介绍了论文的内容。论文所研究的问题及作者对问题的主要看法，乃至论文的论述范围、基本概念等，均尽括其中，一目了然。另外，例文完全采用客观化写法，没有掺杂任何带有写作主体色彩的主观性词句。应当说，例文较好地体现了对论文摘要的客观、独立、简洁的要求。

（四）关键词

关键词是从论文中选取出来用以标示论文主要内容的名词性术语。
一篇论文应有 3~8 个关键词，以显著的字符另起一行排在摘要的左下方。

（五）目录

论文目录是论文中的各级小标题的依次排列，由各级小标题的序号、小标题和小标题所在页的页码组成。为长篇论文编写目录，便于读者从整体上把握文章的逻辑体系，也可为读者选读论文的有关部分提供方便。
由于毕业论文篇幅较长，所以一般要设目录一项。

（六）正文

毕业论文的内容和结构要比交流论文复杂，为使文章的脉络更为清晰，毕业论文的主体部分大都有章节之分，而且要尽可能加上小标题，标示各个部分的内容要点。

关于正文的写法，前面已有详细说明。

（七）致谢

谢辞可以写在正文的最后一个部分，也可以单列出来，使之单独成为论文的一个项目。

论文致谢的对象主要包括：资助研究工作的奖学金基金、合同单位，资助或支持的企业、组织或个人；协助完成研究工作和提供便利条件的组织或个人；在研究工作中提出建议和提供帮助的人；给予转载和引用权的资料、图片、文献、研究思想和设想的所有者；其他应感谢的组织和人。

这不是毕业论文的必备项目。

（八）注释

有些内容需要在论文正文之外加以说明，这就涉及论文中的注释问题了。注释是文章的有机组成部分之一，而不是文章之外的项目。

按其功用的不同，可将论文中的注释分为两大类：

1. 补充内容的注释

对一些读者不易把握的概念、不易领会的材料以及其他不便在正文中展开论述，但又有必要告诉读者的内容，要在注释中说明。这既不影响正文内容的简明、流畅，又便于读者深入理解文章内容，获取更多的学术信息。

2. 注明资料出处的注释

论文引用文献资料，必须注明其来源，这一方面是对他人劳动成果的尊重，另一方面也会增加材料的可信度和说服力，证明作者具有实事求是、认真严肃的工作态度。注明资料出处的注释，是论文中最常见的一类注释。

学术论文引用的文献资料的主要来源为专著、论文集、期刊和报纸等，其注释格式与后面将要介绍的参考文献相同。

按其形式的不同，可以把学术论文中的注释分为以下四种：

一是夹注。夹注又称段中注，即在正文需要注释的地方写明注释内容，并加上括号，以示同正文的区别。如果注释文字较少，采用这种方式比较方便；如果注释文字较多，使用夹注则会影响正文的连贯、顺畅，使文章显得支离破碎。

二是脚注。脚注又称附注，即把注释内容写在被注释项所在页的下端。采用这种注释形式，非常便于读者在阅读中两相对照，有利于保持阅读的连续性。

三是章节注。章节注是把注释内容写在被注释项所在章节之后的注释形式，这种注释形式多用于篇幅较长、有章节之分的毕业论文或称学位论文。

四是尾注。尾注又称篇后注，即在论文正文之后集中加写注释，这种加注方式在论文写作中最为常见。

无论采用哪种形式加注，都需要先在正文中的被注释项的右上方加上序码或记号，再在注释内容的前面加上相同的序码或记号。

毕业论文的注释多用脚注或尾注的形式。

（九）参考文献目录

参考文献目录是评定论文作者的研究状况及钻研程度的一个重要依据，毕业论文所列的参考文献的数目要多于交流论文。

科学研究通常是在已有研究成果的基础上进行的，学术论文是在参考其他文献的基础上完成的。有些资料在论文中被直接引用或提及，其作用和意义自不待言；有些资料虽然未被直接引用或提及，但论文作者的观点确实是在阅读与研究这些资料的过程中产生的，其参考价值也是不可忽视的。凡是对研究成果的取得有所帮助的文献资料，都属于论文写作的参考文献。在论文的最后列出参考文献目录，既表示对他人劳动成果的尊重，又能加大文章的信息量，提高论文的学术价值，读者可以以此为线索，追溯查找资料，继续进行同一课题或相关课题的研究。有经验的读者，拿过一篇论文，除了看摘要及正文的开头部分、结尾部分之外，还要看参考文献目录。通过参考文献目录，不仅能够了解文章内容形成的依据，甚至可以对论文的学术价值有一个大致的评估。

1. 参考文献的著录项目和著录格式

中华人民共和国国家标准《信息与文献 参考文献著录规则》（GB/T 7714—2015）对不同类型的参考文献的著录项目和著录格式，均有明确的规定，现将几类重要文献的著录项目和格式介绍如下。

（1）专著

著录项目和格式：主要责任者 . 题名：其他题名信息［文献类型标志/文献载体标识］. 其他责任者 . 版本项 . 出版地：出版者，出版年：引文页码［引用日期］. 获取和访问途径 . 数字对象唯一标识符 .

其中，题名项中，主要责任者、题名、版本项（第一版可不著录，其他版本需著录）为必备项目，文献类型标识及其他责任者为任选项目；出版项中，出版地、出版者、出版年及引文页码［引用日期］为必备项目，获取和访问路径及数字对象唯一标识为电子资源必备项目。

（2）连续出版物

著录项目和格式：主要责任者 . 题名：其他题名信息［文献类型标志］. 年，卷（期）—年，卷（期）. 出版地：出版者，出版年［引用日期］. 获取和访问途径 . 数字对象唯一标识符 .

其中，文献类型标志和年卷期或其他标志为任选项目，获取和访问路径及数字对象唯一标识为电子资源必备项目。

（3）专著中的析出文献

著录项目和格式：析出文献主要责任者 . 析出文献题名［文献类型标志/载体标识］. 析

出文献其他责任者//专著主要责任者．专著题名：其他题名信息．版本项．出版地：出版者，出版年：析出文献的页码［引用日期］．获取和访问路径．数字对象唯一标识符．

其中，文献类型标识和析出文献其他责任者是任选项目，获取和访问路径及数字对象唯一标识为电子资源必备项目。

（4）连续出版物中的析出文献

著录项目和格式：析出文献主要责任者．析出文献题名［文献类型标志］．连续出版物题名：其他题名信息，年，卷（期）：页码［引用日期］．获取和访问途径．

其中，文献类型标识是任选项目，获取和访问路径及数字对象唯一标识为电子资源必备项目。

2. 参考文献排序方法

参考文献应按一定的顺序排列，常见的排序方法主要有下述几种：

第一种，按照"著者—出版年"的前后顺序排列文献。先将参考文献按文种集中，然后再按著者字顺和出版年排列文献。中文文献可按著者姓氏的汉语拼音字顺排列，也可按笔画、笔顺排列，引用同一著者在同一年出版的多篇文献时，出版年后应用小写字母 a，b，c……区别。

第二种，按照用作参考的前后顺序排列文献。有些文献是在论文的某一处被引用或只在论文某一部分的写作中起到参考作用，这样就可以按照使用顺序把文献排列起来。这种排列方法适用于论文正文中引用过的参考文献的排列，也比较适用于有章、节之分的专著中的参考文献的排列，而用于论文中未被引用的参考文献的排列，则有些勉强，因为论文的内容比较集中，整体感强，大部分参考文献都是对全篇文章起作用的，或者说与全篇文章有关。

第三种，按照重要程度的前后顺序排列文献。这里所说的重要程度，是就文献在本篇论文写作中所起作用的大小而言的，而不是指参考文献本身的价值。

从论文写作实际情况来看，第一种排序方法用得最为普遍。

（十）附录

不便于放入论文正文但又需要读者了解的各种资料性内容，都可以放到附录中。例如：帮助读者理解正文内容的补充信息；由于篇幅过大或取材于复制品而不便于编入正文的材料；不便于编入正文的罕见珍贵资料；对一般读者并非必需但对本专业同行有参考价值的资料；某些重要的原始数据、数学推导、计算程序、框图、结构图、注释、统计表、计算机打印输出件等。

附录不是论文的必备项目。

以上项目在比较正规的学位论文特别是硕士论文、博士论文中通常都要具备，目前本科生的毕业论文有些项目可以从简。标题、署名、摘要、关键词、正文、注释及参考文献目录是必备项目。

参考文献

［1］北京师范大学图书馆．学者论学［M］．北京：北京师范大学出版社，1981．

［2］陈原．社会语言学［M］．上海：学林出版社，1983．

［3］华罗庚．和青年学生谈学习［N］．羊城日报，1962-12-08．

［4］林先发，司马志纯．论思维形式与思维方法［M］．武汉：湖北人民出版社，1983．

［5］李景隆，孟繁华．学术论文写作译文集［M］．北京：中央广播电视大学出版社，1987．

［6］齐沪扬．汉语通论［M］．北京：中央广播电视大学出版社，2003．

［7］王力，朱光潜．怎样写学术论文［M］．北京：北京大学出版社，1981．

［8］温儒敏．中文学科论文写作训练［M］．北京：北京大学出版社，2003．

［9］严怡民．情报学概论［M］．武汉：武汉大学出版社，1983．

［10］周昌忠．创造心理学［M］．北京：中国青年出版社，1983．

［11］波果斯洛夫斯基．普通心理学［M］．魏庆安，等译．北京：人民教育出版社，1981．

［12］川喜田二郎．続・発想法——KJ 法の展開と応用［M］．40 版．東京：中央公論社，1990．

［13］川喜田二郎．开发创造性思考［M］．赵军民，俞军华，译．台北：世界观出版社有限公司，1998．

［14］川喜田二郎．発想法——創造性開発のために（改訂）［M］．48 版．東京：中央公論新社．2017．

［15］井上千以子．レポート・論文作成法［M］．2 版．東京：慶応義塾大学出版会，2015．

［16］阿瑞提．创造的秘密［M］．钱岗南，译．沈阳：辽宁人民出版社，1987．

［17］韦斯特．提高写作技能［M］．章熊，等译．福州：福建教育出版社，1984．

［18］贝弗里奇．科学研究的艺术［M］．陈捷，译．北京：科学出版社，1979．

如何完成毕业论文的答辩

毕业论文的答辩，是审查论文的真实性并考察论文作者对研究题目的把握程度及综合研究水平的重要方式，也是锻炼学生的快速反应能力和独立处理问题能力的有效手段，是全面评定论文质量的一种途径。

为能顺利通过答辩，论文作者在提交论文之后，必须马上开始答辩的准备工作。准备工作主要应从三个方面着手进行：

一是要撰写一份答辩提纲。论文答辩的第一项内容通常是"自述"。在论文答辩开始时，论文作者首先要简要地陈述自己的研究情况。陈述的内容主要包括：选题的缘由和动机；课题研究的意义和价值；已有的研究状况及自己的研究有所创新、有所突破的地方；比较重要或有独到之处的研究方法；论文的基本观点；论文的缺憾之处或需要进一步研究的问题；等等。撰写一份答辩提纲，将陈述内容的要点列出，既可以梳理自己的思路，又可以防止自己在答辩时谈跑题或谈不清问题。陈述研究情况，应当避免泛泛而谈，要注意突出"亮点"和特色。

二是要在通读论文的过程中认真思考：论文的薄弱环节在哪里？论文观点是否有值得推敲的地方？所用材料是否有可疑之处？如果提问者提出这些问题，自己应该如何应对？等等。答辩委员会提出的问题，一般仅限于论文本身所涉及的学术问题，与论文无关的专业知识，暂时可以不予考虑。

三是要重新整理一下在写作过程中用过的资料，以便更加熟悉资料，更加清楚地掌握资料的全貌。

参加论文答辩时，应当携带论文底稿和主要资料，以备随时查阅。回答问题，要力求做到自信、大方，语言流畅、简洁，而不要东拉西扯或含糊不清。遇到自己无法回答的问题，也要以坦诚的态度实事求是地加以说明，而不要刻意回避或极力辩解。答辩结束时，要对答辩会委员会富有启发性的提问或富有建设性的意见表示感谢，最后要有礼貌地退场。

附录二

中华人民共和国国家标准

UDC001.81

科学技术报告、学位论文和
学术论文的编写格式

GB 7713—87

Presentation of scientific and
technical reports, dissertations
and scientific papers

1 引言

1.1 制订本标准的目的是为了统一科学技术报告、学位论文和学术论文（以下简称报告、论文）的撰写和编辑的格式，便利信息系统的收集、存储、处理、加工、检索、利用、交流、传播。

1.2 本标准适用于报告、论文的编写格式，包括形式构成和题录著录，及其撰写、编辑、印刷、出版等。

本标准所指报告、论文可以是手稿，包括手抄本和打字本及其复制品；也可以是印刷本，包括发表在期刊或会议录上的论文及其预印本、抽印本和变异本；作为书中一部分或独立成书的专著；缩微复制品和其他形式。

1.3 本标准全部或部分适用于其他科技文件，如年报、便览、备忘录等，也适用于技术档案。

2 定义

2.1 科学技术报告

科学技术报告是描述一项科学技术研究的结果或进展或一项技术研制试验和评价的结果；或是论述某项科学技术问题的现状和发展的文件。

科学技术报告是为了呈送科学技术工作主管机构或科学基金会等组织或主持研究的人

等。科学技术报告中一般应该提供系统的或按工作进程的充分信息，可以包括正反两方面的结果和经验，以便有关人员和读者判断和评价，以及对报告中的结论和建议提出修正意见。

2.2　学位论文

学位论文是表明作者从事科学研究取得创造性的结果或有了新的见解，并以此为内容撰写而成、作为提出申请授予相应的学位时评审用的学术论文。

学士论文应能表明作者确已较好地掌握了本门学科的基础理论、专门知识和基本技能，并具有从事科学研究工作或担负专门技术工作的初步能力。

硕士论文应能表明作者确已在本门学科上掌握了坚实的基础理论和系统的专门知识，并对所研究课题有新的见解，有从事科学研究工作或独立担负专门技术工作的能力。

博士论文应能表明作者确已在本门学科上掌握了坚实宽广的基础理论和系统深入的专门知识，并具有独立从事科学研究工作的能力，在科学或专门技术上做出了创造性的成果。

2.3　学术论文

学术论文是某一学术课题在实验性、理论性或观测性上具有新的科学研究成果或创新见解和知识的科学记录；或是某种已知原理应用于实际中取得新进展的科学总结，用以提供学术会议上宣读、交流或讨论；或在学术刊物上发表；或做其他用途的书面文件。

学术论文应提供新的科技信息，其内容应有所发现、有所发明、有所创造、有所前进，而不是重复、模仿、抄袭前人的工作。

3　编写要求

报告、论文的中文稿必须用白色稿纸单面缮写或打字；外文稿必须用打字。可以用不褪色的复制本。

报告、论文宜用 A4（210mm×297mm）标准大小的白纸，应便于阅读、复制和拍摄缩微制品。

报告、论文在书写、打字或印刷时，要求纸的四周留足空白边缘，以便装订、复制和读者批注。每一面的上方（天头）和左侧（订口）应分别留边 25mm 以上，下方（地脚）和右侧（切口）应分别留边 20mm 以上。

4　编写格式

4.1　报告、论文章、条的编号参照国家标准 GB 1.1《标准化工作导则　标准编写的基本规定》第 8 章"标准条文的编排"的有关规定，采用阿拉伯数字分级编号。

4.2 报告、论文的构成

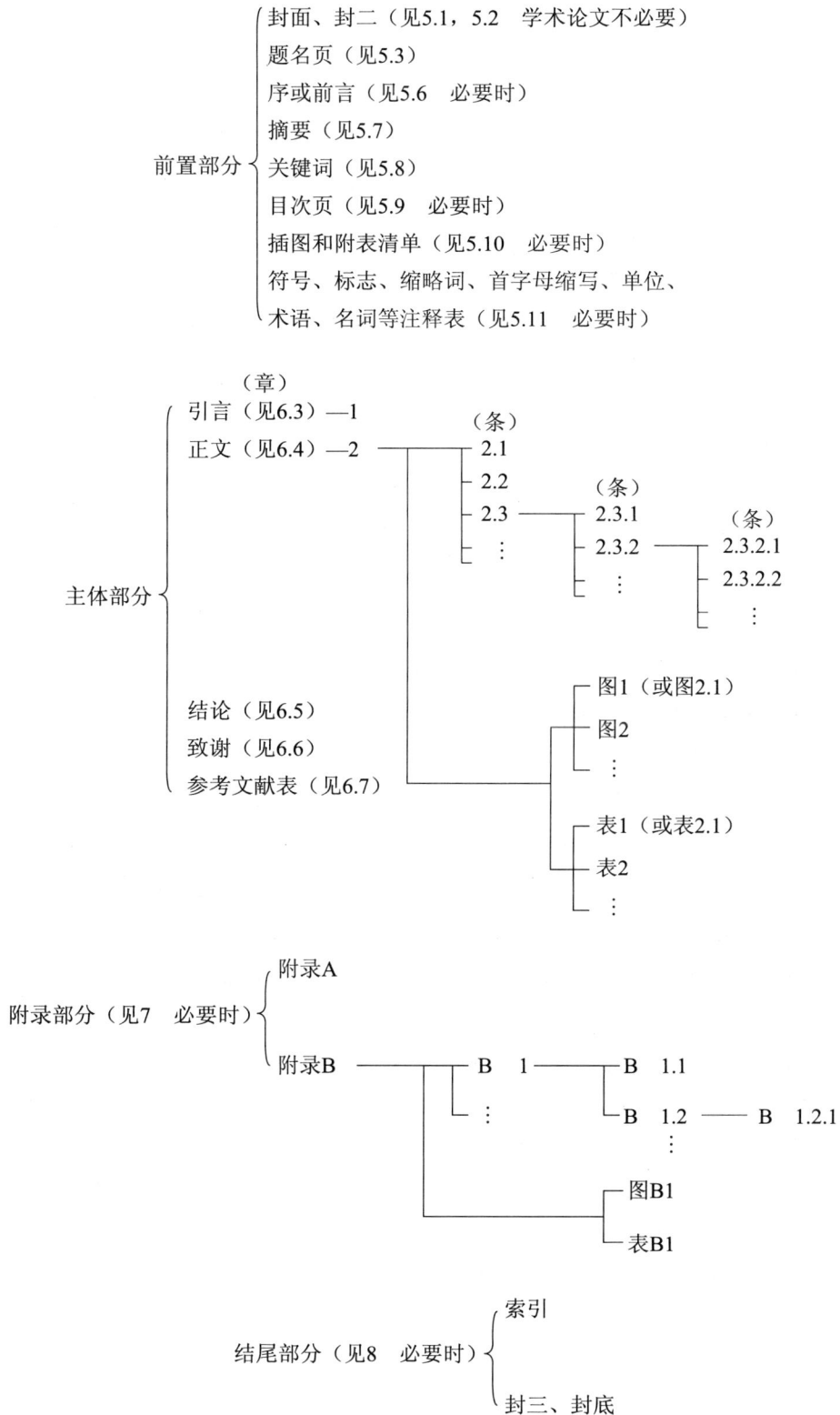

前置部分
- 封面、封二（见5.1，5.2 学术论文不必要）
- 题名页（见5.3）
- 序或前言（见5.6 必要时）
- 摘要（见5.7）
- 关键词（见5.8）
- 目次页（见5.9 必要时）
- 插图和附表清单（见5.10 必要时）
- 符号、标志、缩略词、首字母缩写、单位、术语、名词等注释表（见5.11 必要时）

主体部分
- （章）引言（见6.3）—1
- 正文（见6.4）—2
  - （条）2.1
  - 2.2
  - 2.3
    - （条）2.3.1
    - 2.3.2
      - （条）2.3.2.1
      - 2.3.2.2
      - ⋮
    - ⋮
  - ⋮
- 结论（见6.5）
- 致谢（见6.6）
- 参考文献表（见6.7）
  - 图1（或图2.1）
  - 图2
  - ⋮
  - 表1（或表2.1）
  - 表2
  - ⋮

附录部分（见7 必要时）
- 附录A
- 附录B
  - B 1
    - B 1.1
    - B 1.2 — B 1.2.1
    - ⋮
  - ⋮
  - 图B1
  - 表B1

结尾部分（见8 必要时）
- 索引
- 封三、封底

5　前置部分

5.1　封面

5.1.1　封面是报告、论文的外表面，提供应有的信息，并起保护作用。

封面不是必不可少的。学术论文如作为期刊、书或其他出版物的一部分，无需封面；如作为预印本、抽印本等单行本时，可以有封面。

5.1.2　封面上可包括下列内容：

a. 分类号　在左上角注明分类号，便于信息交换和处理。一般应注明《中国图书资料类法》的类号，同时应尽可能注明《国际十进分类法 UDC》的类号。

b. 本单位编号　一般标注在右上角。学术论文无必要。

c. 密级视报告、论文的内容，按国家规定的保密条例，在右上角注明密级。如系公开发行，不注密级。

d. 题名和副题名或分册题名　用大号字标注于明显地位。

e. 卷、分册、篇的序号和名称　如系全一册，无需此项。

f. 版本　如草案、初稿、修订版、……等。如系初版，无需此项。

g. 责任者姓名　责任者包括报告、论文的作者、学位论文的导师、评阅人、答辩委员会主席以及学位授予单位等。必要时可注明个人责任者的职务、职称、学位、所在单位名称及地址；如责任者系单位、团体或小组，应写明全称和地址。

在封面和题名页上，或学术论文的正文前署名的个人作者，只限于那些对于选定研究课题和制订研究方案、直接参加全部或主要部分研究工作并作出主要贡献以及参加撰写论文并能对内容负责的人，按其贡献大小排列名次。至于参加部分工作的合作者、按研究计划分工负责具体小项的工作者、某一项测试的承担者，以及接受委托进行分析检验和观察的辅助人员等，均不列入。这些人可以作为参加工作的人员——列入致谢部分，或排于脚注。

如责任者姓名有必要附注汉语拼音时，必须遵照国家规定，即姓在名前，名连成一词，不加连字符，不缩写。

h. 申请学位级别应按《中华人民共和国学位条例暂行实施办法》所规定的名称进行标注。

i. 专业名称系指学位论文作者主修专业的名称。

j. 工作完成日期包括报告、论文提交日期，学位论文的答辩日期，学位的授予日期，出版部门收到日期（必要时）。

k. 出版项出版地及出版者名称，出版年、月、日（必要时）。

5.1.3　报告和论文的封面格式参见附录 A。

5.2　封二

报告的封二可标注送发方式，包括免费赠送或价购，以及送发单位和个人；版权规定；其他应注明事项。

5.3 题名页

题名页是对报告、论文进行著录的依据。

学术论文无需题名页。

题名页置于封二和衬页之后，成为另页的右页。

报告、论文如分装两册以上，每一分册均应各有其题名页。在题名页上注明分册名称和序号。

题名页除 5.1 规定封面应有的内容并取得一致外，还应包括下列各项：

单位名称和地址，在封面上未列出的责任者职务、职称、学位、单位名称和地址，参加部分工作的合作者姓名。

5.4 变异本

报告、论文有时适应某种需要，除正式的全文正本以外，要求有某种变异本，如：节本、摘录本、为送请评审用的详细摘要本、为摘取所需内容的改写本等。

变异本的封面上必须标明"节本、摘录本或改写本"字样，其余应注明项目，参见 5.1 的规定执行。

5.5 题名

5.5.1 题名是以最恰当、最简明的词语反映报告、论文中最重要的特定内容的逻辑组合。

题名所用每一词语必须考虑到有助于选定关键词和编制题录、索引等二次文献可以提供检索的特定实用信息。

题名应该避免使用不常见的缩略词、首字母缩写字、字符、代号和公式等。

题名一般不宜超过 20 字。

报告、论文用作国际交流，应有外文（多用英文）题名。外文题名一般不宜超过 10 个实词。

5.5.2 下列情况可以有副题名：

题名语意未尽，用副题名补充说明报告论文中的特定内容；

报告、论文分册出版，或是一系列工作分几篇报道，或是分阶段的研究结果，各用不同副题名区别其特定内容；

其他有必要用副题名作为引伸或说明者。

5.5.3 题名在整本报告、论文中不同地方出现时，应完全相同，但眉题可以节略。

5.6 序或前言

序并非必要。报告、论文的序，一般是作者或他人对本篇基本特征的简介，如说明研究工作缘起、背景、主旨、目的、意义、编写体例，以及资助、支持、协作经过等；也可以评述和对相关问题研究阐发。这些内容也可以在正文引言中说明。

5.7 摘要

5.7.1 摘要是报告、论文的内容不加注释和评论的简短陈述。

5.7.2　报告、论文一般均应有摘要，为了国际交流，还应有外文（多用英文）摘要。

5.7.3　摘要应具有独立性和自含性，即不阅读报告、论文的全文，就能获得必要的信息。摘要中有数据、有结论，是一篇完整的短文，可以独立使用，可以引用，可以用于工艺推广。摘要的内容应包含与报告、论文同等量的主要信息，供读者确定有无必要阅读全文，也供文摘等二次文献采用。摘要一般应说明研究工作目的、实验方法、结果和最终结论等，而重点是结果和结论。

5.7.4　中文摘要一般不宜超过200~300字；外文摘要不宜超过250个实词。如遇特殊需要字数可以略多。

5.7.5　除了实在无变通办法可用以外，摘要中不用图、表、化学结构式、非公知公用的符号和术语。

5.7.6　报告、论文的摘要可以用另页置于题名页之后，学术论文的摘要一般置于题名和作者之后、正文之前。

5.7.7　学位论文为了评审，学术论文为了参加学术会议，可按要求写成变异本式的摘要，不受字数规定的限制。

5.8　关键词

关键词是为了文献标引工作从报告、论文中选取出来用以表示全文主题内容信息款目的单词或术语。

每篇报告、论文选取3~8个词作为关键词，以显著的字符另起一行，排在摘要的左下方。如有可能，尽量用《汉语主题词表》等词表提供的规范词。

为了国际交流，应标注与中文对应的英文关键词。

5.9　目次页

长篇报告、论文可以有目次页，短文无需目次页。

目次页由报告、论文的篇、章、条、附录、题录等的序号、名称和页码组成，另页排在序之后。

整套报告、论文分卷编制时，每一分卷均应有全部报告、论文内容的目次页。

5.10　插图和附表清单

报告、论文中如图表较多，可以分别列出清单置于目次页之后。

图的清单应有序号、图题和页码。表的清单应有序号、表题和页码。

5.11　符号、标志、缩略词、首字母缩写、计量单位、名词、术语等的注释表

符号、标志、缩略词、首字母缩写、计量单位、名词、术语等的注释说明汇集表，应置于图表清单之后。

6　主体部分

6.1　格式

主体部分的编写格式可由作者自定，但一般由引言（或绪论）开始，以结论或讨论

结束。

主体部分必须由另页右页开始。每一篇（或部分）必须另页起。如报告、论文印成书刊等出版物，则按书刊编排格式的规定。

全部报告、论文的每一章、条的格式和版面安排，要求划一，层次清楚。

6.2 序号

6.2.1 如报告、论文在一个总题下装为两卷（或分册）以上，或分为两篇（或部分）以上，各卷或篇应有序号。可以写成：第一卷、第二分册；第一篇、第二部分等。用外文撰写的报告、论文，其卷（分册）和篇（部分）的序号，用罗马数字编码。

6.2.2 报告、论文中的图、表、附注、参考文献、公式、算式等，一律用阿拉伯数字分别依序连续编排序号。序号可以就全篇报告、论文统一按出现先后顺序编码，对长篇报告、论文也可以分章依序编码。其标注形式应便于互相区别，可以分别为：图1、图2.1；表2、表3.2；附注1)；文献〔4〕；式（5）、式（3.5）等。

6.2.3 报告、论文一律用阿拉伯数字连续编页码。页码由书写、打字或印刷的首页开始，作为第1页，并为右页另页。封面、封二、封三和封底不编入页码。可以将题名页、序、目次页等前置部分单独编排页码。页码必须标注在每页的相同位置，便于识别。

力求不出空白页，如有，仍应以右页作为单页页码。

如在一个总题下装成两册以上，应连续编页码。如各册有其副题名，则可分别独立编页码。

6.2.4 报告、论文的附录依序用大写正体 A，B，C，……编序号，如：附录 A。

附录中的图、表、式、参考文献等另行编序号，与正文分开，也一律用阿拉伯数字编码，但在数码前冠以附录序码，如：图 A1；表 B2；式（B3）；文献〔A5〕等。

6.3 引言（或绪论）

引言（或绪论）简要说明研究工作的目的、范围、相关领域的前人工作和知识空白、理论基础和分析、研究设想、研究方法和实验设计、预期结果和意义等。应言简意赅，不要与摘要雷同，不要成为摘要的注释。一般教科书中有的知识，在引言中不必赘述。

比较短的论文可以只用小段文字起着引言的效用。

学位论文为了需要反映出作者确已掌握了坚实的基础理论和系统的专门知识，具有开阔的科学视野，对研究方案作了充分论证，因此，有关历史回顾和前人工作的综合评述，以及理论分析等，可以单独成章，用足够的文字叙述。

6.4 正文

报告、论文的正文是核心部分，占主要篇幅，可以包括：调查对象、实验和观测方法、仪器设备、材料原料、实验和观测结果、计算方法和编程原理、数据资料、经过加工整理的图表、形成的论点和导出的结论等。

由于研究工作涉及的学科、选题、研究方法、工作进程、结果表达方式等有很大的差异，对正文内容不能作统一的规定。但是，必须实事求是，客观真切，准确完备，合乎逻辑，层次分明，简练可读。

6.4.1　图

图包括曲线图、构造图、示意图、图解、框图、流程图、记录图、布置图、地图、照片、图版等。

图应具有"自明性"，即只看图、图题和图例，不阅读正文，就可理解图意。

图应编排序号（见6.2.2）。

每一图应有简短确切的题名，连同图号置于图下。必要时，应将图上的符号、标记、代码，以及实验条件等，用最简练的文字，横排于图题下方，作为图例说明。

曲线图的纵横坐标必须标注"量、标准规定符号、单位"。此三者只有在不必要标明（如无量纲等）的情况下方可省略。坐标上标注的量的符号和缩略词必须与正文中一致。

照片图要求主题和主要显示部分的轮廓鲜明，便于制版。如用放大缩小的复制品，必须清晰，反差适中。照片上应该有表示目的物尺寸的标度。

6.4.2　表

表的编排，一般是内容和测试项目由左至右横读，数据依序竖排。表应有自明性。

表应编排序号（见6.2.2）。

每一表应有简短确切的题名，连同表号置于表上。必要时，应将表中的符号、标记、代码，以及需要说明事项，以最简练的文字，横排于表题下，作为表注，也可以附注于表下。附注序号的编排，见6.2.2。表内附注的序号宜用小号阿拉伯数字并加圆括号置于被标注对象的右上角，如：×××[1)]，不宜用星号"＊"，以免与数学上共轭和物质转移的符号相混。

表的各栏均应标明"量或测试项目、标准规定符号、单位"。只有在无必要标注的情况下方可省略。表中的缩略词和符号，必须与正文中一致。

表内同一栏的数字必须上下对齐。表内不宜用"同上"、"同左"、"，，"和类似词，一律填入具体数字或文字。表内"空白"代表未测或无此项，"—"或"…"（因"—"可能与代表阴性反应相混）代表未发现，"0"代表实测结果确为零。

如数据已绘成曲线图，可不再列表。

6.4.3　数学、物理和化学式

正文中的公式、算式或方程式等应编排序号（见6.2.2），序号标注于该式所在行（当有续行时，应标注于最后一行）的最右边。

较长的式，另行居中横排。如式必须转行时，只能在+，-，×，÷，<，>处转行。上下式尽可能在等号"＝"处对齐。

示例1

$$W(N_1) = H_{0,1} + \int_{\tau-1}^{-\tau^{-1}+1} - L_\alpha^r \mathrm{e}^{-2\pi i\alpha N_1}\mathrm{d}\alpha$$

$$= R(N_0) + \int_{\tau-1}^{-\tau^{-1}+1} - L_\alpha^r \mathrm{e}^{-2\pi i\alpha N}\mathrm{d}\alpha + O(P^{r-n-v}) \quad\cdots\cdots\cdots\cdots\cdots（1）$$

示例 2

$$f(x,y) = f(0,0) + \frac{1}{1!}\left(x\frac{\partial}{\partial x} + y\frac{\partial}{\partial y}\right)f(0,0)$$
$$+ \frac{1}{2!}\left(x\frac{\partial}{\partial x} + y\frac{\partial}{\partial y}\right)^2 f(0,0) + \cdots$$
$$+ \frac{1}{n!}\left(x\frac{\partial}{\partial x} + y\frac{\partial}{\partial y}\right)^n f(0,0) + \cdots \quad\cdots\cdots\cdots\cdots\cdots\cdots \quad (2)$$

示例 3

$$-\frac{8\mu}{Nz}\frac{\partial}{\partial S}\ln Q = -\left[\left(1+\sum_1^4 z_v\right) - \frac{2\mu}{Z}\right]\ln\frac{\theta_\alpha(1-\theta_\beta)}{\theta_\beta(1-\theta_\alpha)}$$
$$+ \ln\frac{\lambda_\alpha}{\lambda_\beta} - z_1\ln\frac{\varepsilon_1}{\zeta_1} + \sum z_v\ln\frac{\varepsilon_v}{\zeta_v}$$
$$= 0 \quad\cdots\cdots\cdots\cdots\cdots\cdots\cdots\cdots \quad (3)$$

小数点用 "." 表示。大于 999 的整数和多于三位数的小数，一律用半个阿拉伯数字符的小间隔分开，不用千位撇。对于纯小数应将 0 列于小数点之前。

示例：应该写成 94 652. 023 567；0. 314 325

不应写成 94，652. 023，567； . 314，325

应注意区别各种字符，如：拉丁文、希腊文、俄文、德文花体、草体；罗马数字和阿拉伯数字；字符的正斜体、黑白体、大小写、上下角标（特别是多层次，如 "三踏步"）、上下偏差等。

示例：I，l，l，i；C，c；K，k，κ；O，0，o，° （ ）；S，s，5；Z，z，2；B，β；W，w，ω。

6.4.4 计量单位

报告、论文必须采用 1984 年 2 月 27 日国务院发布的《中华人民共和国法定计量单位》，并遵照《中华人民共和国法定计量单位使用方法》执行。使用各种量、单位和符号，必须遵循附录 B 所列国家标准的规定执行。单位名称和符号的书写方式一律采用国际通用符号。

6.4.5 符号和缩略词

符号和缩略词应遵照国家标准（见附录 B）的有关规定执行。如无标准可循，可采纳本学科或本专业的权威性机构或学术团体所公布的规定；也可以采用全国自然科学名词审定委员会编印的各学科词汇的用词。如不得不引用某些不是公知公用的、且又不易为同行读者所理解的、或系作者自定的符号、记号、缩略词、首字母缩写字等时，均应在第一次出现时一一加以说明，给以明确的定义。

6.5 结论

报告、论文的结论是最终的、总体的结论，不是正文中各段的小结的简单重复。结论应该准确、完整、明确、精练。

如果不可能导出应有的结论，也可以没有结论而进行必要的讨论。

可以在结论或讨论中提出建议、研究设想、仪器设备改进意见、尚待解决的问题等。

6.6 致谢

可以在正文后对下列方面致谢：

国家科学基金、资助研究工作的奖学金基金、合同单位、资助或支持的企业、组织成个人；

协助完成研究工作和提供便利条件的组织或个人；

在研究工作中提出建议和提供帮助的人；

给予转载和引用权的资料、图片、文献、研究思想和设想的所有者；

其他应感谢的组织或个人。

6.7 参考文献表

按照 GB 7714—87《文后参考文献著录规则》的规定执行。

7 附录

附录是作为报告、论文主体的补充项目，并不是必需的。

7.1 下列内容可以作为附录编于报告、论文后，也可以另编成册：

a. 为了整篇报告、论文材料的完整，但编入正文又有损于编排的条理和逻辑性，这一类材料包括比正文更为详尽的信息、研究方法和技术更深入的叙述，建议可以阅读的参考文献题录，对了解正文内容有用的补充信息等；

b. 由于篇幅过大或取材于复制品而不便于编入正文的材料；

c. 不便于编入正文的罕见珍贵资料；

d. 对一般读者并非必要阅读，但对本专业同行有参考价值的资料；

e. 某些重要的原始数据、数学推导、计算程序、框图、结构图、注释、统计表、计算机打印输出件等。

7.2 附录与正文连续编页码。每一附录的各种序号的编排见 4.2 和 6.2.4。

7.3 每一附录均另页起。如报告、论文分装几册，凡属于某一册的附录应置于各该册正文之后。

8 结尾部分（必要时）

为了将报告、论文迅速存储入电子计算机，可以提供有关的输入数据。

可以编排分类索引、著者索引、关键词索引等。

封三和封底（包括版权页）。

附录 A
封面示例（参考件）

A.1 科学技术报告

分类号 .... 密级 ....

UDC .... 编号 ....

中国科学院金属研究所
科学技术报告

（题名和副题名）

（作者姓名）

工作完成日期 ....

报告提交日期 ....

（出版者、地址）

（出版日期）

A.2　学位论文

分类号 ....　　　　密级 ....

UDC ....　　　　编号 ....

学 位 论 文

....

....

（题名和副题名）

....

（作者姓名）

指导教师姓名 ....（职务、职称、学位、单位名称及地址）.........

....

申请学位级别 ....　专业名称 ....

论文提交日期 ....　论文答辩日期 ....

学位授予单位和日期 ....

答辩委员会主席 ....

评阅人 ....

年　　月　　日

附录 B
相关标准 （补充件)

B. 1　GB 1434—78 物理量符号。

B. 2　GB 3100—82 国际单位制及其应用。

B. 3　GB 3101—82 有关量、单位和符号的一般原则。

B. 4　GB 3102.1—82 空间和时间的量和单位。

B. 5　GB 3102.2—82 周期及其有关现象的量和单位。

B. 6　GB 3102.3—82 力学的量和单位。

B. 7　GB 3102.4—82 热学的量和单位。

B. 8　GB 3102.5—82 电学和磁学的量和单位。

B. 9　GB 3102.6—82 光及有关电磁辐射的量和单位。

B. 10　GB 3102.7—82 声学的量和单位。

B. 11　GB 3102.8—82 物理化学和分子物理学的量和单位。

B. 12　GB 3102.9—82 原子物理学和核物理学的量和单位。

B. 13　GB 3102.10—82 核反应和电离辐射的量和单位。

B. 14　GB 3102.11—82 物理科学和技术中使用的数学符号。

B. 15　GB 3102.12—82 无量纲参数。

B. 16　GB 3102.13—82 固体物理学的量和单位。

附加说明：

本标准由全国文献工作标准化技术委员会提出。

本标准由全国文献工作标准化技术委员会第七分委员会负责起草。

本标准主要起草人谭丙煜。

中华人民共和国国家标准

GB/T 7714—2015

信息与文献　参考文献著录规则
（节选）

4.1　专著

4.1.1　著录项目
主要责任者

题名项

　　题名

　　其他题名信息

　　文献类型标识（任选）

其他责任者（任选）

版本项

出版项

　　出版地

　　出版者

　　出版年

　　引文页码

　　引用日期

获取和访问路径（电子资源必备）

数字对象唯一标识符（电子资源必备）

4.1.2　著录格式
主要责任者．题名：其他题名信息［文献类型标识/文献载体标识］．其他责任者．版本项．出版地：出版者，出版年：引文页码［引用日期］．获取和访问路径．数字对象唯一标识符．

示例：

［1］陈登原．国史旧闻：第1卷［M］．北京：中华书局，2000：29．

［2］哈里森，沃尔德伦．经济数学与金融数学［M］．谢远涛，译．北京：中国人民大学出版社，2012：235-236．

［3］北京市政协民族和宗教委员会，北京联合大学民族与宗教研究所．历代王朝与民族宗教［M］．北京：民族出版社，2012：112.

［4］全国信息与文献标准化技术委员会．信息与文献　都柏林核心元数据元素集：GB/T25100—2010［S］．北京：中国标准出版社，2010：2-3.

［5］徐光宪，王祥云．物质结构［M］．北京：科学出版社，2010.

［6］顾炎武．昌平山水记；京东考古录［M］．北京：北京古籍出版社，1992.

［7］王夫之．宋论［M］．刻本．金陵：湘乡曾国荃，1865（清同治四年）．

［8］牛志明，斯温兰德，雷光春．综合湿地管理国际研讨会论文集［C］．北京：海洋出版社，2012.

［9］中国第一历史档案馆，辽宁省档案馆．中国明朝档案总汇［A］．桂林：广西师范大学出版社，2001.

［10］杨保军．新闻道德论［D/OL］．北京：中国人民大学出版社，2010［2012-11-01］．http：//apabi. lib. pku. edu. cn/usp/pku/pub. mvc？pid＝book. detail&metaid＝m. 20101104-BPO-889-1023&cult＝CN.

［11］赵学功．当代美国外交［M/OL］．北京：社会科学文献出版社，2001［2014-06-11］．http：//www. cadal. zju. edu. cn/book/trySinglePage/33023884/1.

［12］同济大学土木工程防灾国家重点实验室．汶川地震震害研究［M/OL］．上海：同济大学出版社，2011：5-6［2013-05-09］．http：//apabi. lib. pku. edu. cn/usp/pku/pub. mvc?pid＝book. detail&metaid＝m. 20120406-YPT-889-0010.

［13］中国造纸学会．中国造纸年鉴：2003［M/OL］．北京：中国轻工业出版社，2003［2014-04-25］．http：//www. cadal. zju. edu. cn/book/view/25010080.

［14］PEEBLES P Z，Jr. Probability，random variable，and random signal principles［M］．4th ed. New York：McGraw Hill，2001.

［15］YUFIN S A. Geoecology and computers：proceedings of the Third International Conference on Advances of Computer Methods in Geotechnical and Geoenvironmental Engineering，Moscow，Russia，February 1-4，2000［C］．Rotterdam：A. A. Balkema，2000.

［16］BALDOCK P. Developing early childhood services：past，present and future［M/OL］．[S. l.]：Open University Press，2011：105［2012-11-27］．http：//lib. myilibrary. com/Open. aspx?id＝312377.

［17］FAN X，SOMMERS C H. Food irradiation research and technology. 2nd ed. Ames，Iowa：Blackwell Publishing，2013：25-26［2014-06-26］．http：//onlinelibrary. wiley. com/doi/10. 1002/9781118422557. ch2/summary.

4.2　专著中的析出文献

4.2.1　著录项目
析出文献主要责任者

析出文献题名项

　析出文献题名

　文献类型标识（任选）

析出文献其他责任者（任选）

出处项

　专著主要责任者

　专著题名

　其他题名信息

版本项

出版项

　出版地

　出版者

　出版年

　析出文献的页码

　引用日期

获取和访问路径（电子资源必备）

数字对象唯一标识符（电子资源必备）

4.2.2　著录格式

析出文献主要责任者．析出文献题名［文献类型标识/文献载体标识］．析出文献其他责任者//专著

主要责任者．专著题名：其他题名信息．版本项．出版地：出版者，出版年：析出文献的页码［引用日期］．

获取和访问路径．数字对象唯一标识符．

示例：

［1］周易外传：卷5［M］//王夫之．船山全书：第6册．长沙：岳麓书社，2011：1109．

［2］程根伟．1998年长江洪水的成因与减灾对策［M］//许厚泽，赵其国．长江流域洪涝灾害与科技对策．北京：科学出版社，1999：32-36．

［3］陈晋镳，张惠民，朱士兴，等．蓟县震旦亚界研究［M］//中国地质科学院天津地质矿产研究所．中国震旦亚界．天津：天津科学技术出版社，1980：56-114．

［4］马克思．政治经济学批判［M］//马克思，恩格斯．马克思恩格斯全集：第35卷．北京：人民出版社，2013：302．

［5］贾东琴，柯平．面向数字素养的高校图书馆数字服务体系研究［C］//中国图书馆学会．中国图书馆学会年会论文集：2011年卷．北京：国家图书馆出版社，2011：45-52．

［6］WEINSTEIN L，SWERTZ M N. Pathogenic properties of invading microorganism［M］//

SODEMAN W A, Jr, SODEMAN W A. Pathologic physiology: mechanisms of disease. Philadelphia: Saunders, 1974: 745-772.

　　［7］ ROBERSON J A, BURNESON E G. Drinking water standards, regulations and goals ［M/OL］//American Water Works Association. Water quality & treatment: a handbook on drinking water. 6th ed. New York: McGraw-Hill, 2011: 1.1-1.36 ［2012-12-10］. http://lib.myilibrary.com/Open.aspx?id=291430.

4.3　连续出版物

4.3.1　著录项目

主要责任者

题名项

　　题名

　　其他题名信息

　　文献类型标识（任选）

年卷期或其他标识（任选）

出版项

　　出版地

　　出版者

　　出版年

　　引用日期

获取和访问路径（电子资源必备）

数字对象唯一标识符（电子资源必备）

4.3.2　著录格式

主要责任者. 题名：其他题名信息 ［文献类型标识/文献载体标识］. 年，卷（期）-年，卷（期）. 出版地：出版者，出版年 ［引用日期］. 获取和访问路径. 数字对象唯一标识符.

示例：

　　［1］ 中华医学会湖北分会. 临床内科杂志 ［J］. 1984，1（1）-. 武汉：中华医学会湖北分会，1984-.

　　［2］ 中国图书馆学会. 图书馆学通讯 ［J］. 1957（1）-1990（4）. 北京：北京图书馆，1957-1990.

　　［3］ American Association for the Advancement of Science. Science ［J］. 1883, 1（1）-. Washington, D.C.: American Association for the Advancement of Science, 1883-.

4.4　连续出版物中的析出文献

4.4.1　著录项目

析出文献主要责任者

析出文献题名项

　　析出文献题名

　　文献类型标识（任选）

出处项

　　连续出版物题名

　　其他题名信息

　　年卷期标识与页码

　　引用日期

获取和访问路径（电子资源必备）

数字对象唯一标识符（电子资源必备）

4.4.2　著录格式

析出文献主要责任者．析出文献题名［文献类型标识/文献载体标识］．连续出版物题名：其他题名信息，年，卷（期）：页码［引用日期］．获取和访问路径．数字对象唯一标识符．

示例：

［1］袁训来，陈哲，肖书海，等．蓝田生物群：一个认识多细胞生物起源和早期演化的新窗口［J］．科学通报，2012，55（34）：3219．

［2］余建斌．我们的科技一直在追赶：访中国工程院院长周济［N/OL］．人民日报，2013-01-12（2）［2013-03-20］．http：//paper.people.com.cn/rmrb/html/2013-01/12/nw.D110000renmrb_20130112_5-02.htm.

［3］李炳穆．韩国图书馆法［J/OL］．图书情报工作，2008，52（6）：6-12［2013-10-25］．http：//www.docin.com/p-400265742.html.

［4］李幼平，王莉．循证医学研究方法：附视频［J/OL］．中华移植杂志（电子版），2010，4（3）：225-228［2014-06-09］．http：//www.cqvip.com/Read/Read.aspx?id=36658332.

［5］武丽丽，华一新，张亚军，等．"北斗一号"监控管理网设计与实现［J/OL］．测绘科学，2008，33（5）：8-9［2009-10-25］．http：//vip.calis.edu.cn/CSTJ/Sear.dll?OPAC_CreateDetail.DOI：10.3771/j.issn.1009-2307.2008.05.002.

［6］KANAMORI H.Shaking without quaking［J］.Science，1998，279（5359）：2063.

［7］CAPLAN P.Cataloging internet resources［J］.The public access computer systems review，1993，4（2）：61-66.

［8］FRESE K S，KATUS H A，MEDER B.Next-generation sequencing：from understanding biology to personalized medicine［J/OL］.Biology，2013，2（1）：378-398［2013-03-19］.http：//www.mdpi.com/2079-7737/2/1/378.DOI：10.3390/biology2010378.

［9］MYBURG A A，GRATTAPAGLIA D，TUSKAN G A，et al.The genome of Eucalyptus grandis［J/OL］.Nature，2014，510：356-362（2014-06-19）［2014-06-25］.http：//www.

nature. com/nature/journal/v510/n7505/pdf/nature13308. pdf. DOI：10. 1038/nature13308.

4.5 专利文献

4.5.1 著录项目
专利申请者或所有者

题名项

   专利题名

   专利号

   文献类型标识（任选）

出版项

   公告日期或公开日期

   引用日期

获取和访问路径（电子资源必备）

数字对象唯一标识符（电子资源必备）

4.5.2 著录格式
专利申请者或所有者．专利题名：专利号［文献类型标识/文献载体标识］．公告日期或公开日期［引用日期］．获取和访问路径．数字对象唯一标识符．

示例：

［1］邓一刚．全智能节电器：200610171314. 3［P］. 2006 - 12 - 13.

［2］西安电子科技大学．光折变自适应光外差探测方法：01128777. 2［P/OL］. 2002 - 03 - 06 ［2002 - 05 - 28］. http：//211. 152. 9. 47/sipoasp/zljs/hyjs - yx - new. asp? recid = 01128777. 2&leixin = 0.

［3］TACHIBANA R，SHIMIZU S，KOBAYSHI S，et al. Electronic watermarking method and system：US6915001［P/OL］. 2005-07-05［2013-11-11］. http：//www. google. co. in/pa-tents/US6915001.

4.6 电子资源

凡属电子专著、电子专著中的析出文献、电子连续出版物、电子连续出版物中的析出文献以及电子专利的著录项目与著录格式分别按 4.1~4.5 中的有关规则处理。除此而外的电子资源根据本规则著录。

4.6.1 著录项目
主要责任者

题名项

   题名

   其他题名信息

文献类型标识（任选）

出版项

出版地

出版者

出版年

引文页码

更新或修改日期

引用日期

获取和访问路径

数字对象唯一标识符

4.6.2　著录格式

主要责任者 . 题名：其他题名信息［文献类型标识/文献载体标识］. 出版地：出版者，出版年：引文页码（更新或修改日期）［引用日期］. 获取和访问路径 . 数字对象唯一标识符 .

示例：

［1］中国互联网络信息中心 . 第 29 次中国互联网络发展现状统计报告［R/OL］.（2012 - 01 - 16）　［2013 - 03 - 26］. http：//www. cnnic. net. cn/hlwfzyj/hlwxzbg/201201/P020120709345264469680. pdf.

［2］北京市人民政府办公厅 . 关于转发北京市企业投资项目核准暂行实施办法的通知：京政办发［2005］37 号［A/OL］.（2005 - 07 - 12）［2011 - 07 - 12］. http：//china. findlaw. cn/fagui/p_1/39934. html.

［3］BAWDEN D. Origins and concepts of digital literacy［EB/OL］.（2008 - 05 - 04）［2013 - 03 - 08］. http：//www. soi. city. ac. uk/~dbawden/digital%20literacy%20chapter. pdf.

［4］Online Computer Library Center，Inc. About OCLC：history of cooperation［EB/OL］.［2012 - 03 - 27］. http：//www. oclc. org/about/cooperation. en. html.

［5］HOPKINSON A. UNIMARC and metadata：Dublin core［EB/OL］.（2009 - 04 - 22）［2013 - 03 - 27］. http：//archive. ifla. org/IV/ifla64/138 - 161e. htm.

B.1 文献类型和标识代码

表 B.1 文献类型和标识代码

参考文献类型	文献类型标识代码
普通图书	M
会议录	C
汇编	G
报纸	N
期刊	J
学位论文	D
报告	R
标准	S
专利	P
数据库	DB
计算机程序	CP
电子公告	EB
档案	A
舆图	CM
数据集	DS
其他	Z

B.2 电子资源载体和标识代码

表 B.2 电子资源载体和标识代码

电子资源的载体类型	载体类型标识代码
磁带（magnetic tape）	MT
磁盘（disk）	DK
光盘（CD-ROM）	CD
联机网络（online）	OL

附录四

中华人民共和国新闻出版行业标准

CY/T 174—2019

学术出版规范　期刊学术不端行为界定
（节选）

3.1　剽窃

3.1.1　观点剽窃

不加引注或说明地使用他人的观点，并以自己的名义发表，应界定为观点剽窃。观点剽窃的表现形式包括：

　　a）不加引注地直接使用他人已发表文献中的论点、观点、结论等。

　　b）不改变其本意地转述他人的论点、观点、结论等后不加引注地使用。

　　c）对他人的论点、观点、结论等删减部分内容后不加引注地使用。

　　d）对他人的论点、观点、结论等进行拆分或重组后不加引注地使用。

　　e）对他人的论点、观点、结论等增加一些内容后不加引注地使用。

3.1.2　数据剽窃

不加引注或说明地使用他人已发表文献中的数据，并以自己的名义发表，应界定为数据剽窃。数据剽窃的表现形式包括：

　　a）不加引注地直接使用他人已发表文献中的数据。

　　b）对他人已发表文献中的数据进行些微修改后不加引注地使用。

　　c）对他人已发表文献中的数据进行一些添加后不加引注地使用。

　　d）对他人已发表文献中的数据进行部分删减后不加引注地使用。

　　e）改变他人已发表文献中数据原有的排列顺序后不加引注地使用。

　　f）改变他人已发表文献中的数据的呈现方式后不加引注地使用，如将图表转换成文字表述，或者将文字表述转换成图表。

3.1.3　图片和音视频剽窃

不加引注或说明地使用他人已发表文献中的图片和音视频，并以自己的名义发表，应界定为图片和音视频剽窃。图片和音视频剽窃的表现形式包括：

　　a）不加引注或说明地直接使用他人已发表文献中的图像、音视频等资料。

　　b）对他人已发表文献中的图片和音视频进行些微修改后不加引注或说明地使用。

c）对他人已发表文献中的图片和音视频添加一些内容后不加引注或说明地使用。

d）对他人已发表文献中的图片和音视频删减部分内容后不加引注或说明地使用。

e）对他人已发表文献中的图片增强部分内容后不加引注或说明地使用。

f）对他人已发表文献中的图片弱化部分内容后不加引注或说明地使用。

3.1.4 研究（实验）方法剽窃

不加引注或说明地使用他人具有独创性的研究（实验）方法，并以自己的名义发表，应界定为研究（实验）方法剽窃。研究（实验）方法剽窃的表现形式包括：

a）不加引注或说明地直接使用他人已发表文献中具有独创性的研究（实验）方法。

b）修改他人已发表文献中具有独创性的研究（实验）方法的一些非核心元素后不加引注或说明地使用。

3.1.5 文字表述剽窃

不加引注地使用他人已发表文献中具有完整语义的文字表述，并以自己的名义发表，应界定为文字表述剽窃。文字表述剽窃的表现形式包括：

a）不加引注地直接使用他人已发表文献中的文字表述。

b）成段使用他人已发表文献中的文字表述，虽然进行了引注，但对所使用文字不加引号，或者不改变字体，或者不使用特定的排列方式显示。

c）多处使用某一已发表文献中的文字表述，却只在其中一处或几处进行引注。

d）连续使用来源于多个文献的文字表述，却只标注其中一个或几个文献来源。

e）不加引注、不改变其本意地转述他人已发表文献中的文字表述，包括概括、删减他人已发表文献中的文字，或者改变他人已发表文献中的文字表述的句式，或者用类似词语对他人已发表文献中的文字表述进行同义替换。

f）对他人已发表文献中的文字表述增加一些词句后不加引注地使用。

g）对他人已发表文献中的文字表述删减一些词句后不加引注地使用。

3.1.6 整体剽窃

论文的主体或论文某一部分的主体过度引用或大量引用他人已发表文献的内容，应界定为整体剽窃。整体剽窃的表现形式包括：

a）直接使用他人已发表文献的全部或大部分内容。

b）在他人已发表文献的基础上增加部分内容后以自己的名义发表，如补充一些数据，或者补充一些新的分析等。

c）对他人已发表文献的全部或大部分内容进行缩减后以自己的名义发表。

d）替换他人已发表文献中的研究对象后以自己的名义发表。

e）改变他人已发表文献的结构、段落顺序后以自己的名义发表。

f）将多篇他人已发表文献拼接成一篇论文后发表。

3.1.7 他人未发表成果剽窃

未经许可使用他人未发表的观点，具有独创性的研究（实验）方法，数据、图片等，或获得许可但不加以说明，应界定为他人未发表成果剽窃。他人未发表成果剽窃的表现形式包括：

a）未经许可使用他人已经公开但未正式发表的观点，具有独创性的研究（实验）方法，数据、图片等。

b）获得许可使用他人已经公开但未正式发表的观点，具有独创性的研究（实验）方法，数据、图片等，却不加引注，或者不以致谢等方式说明。

3.2 伪造

伪造的表现形式包括：

a）编造不以实际调查或实验取得的数据、图片等。

b）伪造无法通过重复实验而再次取得的样品等。

c）编造不符合实际或无法重复验证的研究方法、结论等。

d）编造能为论文提供支撑的资料、注释、参考文献。

e）编造论文中相关研究的资助来源。

f）编造审稿人信息、审稿意见。

3.3 篡改

篡改的表现形式包括：

a）使用经过擅自修改、挑选、删减、增加的原始调查记录、实验数据等，使原始调查记录、实验数据等的本意发生改变。

b）拼接不同图片从而构造不真实的图片。

c）从图片整体中去除一部分或添加一些虚构的部分，使对图片的解释发生改变。

d）增强、模糊、移动图片的特定部分，使对图片的解释发生改变。

e）改变所引用文献的本意，使其对己有利。